21世纪高等院校税收系列精品教材

谷 成　金 哲◎编著

中国税制

TAX SYSTEM OF CHINA

第②版

清华大学出版社
北 京

内 容 简 介

本书主要介绍了中国现行税制体系中各税种的法律规范规定，帮助读者全面掌握税制的基本理论和基本知识，了解中国现行税制体系以及各个税种的主要规定和立法精神，为从事税收理论研究、涉税事务处理、税收征管实务操作以及税收筹划工作奠定基础。

本书的税收基础理论部分主要阐述税收的基本原理和税制结构等有关税制的基本理论和基础知识，现行税制部分则系统介绍了我国现行税收体系中各税种的主要内容以及税款的计算、缴纳、征收等各项规定与程序，内容包括税收基础理论、增值税、消费税、营业税、关税、城市维护建设税、教育费附加、车辆购置税、烟叶税、企业所得税、个人所得税、资源税、土地增值税、城镇土地使用税、耕地占用税、房产税、契税、车船税、船舶吨税和印花税。

本书既可作为高等院校财经及管理类专业本科生和研究生的教材，也可作为各级政府财政、税务以及其他经济管理部门、企事业单位、科研机构进一步研究税收知识的自学教材和学习参考用书。

本书封面贴有清华大学出版社防伪标签，无标签者不得销售。

版权所有，侵权必究。侵权举报电话：010-62782989　13701121933

图书在版编目（CIP）数据

中国税制/谷成，金哲编著. —2 版. —北京：清华大学出版社，2015

21 世纪高等院校税收系列精品教材

ISBN 978-7-302-40154-4

I. ①中… II. ①谷… ②金… III. ①税收制度-中国-高等学校-教材 IV. ①F812.422

中国版本图书馆 CIP 数据核字（2015）第 089589 号

责任编辑：杜春杰
封面设计：康飞龙
版式设计：魏　远
责任校对：马子杰
责任印制：李红英

出版发行：清华大学出版社
　　　　网　　　址：http://www.tup.com.cn, http://www.wqbook.com
　　　　地　　　址：北京清华大学学研大厦 A 座　　邮　编：100084
　　　　社 总 机：010-62770175　　　　邮　购：010-62786544
　　　　投稿与读者服务：010-62776969，c-service@tup.tsinghua.edu.cn
　　　　质 量 反 馈：010-62772015，zhiliang@tup.tsinghua.edu.cn
　　　　课 件 下 载：http://www.tup.com.cn, 010-62788951-223
印 刷 者：北京富博印刷有限公司
装 订 者：北京市密云县京文制本装订厂
经　　销：全国新华书店
开　本：185mm×230mm　　**印　张**：20　　**字　数**：424 千字
版　次：2010 年 1 月第 1 版　2015 年 12 月第 2 版　　**印　次**：2015 年 12 月第 1 次印刷
印　数：1～4000
定　价：36.00 元

产品编号：060093-01

第2版前言

政府执行职能，为社会成员提供了和平的环境、安定的秩序、便利的设施以及教育和社会保障等公共产品和公共服务，满足社会的公共需要，因此也必须占有一定的经济资源。作为公共产品和公共服务的成本补偿方式，税收是政府为满足执行职能的物质需要，对经济活动主体的收入，按照法律规定的范围和标准进行的强制征收。在税收征纳过程中，社会成员与政府之间形成了某种隐性契约关系——纳税人支付税收以换取公共服务。可见，税收依据产生于政府的服务职能，以及由此而产生的政府与纳税人之间的互利关系。因此，仅仅讨论税收本身是无意义的，征税的理由取决于纳税人希望政府提供什么样的公共产品和服务。

作为一种强制征收，税收对大多数人都会产生直接而显著的影响。为此，英国13世纪的《大宪章》以法律形式确认了"非赞同毋纳税"原则——未经纳税人同意，政府是不能课税的，否则就背离了"依法征税"的要求，向政府缴纳税收的经济活动主体就沦为纯粹的"税款缴纳者"，而不是真正意义上的"纳税人"。从此，政府征税必须经过代议机关同意就成为立宪协赞与封建专制等非民主社会课税方式的最主要区别。从这个意义上说，税法的核心价值在于对纳税人权利的保护。

1994年分税制改革实施以来，中国税收收入大幅度增长，财政收入占GDP的比重和中央财政收入占财政收入总额的比重逐年提高，税制结构不断优化，对保证财政收入、加强宏观经济调控、理顺中央与地方的财政分配关系都起到了重要作用。在充分肯定分税制改革重大意义和深远影响的同时，也应看到，在中国现行税制体系中，只有个人所得税、企业所得税和车船税等税种是通过全国人民代表大会及其常务委员会立法开征的。在授权立法或通过制定行政规章征税的情况下，政府部门作为立法者和征税人，必然会强化自身的权限。当各级政府将税制改革作为实现自身利益的途径和手段时，就会使纳税人感到焦虑和恐慌，进而影响其对政府负责程度的认知以及自身行为方式的选择。

令人欣喜的是，2013年11月中国共产党第十八届中央委员会第三次全体会议通过的《中共中央关于全面深化改革若干重大问题的决定》提出了"加快房地产税立法并适时推进改革"的战略部署。可以预见的是，未来的改革必将通过宪法和法律明确及完善政府与纳税人之间的税收征纳关系，从而避免改革引起的社会成本抵消相对有限的税收收入所带来的损失，防止负面税收文化的形成与强化，促进税收遵从水平的提高和税收道德的完善，体现公平正义的诉求。

作为 21 世纪高等院校税收系列精品教材，本书自 2010 年 1 月出版以来，受到读者广泛好评并多次重印。为了更好地服务读者，本书在保持原有风格的基础上，对相关内容进行了完善和补充。与原有教材相比，本次修订的重点主要包括以下方面。

（1）在介绍税收的基本概念时，增加了对税收确立方式的考察，比较了人类社会不同历史时期税收确立方式的主要差异。

（2）对中国税收制度的历史沿革进行了重新梳理，补充和完善了 2010 年以来中国增值税、营业税、消费税、个人所得税、企业所得税、资源税等税种的改革情况。

（3）依据截至 2015 年 1 月的税收法律、法规，对增值税、营业税、消费税、个人所得税、企业所得税、资源税等税种的税制要素变化情况加以更新，使书中各税种的制度要素和习题都反映了税制改革的最新成果。

本书在编写和修订的过程中，得到清华大学出版社的大力支持。尽管编者对本书的修订倾注了大量的时间和精力，但由于自身水平有限，加之税制变化日新月异，欠妥与疏漏之处，恳请读者批评指正。

编　者

2015 年 1 月

第1版前言

税收是国家参与国民收入分配的规范化手段，更是社会主义市场经济不可或缺的重要环节。作为国家筹集财政资金的主要手段和对国民经济实行宏观调控的重要杠杆，税收几乎涵盖了所有的经济活动，它与政府、企业、个人的利益息息相关。税收制度简称"税制"，是一国政府根据相关政策原则制定的各种税收法律、法规、条例、实施细则和征收管理制度的总称，也是税务机关向纳税人征税的法律依据和工作规程。1994年的税制改革构建了中国现行税制体系的基本框架。近年来，随着经济体制改革的不断深入，中国对税收制度的许多方面作出了相应调整。尤其是2004年启动的新一轮税制改革，对社会经济的运行产生了重要影响。

为满足高等院校经济管理类专业教学的需要，本书主要介绍了中国现行税制体系中各税种的法律规范和制度规定，学生可以通过本课程的学习全面掌握税制的基本理论和基本知识，了解中国现行税制体系以及各个税种的主要规定和立法精神，为从事税收理论研究、涉税事务处理、税收征管实务操作以及税收筹划等工作奠定基础。当然，税制的设计与执行离不开税收理论的指导，因此本书对相关的税收理论也作了扼要介绍。具体地说，本书的税收基础理论部分主要阐述税收的基本原理和税制结构等有关税制的基本理论和基础知识；现行税制部分则系统介绍了我国现行税收体系中各税种的主要内容以及税款的计算、缴纳、征收等各项规定与程序，内容包括税收基础理论、增值税、消费税、营业税、城市维护建设税、关税、资源税、土地增值税、城镇土地使用税、房产税、车辆购置税、车船税、印花税、契税、耕地占用税、烟叶税、企业所得税、个人所得税等。

本书以全国人民代表大会及其常务委员会、国务院、财政部、国家税务总局、海关总署和国务院关税税则委员会发布的现行有效的税收基本法律、法规和规章为依据，写作中力求突出以下特点：一是以理论介绍作为掌握实务的基础。对税收基本理论的介绍有利于读者了解税收的政策目标和经济效应。二是对现行税收制度的介绍求全求新。对现行税制进行阐释时，尽可能吸收当前最新的各项政策规定和最新的科研成果。三是强调学以致用，讲解与案例相结合，理论联系实际，应用性强。

本书的特点决定其适用范围较为广泛，既可以作为高等院校财经及管理类专业本科生和研究生的教材，也可作为各级政府财政、税务以及其他经济管理部门、企事业单位、科研机构进一步研究税收知识的自学教材和学习参考用书。

　　本书在编写过程中参考、借鉴并引用了国内外专家和学者的研究成果和相关文献，在此表示诚挚的谢意。限于作者理论水平和实践经验，加之税收法律、法规变动较快，书中不当与欠妥之处，恳请广大读者批评指正。

编　者

2009 年 9 月

目　　录

第1章　税收的基本概念 1

学习目标 1

1.1　什么是税收 1

    1.1.1　税收是一种强制征收 1

    1.1.2　税收的主体 1

    1.1.3　税收的客体 2

    1.1.4　税收的目的 2

    1.1.5　税收的依据 3

1.2　税收的确立方式 3

    1.2.1　税收确立方式的演变轨迹 3

    1.2.2　中国现行税收确立程序 4

1.3　税收的形式特征 5

    1.3.1　一般报偿性 5

    1.3.2　规范性 5

    1.3.3　强制性 6

1.4　税收的职能 6

    1.4.1　财政职能 7

    1.4.2　资源配置职能 7

    1.4.3　收入分配职能 7

    1.4.4　调节经济总量职能 8

1.5　税收的原则 8

    1.5.1　财政原则 8

    1.5.2　公平原则 9

    1.5.3　效率原则 10

本章小结 11

综合练习 11

推荐阅读材料 11

网上资源 12

第2章　税收制度与税制结构 13

　　学习目标 13

　　2.1　税收制度的构成要素 13

　　　　2.1.1　征税对象 13

　　　　2.1.2　纳税人 14

　　　　2.1.3　税率 15

　　　　2.1.4　纳税环节 18

　　　　2.1.5　纳税期限 18

　　　　2.1.6　纳税地点 18

　　　　2.1.7　税收减免 19

　　　　2.1.8　违章处理 19

　　2.2　税制结构的主要类型 20

　　　　2.2.1　税收分类 20

　　　　2.2.2　现代各国的税制结构 22

　　2.3　税制结构的影响因素 23

　　　　2.3.1　经济因素 24

　　　　2.3.2　政策因素 24

　　　　2.3.3　征管因素 24

　　　　2.3.4　历史因素 25

　　本章小结 25

　　综合练习 25

　　推荐阅读材料 26

　　网上资源 26

第3章　中国税收制度的历史沿革 27

　　学习目标 27

　　3.1　计划经济体制下的税制发展 27

　　3.2　改革开放初期的税制改革 30

　　3.3　1994年的税制改革 32

　　3.4　2003年启动的新一轮税制改革 33

　　　　3.4.1　农业税 34

　　　　3.4.2　个人所得税 34

　　　　3.4.3　消费税 34

　　　　3.4.4　企业所得税 35

　　　　3.4.5　增值税 35

　　　3.4.6　其他税 36
　本章小结 36
　综合练习 37
　推荐阅读材料 37
　网上资源 37

第4章　增值税 38
　学习目标 38
　4.1　税种概述 38
　　　4.1.1　增值税的概念 38
　　　4.1.2　增值税的计税方法 39
　　　4.1.3　增值税的特殊作用 40
　　　4.1.4　增值税的基本类型 41
　　　4.1.5　增值税的产生和发展 42
　4.2　征税范围和纳税人 43
　　　4.2.1　征税对象 43
　　　4.2.2　征税范围 48
　　　4.2.3　免税范围 51
　　　4.2.4　纳税义务人 54
　4.3　税率与征收率 55
　　　4.3.1　税率 55
　　　4.3.2　征收率 56
　　　4.3.3　纳税人混业经营的税务处理 57
　4.4　增值税应纳税额计算 58
　　　4.4.1　计税方法概述 58
　　　4.4.2　当期销项税额的计算 59
　　　4.4.3　当期准予抵扣进项税额的确定 64
　　　4.4.4　应纳税额的简易计算 68
　　　4.4.5　进口货物应纳税额计算 68
　　　4.4.6　增值税税额退返与减免优惠 69
　4.5　出口退税 71
　　　4.5.1　出口退税的范围 72
　　　4.5.2　出口退税率 73
　　　4.5.3　出口商品应退税额的计算 74

4.6 增值税税款申报缴纳 77

    4.6.1 纳税期限 77

    4.6.2 纳税地点 77

本章小结 78

综合练习 78

推荐阅读材料 79

网上资源 79

第5章 消费税 80

  学习目标 80

  5.1 税种概述 80

    5.1.1 消费税的含义 80

    5.1.2 消费税的类型 80

    5.1.3 消费税的产生与发展 81

    5.1.4 中国近年来消费税的调整趋势 82

  5.2 征税范围和纳税义务人 83

    5.2.1 征税对象 83

    5.2.2 征税范围 86

    5.2.3 纳税义务人 88

  5.3 应纳税额的计算 88

    5.3.1 税基 88

    5.3.2 税率 92

    5.3.3 纳税义务发生时间 93

    5.3.4 税额扣除 94

  5.4 税款的缴纳 96

    5.4.1 纳税期限 96

    5.4.2 纳税地点 97

    5.4.3 消费税的退还 97

  5.5 出口退税 97

    5.5.1 政策形式及适用范围 97

    5.5.2 消费税退税的计税依据 98

    5.5.3 消费税退税的计算 98

本章小结 98

综合练习 98

推荐阅读材料 99

网上资源 99

第6章 营业税 100

　学习目标 100

　6.1 税种概述 100

　6.2 征税范围和纳税人 101

　　6.2.1 征税对象 101

　　6.2.2 征税范围 103

　　6.2.3 纳税义务人 105

　6.3 应纳税额计算 105

　　6.3.1 适用税率 105

　　6.3.2 营业额的确定 106

　　6.3.3 纳税义务发生时间 108

　6.4 税收减免 110

　　6.4.1 免税 110

　　6.4.2 其他形式的税收减免 112

　6.5 税款的缴纳 113

　　6.5.1 纳税地点 113

　　6.5.2 纳税期限 113

　　6.5.3 营业税的退税或抵缴 114

　本章小结 114

　综合练习 114

　推荐阅读材料 114

　网上资源 115

第7章 关税 116

　学习目标 116

　7.1 税种概述 116

　　7.1.1 关税的概念 116

　　7.1.2 关税的分类 117

　　7.1.3 关税的产生与发展 119

　7.2 征税范围和纳税人 120

　　7.2.1 征税范围 120

　　7.2.2 纳税人 120

　　7.3　税基与税率 120

　　　　7.3.1　税基 120

　　　　7.3.2　适用税率 125

　　7.4　税收减免 127

　　　　7.4.1　法定减免 127

　　　　7.4.2　特定减免和临时减免 128

　　7.5　税额计算与缴纳 129

　　　　7.5.1　应纳税额的计算 129

　　　　7.5.2　税款的缴纳 129

　　本章小结 132

　　综合练习 132

　　推荐阅读材料 132

　　网上资源 133

第8章　其他商品税 134

　　学习目标 134

　　8.1　城市维护建设税 134

　　　　8.1.1　税种概述 134

　　　　8.1.2　征税范围和纳税义务人 135

　　　　8.1.3　税基与税率 135

　　　　8.1.4　税收减免 135

　　　　8.1.5　税额的计算与缴纳 136

　　8.2　教育费附加 136

　　8.3　车辆购置税 137

　　　　8.3.1　税种概述 137

　　　　8.3.2　征税范围和纳税义务人 138

　　　　8.3.3　税基与税率 139

　　　　8.3.4　税收减免 140

　　　　8.3.5　税额的计算与缴纳 141

　　8.4　烟叶税 143

　　　　8.4.1　税种概述 143

　　　　8.4.2　征税范围和纳税义务人 143

　　　　8.4.3　税基与税率 143

　　　　8.4.4　烟叶税的计算与缴纳 144

本章小结 144
综合练习 145
推荐阅读材料 145
网上资源 145

第9章　企业所得税 146
学习目标 146
9.1　税种概述 146
9.1.1　企业所得税的概念 146
9.1.2　企业所得税的产生与发展 146
9.2　纳税义务人与征税范围 148
9.2.1　征税对象 148
9.2.2　纳税义务人及其纳税义务范围 148
9.3　适用税率 150
9.3.1　居民企业和非居民企业在中国境内设立的机构、场所适用税率 150
9.3.2　其他非居民企业适用税率 152
9.4　企业所得税的税基确定 152
9.4.1　收入总额 152
9.4.2　不征税收入 157
9.4.3　免税收入 158
9.4.4　减计收入 160
9.4.5　准予税前扣除的成本、费用、税金、损失和其他支出 160
9.4.6　亏损弥补 166
9.4.7　年度应纳税所得额的实际计算 166
9.4.8　其他非居民企业应纳税所得额的计算 168
9.5　资产的税务处理 168
9.5.1　固定资产的税务处理 169
9.5.2　生产性生物资产的税务处理 170
9.5.3　无形资产的税务处理 171
9.5.4　长期待摊费用的税务处理 171
9.5.5　投资资产的税务处理 172
9.5.6　存货的税务处理 172
9.6　特别纳税调整 173
9.6.1　转让定价的纳税调整 173

9.6.2　资本弱化的纳税调整 ·· 175

9.6.3　受控外国企业的税务处理 ··· 176

9.6.4　一般性反避税调整 ··· 176

9.6.5　补税与加收利息 ··· 177

9.7　税收优惠 ··· 177

9.7.1　经济政策性优惠 ··· 178

9.7.2　区域性税收优惠 ··· 182

9.7.3　社会政策性优惠 ··· 183

9.8　企业所得税的计算与缴纳 ··· 183

9.8.1　税额计算办法 ··· 183

9.8.2　税款的缴纳 ·· 188

本章小结 ·· 191

综合练习 ·· 191

推荐阅读材料 ·· 192

网上资源 ·· 192

第 10 章　个人所得税 ·· 193

学习目标 ·· 193

10.1　税种概述 ··· 193

10.1.1　个人所得税的概念 ··· 193

10.1.2　个人所得税的类型 ··· 193

10.1.3　个人所得税的产生与发展 ··· 194

10.2　纳税义务人与征税范围 ·· 195

10.2.1　征税对象 ··· 195

10.2.2　纳税义务人及其纳税义务范围 ··································· 198

10.3　税基与税率 ·· 199

10.3.1　税基的确定 ··· 199

10.3.2　适用税率 ··· 210

10.4　税额的计算 ·· 211

10.4.1　基本公式 ··· 211

10.4.2　应纳税额计算的具体规定 ··· 212

10.4.3　境外取得所得的税额计算及税额抵免 ························· 217

10.5　税款的缴纳 ·· 218

10.5.1　申报缴纳方式 ·· 218

　　　　10.5.2　纳税期限 218

　　　　10.5.3　纳税地点 219

　　本章小结 220

　　综合练习 221

　　推荐阅读材料 221

　　网上资源 221

第 11 章　资源税 222

　　学习目标 222

　　11.1　税种概述 222

　　11.2　征税范围和纳税人 223

　　　　11.2.1　征税对象 223

　　　　11.2.2　征税范围 224

　　　　11.2.3　纳税人 224

　　11.3　税基与税率 225

　　　　11.3.1　税基 225

　　　　11.3.2　税率 227

　　11.4　税收减免 231

　　11.5　税额计算与缴纳 233

　　　　11.5.1　税额计算方法 233

　　　　11.5.2　税款缴纳 234

　　本章小结 235

　　综合练习 236

　　推荐阅读材料 236

　　网上资源 236

第 12 章　土地增值税 237

　　学习目标 237

　　12.1　税种概述 237

　　12.2　征税范围和纳税义务人 238

　　　　12.2.1　征税范围 238

　　　　12.2.2　纳税人 238

　　12.3　税基与税率 238

　　　　12.3.1　税基的确定 238

　　　　12.3.2　适用税率 241

12.4 税收减免 241
    12.4.1 建造普通标准住宅的减免税 241
    12.4.2 对转让旧房的减免税 242
    12.4.3 对国家征用、收回房地产的减免税 242
    12.4.4 个人转让房地产的减免税 242
12.5 税额计算与缴纳 242
    12.5.1 税额计算 242
    12.5.2 税款缴纳 244
本章小结 245
综合练习 245
推荐阅读材料 245
网上资源 246

第 13 章 城镇土地使用税 247
学习目标 247
13.1 税种概述 247
13.2 征税范围和纳税人 247
    13.2.1 征税范围 247
    13.2.2 纳税人 248
13.3 税基与税率 248
    13.3.1 税基 248
    13.3.2 税率 248
13.4 税收减免 249
    13.4.1 基本规定 249
    13.4.2 其他规定 250
13.5 税额计算与缴纳 251
    13.5.1 税额计算 251
    13.5.2 税款缴纳 252
本章小结 252
综合练习 253
推荐阅读材料 253
网上资源 253

第 14 章 耕地占用税 254
学习目标 254

14.1　税种概述 254

14.2　征税范围与纳税人 254

14.2.1　征税范围 254

14.2.2　纳税人 255

14.3　税基与税率 256

14.3.1　税基的确定 256

14.3.2　适用税率 256

14.4　税收减免 257

14.4.1　免征耕地占用税 257

14.4.2　减征耕地占用税 258

14.5　税额计算与缴纳 258

14.5.1　税额计算 258

14.5.2　税款缴纳 259

本章小结 259

综合练习 259

推荐阅读材料 260

网上资源 260

第 15 章　房产税 261

学习目标 261

15.1　税种概述 261

15.2　征税范围和纳税义务人 261

15.2.1　征税范围 261

15.2.2　纳税义务人 262

15.3　税基与税率 262

15.3.1　税基的确定 262

15.3.2　适用税率 263

15.4　税收减免 263

15.5　税额计算与缴纳 264

15.5.1　税额计算 264

15.5.2　税款缴纳 265

本章小结 265

综合练习 266

推荐阅读材料 266

　　网上资源 ……………………………………………………………………… 266

第 16 章　契税 ……………………………………………………………… 267

　　学习目标 ……………………………………………………………………… 267

　16.1　税种概述 ……………………………………………………………… 267

　16.2　征税范围和纳税人 …………………………………………………… 267

　　　16.2.1　征税范围 ……………………………………………………… 267

　　　16.2.2　纳税人 ………………………………………………………… 268

　16.3　税基与税率 …………………………………………………………… 269

　　　16.3.1　税基的确定 …………………………………………………… 269

　　　16.3.2　适用税率 ……………………………………………………… 269

　16.4　税收减免 ……………………………………………………………… 269

　16.5　税额计算与缴纳 ……………………………………………………… 270

　　　16.5.1　税额计算 ……………………………………………………… 270

　　　16.5.2　税款缴纳 ……………………………………………………… 271

　　本章小结 ……………………………………………………………………… 272

　　综合练习 ……………………………………………………………………… 272

　　推荐阅读材料 ………………………………………………………………… 272

　　网上资源 ……………………………………………………………………… 272

第 17 章　车船税和船舶吨税 …………………………………………… 273

　　学习目标 ……………………………………………………………………… 273

　17.1　车船税 ………………………………………………………………… 273

　　　17.1.1　税种概述 ……………………………………………………… 273

　　　17.1.2　征税范围与纳税义务人 ……………………………………… 274

　　　17.1.3　税基与税率 …………………………………………………… 275

　　　17.1.4　税收减免 ……………………………………………………… 277

　　　17.1.5　税额计算与税款缴纳 ………………………………………… 277

　17.2　船舶吨税 ……………………………………………………………… 280

　　　17.2.1　税种概述 ……………………………………………………… 280

　　　17.2.2　征税范围和纳税人 …………………………………………… 280

　　　17.2.3　税基与税率 …………………………………………………… 280

　　　17.2.4　税收减免 ……………………………………………………… 281

　　　17.2.5　税额计算与缴纳 ……………………………………………… 282

　　本章小结 ……………………………………………………………………… 283

综合练习 284

推荐阅读材料 284

网上资源 284

第 18 章　印花税 285

学习目标 285

18.1　税种概述 285

18.2　征税范围和纳税义务人 285

18.2.1　征税范围 285

18.2.2　纳税义务人 288

18.3　税基与税率 289

18.3.1　税基 289

18.3.2　税率 291

18.4　税收减免 292

18.5　税额计算与缴纳 293

18.5.1　税额计算 293

18.5.2　税款缴纳 294

本章小结 296

综合练习 296

推荐阅读材料 296

网上资源 297

参考文献 298

第 1 章　税收的基本概念

学习目标

▶▶ 了解税收的概念

▶▶ 了解现代社会税收的确立方式

▶▶ 掌握税收的形式特征

▶▶ 理解税收的职能和原则

1.1　什么是税收

税收，历史上又称税、租税、赋税或捐税，是政府为满足执行职能的物质需要，对经济活动主体的收入，依据执行职能产生的一般利益，按照法律规定的范围和标准进行的强制征收。[①]税收这一概念包括如下几层含义。

1.1.1　税收是一种强制征收

从直观上看，税收是一种财富转移，是将私人部门的社会产品转变为政府所有或支配的过程。这种由私人部门到政府的财富转移又可以分为两种类型：一是以财产权为根据的财富转移，如经济活动主体因占有或使用国家所有的资源或资产而向政府缴纳的租金、使用费；二是以行政权为根据的财富转移，包括没收、罚款、强制赔偿和课征等。由于政府既是公共产品的提供者，又是财产的所有者，因此可以同时行使行政权和财产权。政府凭借财产权分享财产收益，凭借行政权取得税收收入。税收之所以能参与国民收入的分配，是因为税收是一种强制征收；离开这种强制征收，所谓的参与国民收入分配也就无从谈起。

1.1.2　税收的主体

税收体现了政府与经济活动主体之间的利益关系。对于政府来说，税收会增加财政收

① 马国强. 中国税收. 大连：东北财经大学出版社，2014：5

入；对于经济活动主体而言，税收会带来负担。税收的征税主体是政府，从广义上看，作为征税主体的政府不仅包括中央政府，而且还包括各级地方政府；不仅包括行政机关，还包括立法机关、司法机关和各种武装力量。政府成为税收的课征主体，是因为政府同时具有征税的需要和权力。现代社会的政府职能主要包括保护社会和平、维持社会秩序、为人民的生产与消费创造便利条件以及促进经济发展与社会进步等方面。为履行其职能，政府必须占有一部分经济资源，为了获取这部分经济资源，就有必要向经济活动主体征税。同时，政府还可以作为公共权力的代表行使行政权，通过一定的法律程序，按照事先确定的标准征税。

经济活动主体是税收的缴纳主体，包括从事经济活动的组织与个人。在任何经济社会，物质财富总是由经济活动主体创造的，因此也总是归经济活动主体所有。同时，经济活动主体从事经济活动也离不开政府提供的和平的环境、安定的秩序和便利的设施。换言之，经济活动主体创造的物质财富和实现的收入，不仅包含着经济活动主体自身的努力，也包含着政府通过提供和平的环境、安定的秩序和便利的设施的贡献。根据正义准则，经济活动主体有义务将一部分收入缴纳给政府，作为政府的税收。

1.1.3　税收的客体

税收的客体是指国家的税收收入来自何处，或者说经济活动主体的税收负担由什么承受，也被称作税源，即税收的源泉。一般来说，一个社会在一定时期内生产的总产品首先要用于补偿已经消耗的生产资料，以保证生产的连续性，这部分不能作为税收客体。总产品中剩余的部分是新创造的产品，要在参加生产的经济活动主体之间进行分配，形成经济活动主体的收入。这些收入的总和被称为国民收入。从税收的具体形式来看，所得税、商品税和财产税都是以国民收入为客体的：所得税的税源是本年度形成的国民收入；商品税的税源是本年度用于购买商品的国民收入；财产税的税源是以前年度积累下来的国民收入。

1.1.4　税收的目的

在国家这种社会的最高组织形式中，政府的根本任务是提供公共物品，满足公共需要。所谓公共物品，就是用于满足公共需要的物品，包括和平的环境、安定的秩序和便利的设施等，作为生产与消费的一般外部条件。由于公共物品具有供给的非排他性和消费的非竞争性等特征，即政府提供的公共物品会使社会成员普遍受益，而不存在一部分社会成员享用而排斥另一部分社会成员享用的问题，因此政府为提供公共产品而发生的支出一般无法采用市场定价的方式，只能采取强制征收，由经济活动主体承担税收的方式。可见，政府征税的目的是满足提供公共物品的财政需要。换言之，税收是政府提供公共物品的价值补偿。

1.1.5　税收的依据

税收的依据是指国家为什么有权利向人民征税或人民为什么有义务向国家纳税。政府执行职能，为社会提供了和平的环境、安定的秩序和便利的设施，满足了社会的公共需要。因此，从正义的角度看，税收的依据只能是政府的职能，而不能是其他东西。具体地说，政府执行职能给经济活动主体带来的利益有两种：一种是所有经济活动主体共同享有的利益，如和平、安定、便利等，简称一般利益；另一种是政府职能的当事人专门享有的利益，如获得了证照、通过了检验、保护了被侵犯的权益等，简称特殊利益。在政府的各种征收形式中，税收是以政府职能产生的一般利益为依据的，而行政收费是以政府职能产生的特殊利益为依据的。也就是说，行政收费的依据是政府执行职能为当事人带来的特殊利益，税收的依据是政府执行职能为所有经济活动主体带来的一般利益。

1.2　税收的确立方式

税收的确立方式是指政府与经济活动主体之间税收关系的确立方式。受到公共职能的变化以及国家政治组织形式的影响，税收的确立方式在历史自由贡献发展进程中经历了自由贡献、请求援助、专制课征以及立宪协赞四个时期。

1.2.1　税收确立方式的演变轨迹

1．自由贡献时期

大体而言，西欧的奴隶社会以及封建社会初期、中国的夏代都处于自由贡献时期。在这一时期，人民自由地向国家贡献财务。至于贡献与否、贡献多少、何时贡献以及采用何种方式贡献，都具有很大的随意性。从这个角度看，很多学者将自由贡献视为税收产生之前的财政收入形式，而不是严格意义上的税收。

2．请求援助时期

请求援助时期的特点是国家提出请求，人民根据国家的请求给予帮助。与自由贡献相比，援助的内容、数量和时间要求相对确定。在西欧，这一时期大体处于封建社会初期之后，当发生战争等紧急事件，王室土地收入和君主特权收入不足以满足应对紧急事件的需要时，由君主提出请求，得到同意后向人民征税。中国商代出现了类似的财政收入形式，史称"助"。这种请求援助已经具有税收的性质，通常被视为税收的不成熟形态。

3．专制课征时期

专制课征时期的特点是，国家凭借其至高无上的专制力量，强制地向人民征税，而无须取得任何民间组织的同意。西欧封建专制制度建立至瓦解之前都处于这一时期。在中国，春秋时期的"初税亩"标志着古代土地私有制的确立，成为税收走向成熟形态的象征。中国的专制课征时期贯穿于整个封建社会。

4．立宪协赞时期

立宪协赞时期的特点是国家征税必须经过议会同意。在西方，这种立宪协赞制度是与立宪时代同时开始的。早在13世纪，英国的《大宪章》就以法律形式确认了"非赞同毋纳税"原则——未经纳税人同意，政府是不能课税的，否则就背离了"依法征税"的要求，向政府缴纳税收的经济活动主体就沦为纯粹的"税款缴纳者"，而不是真正意义上的"纳税人"。从此，政府征税必须经过代议机关同意就成为立宪协赞与封建专制等非民主社会课税方式的最主要区别。从这个意义上说，税法的核心价值在于对纳税人权利的保护。1911年的辛亥革命结束了中国两千多年的封建君主专制制度，《临时政府组织大纲》明确规定参议院行使立法权，标志着立宪课征时期的开始。

1.2.2　中国现行税收确立程序

新中国成立后，税收的确立方式也应按照立宪协赞的要求逐步推进。正常情况下，中国税收的确立程序应经过四个阶段：一是提议阶段。税法草案通常由国家税务局草拟，财政部签署后提交国务院。国务院常务会议审议通过后，以议案形式提交全国人民代表大会常务委员会审查。二是审议阶段。全国人民代表大会常务委员会法制工作委员会收到议案后，将议案发送国务院各部委和各省级人民代表大会征求意见，修改后提交全国人民代表大会或全国人民代表大会常务委员会审议通过。三是通过阶段。全国人民代表大会或全国人民代表大会常务委员会开会期间，听取国务院关于税法议案的说明，以简单多数的方式通过税法议案，成为税法，送国家主席发布。四是发布阶段。全国人民代表大会或全国人民代表大会常务委员会通过的税法，送国家主席，并以国家主席的名义发布实施。

1994年，分税制改革实施以来，中国税收收入大幅度增长，财政收入占GDP的比重和中央财政收入占财政收入总额的比重逐年提高。在充分肯定分税制改革重大意义和深远影响的同时，也应看到，在中国现行税制体系中，只有个人所得税、企业所得税和车船税等税种是通过全国人民代表大会及其常务委员会立法开征的。在授权立法或通过制定行政规章征税的情况下，政府部门作为立法者和征税人，必然会强化自身的权限。当各级政府将税制改革作为实现自身利益的途径和手段时，就会使纳税人感到恐慌，进而扭曲纳税行为，导致偷税、逃税甚至抗税等税收不遵从问题的发生。

税收不仅仅是政府取得资金的一种手段，而且是支撑国家运行的社会契约的重要组成部分。[①]如果税制改革的推进不能使纳税人的权利得到有效保护，建立符合市场经济要求的

---

① 谷成．税收那些事儿．南京：江苏人民出版社，2014：145

公共财政体制目标的实现就无从谈起,实现中国梦的路途势必变得异常艰辛甚至遥不可及。

2013 年 11 月,中国共产党第十八届中央委员会第三次全体会议通过的《中共中央关于全面深化改革若干重大问题的决定》提出了"加快房地产税立法并适时推进改革"的战略部署。可以预见的是,未来的税制改革必将通过宪法和法律明确及完善政府与纳税人之间的税收征纳关系,从而避免改革引起的社会成本抵消相对有限的税收收入所带来的损失,防止负面税收文化的形成与强化,促进税收遵从水平的提高和税收道德的完善,体现公平正义的诉求。

1.3　税收的形式特征

税收特征是税收区别于政府其他收入形式的标志。与政府其他收入形式相比,税收的形式特征主要体现在以下三个方面。

1.3.1　一般报偿性

税收的一般报偿性,是指税收所体现的政府与经济活动主体之间的利益关系是一种不完全对等的互利关系。具体地说,税收的一般报偿性包含两层含义:一是税收所体现的政府与经济活动主体之间的利益关系是一种互利关系。从政府的角度看,政府在向经济活动主体提供和平、秩序和便利等公共物品的同时向经济活动主体征税,二者显然是一种互利关系。从经济活动主体的角度看,经济活动主体一方面向政府纳税,另一方面享受政府提供的和平、秩序与便利等公共服务,这也是一种互利关系。二是政府与各经济活动主体之间的互利关系并不像商品交换那样是一种完全对等的互利关系,而是一种不完全对等的互利关系——政府征收的税款不是直接返还给纳税人,也不直接为纳税人提供与所缴税款价值相等的服务。事实上,在数以万计的经济活动主体中,总是有的纳税多,有的纳税少;纳税多的经济活动主体并不必然享受较大的利益,纳税少的经济活动主体也并不必然享受较小的利益。

税收所具有的一般报偿性使其既区别于战争劫掠收入、罚款等无偿性政府收入,又不同于规费收入、公有财产收入等具有个别有偿性的政府收入。

1.3.2　规范性

税收的规范性,是指政府通过法律形式,按照事先确定的标准进行征税。税收的规范性首先是指税收的课征要按事先确定的标准进行。政府对什么征税、征多少税、由谁纳税必须是事先明确的,而不是随意确定的,政府和纳税人都必须遵守。只要发生了规定应当纳税的事件，纳税人就应当按规定的标准向政府缴税。其次，税收的规范性还意味着税收的课征必须按照统一的标准进行，因人而异的税收也就无所谓规范。最后，税收的课征应当以法律为依据，保持相对的稳定性。只要税收标准没有撤销或改变，征税行为就不会停止。

税收的规范性使税收与摊派、货币发行和捐献收入区别开来。与税收相比，摊派、货币发行和捐献收入都不是普遍、经常的收入形式，也不是按照法律事先规定的统一标准连续征收和缴纳的。

1.3.3　强制性

税收的强制性，是指经济活动主体必须按照税收法律、法规的要求准确、及时地履行纳税义务，否则就会受到法律的制裁。税收所具有的强制性特征是由税收作为公共物品和公共服务价值补偿的性质决定。政府向社会成员提供的公共物品和服务所具有的非排他性决定了分享公共物品和公共服务的消费者不愿意表露自己的真实偏好并采用自愿支付的方式补偿公共物品和公共服务的成本，只有采用强制征税的方法，才能使政府向公众提供的公共物品和公共服务的成本得以补偿。政府征税是凭借政府行政权强制执行的，而不是凭借财产权协议解决的。

税收的强制性使税收与公债和捐款区别开来。与税收相比，公债取决于债权人的意愿，捐款取决于应捐者的意愿，二者都是自愿的。

1.4　税收的职能

税收职能是税收所具有的满足政府需要的能动性。[①]一个国家的税收具有哪些职能，不仅取决于该国政府执行职能的需要，同时也必须考虑税收在满足政府需要方面是否具有相对优越性。

在现代经济社会中，政府除提供公共物品、满足公共需要外，还要调节经济运行，促进经济的发展与社会的进步。为提供公共物品，政府需要占有一定的经济资源；为调节经济运行，政府还需要掌握一定的管理手段和工具。政府执行职能的这些需要，构成了税收职能的必要条件。必须指出的是，政府占有经济资源可以采用多种形式，如铸币、借债、经营企业、强制征收等；政府调节经济运行也可以采用多种手段，如法律手段、行政手段、经济手段等。政府是否运用税收形式取得收入、调节社会经济活动以及在多大范围和程度上运用税收取得收入和调节社会经济运行，是由税收的相对优越性决定的。具体而言，现

[①] 马国强. 中国税收. 大连：东北财经大学出版社，2014：10

代社会的税收职能主要包括财政、资源配置、收入分配和调节经济总量四种。

1.4.1　财政职能

税收的财政职能也称为收入手段职能，是税收所具有的从经济活动主体手中强制地取得一部分收入，用以满足政府提供公共物品所需物质资源的职能。税收所承担的收入手段职能，是由于政府向社会成员提供了公共物品，而公共物品所具有的非排他性决定了政府无法采用市场定价的方式加以提供，必须通过征税的方法进行成本补偿，以保证政府能够向社会成员提供所需的公共物品。税收的收入手段职能是税收的基本职能。与其他收入形式相比，税收的相对优越性主要表现为来源的广泛性、数额的确定性和收入的持久性。

1.4.2　资源配置职能

在市场经济体制下，资源的配置是以市场调节为基础的。但由于不完全竞争、不完全信息和外部性等原因，完全依靠市场调节无法达到资源配置的理想状态，这就需要政府对资源配置进行必要的调节。政府调节资源配置的手段主要有三种：一是法律手段，如反托拉斯法、反不正当竞争法等；二是行政手段，如行政许可、行政命令等；三是经济手段，如财政政策、信贷政策等。作为政府执行财政政策的重要手段，税收的调节方式更加灵活，因为税收可以在不同时期、不同地区和不同经济主体之间区别对待，通过有征有免、多征或少征，充分发挥其物质利益激励作用。同时，由于税收具有强制性，其调节力度也更加强大。因此，政府在调节产业结构、区域经济结构等方面的资源配置时，必然要把税收作为一个重要的杠杆。

1.4.3　收入分配职能

在市场经济体制下，收入的分配主要是以要素的贡献为依据的。然而，由于初始条件不均等，要素的禀赋存在差异，因此完全以要素的贡献为依据进行收入分配并不符合社会公认的公平状态，这就需要由政府对收入分配进行必要的调节。政府调节收入分配的手段有三种：一是法律手段，如劳动者最低工资制度；二是行政手段，如农产品价格支持政策；三是经济手段，如遗产税、累进的所得税、差别的消费税和转移支付等。与其他手段相比，税收具有代价最小、效果最大的特点。一方面，它较少干预市场经济运行，不像价格维持制度和最低工资制度那样涉及产品和要素的定价问题。另一方面，它不仅会通过收入的转移而及于特定的职业者，而且会通过国家的公共事务职能而及于社会的全体成员，不像价格维持制度和最低工资制度那样只涉及部分生产者或劳动者。

1.4.4　调节经济总量职能

税收调节经济总量职能包括对总供给和总需求的调节两个方面。总供给取决于资源开发、劳动供给、资本形成和技术进步等因素。要增加总供给，就应促进资源开发、劳动供给、资本形成和技术进步。税收对资源开发、劳动供给、资本形成和技术进步具有重要的影响。总需求由总消费、总投资和出口总额所构成。税收对总消费、总投资和出口总额具有一定的影响，因此政府在调节总消费、总投资和出口总额时，也应将税收作为一项重要手段。政府通过发挥税收调节经济总量的职能，实现促进经济的稳定与增长的目标。

1.5　税收的原则

税收原则是在运用税收取得收入和调节经济时，为正确处理政府需要与经济发展、社会进步的关系所必须遵循的原则。税收原则是制定税收制度的指导思想，也是判断税收制度是否完善的标准。尽管经济学家们对税收原则的表述不尽相同，但从世界各国税收制度的实践上看，都离不开税收的财政原则、公平原则和效率原则。

1.5.1　财政原则

税收的财政原则是指税收的征收必须有利于保证政府的财政收入，以满足政府各方面的支出需要。财政原则的最基本要求是政府通过征税取得的收入能充分满足一定时期财政支出的需要。按照财政原则，政府应选择确定合理的税制结构模式，尤其是选择确定税制结构中的主体税种。主体税种是收入占整个税收收入的比重最大、对税收总收入的影响也最大的税种。一般而言，政府应当选择税源充裕且收入可靠的税种作为主体税种。

财政原则还要求税收收入具有一定的弹性。税收弹性是在既定的税收制度不变的前提下，计算出来的税收增长率与 GDP 增长率之比。目前，世界各国在税制设计时都强调税收制度本身的收入弹性对于税收收入持续稳定增长的重要性，即要求税制应能随着国民经济的增加而自动增加，以保证国家收入与日益增加的国民收入同步增长，而无须通过经常调整税基、变动税率或开征新税种来增加收入。因为调整税基、变动税率或开征新税种均需经过复杂的程序，在政治上是比较困难的，往往缓不应急。

值得注意的是，税收的财政原则并不是说政府收入越多越好，而是指税收收入应达到其应具备的规模。这主要因为税收将资源从经济活动主体手中转变为由政府支配除了可以带来公共收益外，也可能产生某些负担。当财政支出的收益大于税收所导致的经济负担时，扩大税收的规模和比重可以增加社会的福利；相反，如果财政支出带来的收益小于税收所导致的负效应时，就应适当缩小税收规模，降低税收的比重。

1.5.2　公平原则

税收的公平原则要求条件相同的人缴纳相同的税收（"横向"公平）；条件不同的人承担不同的税负（"纵向"公平）。尽管横向公平和纵向公平已经被人们普遍接受，但是对于构成"条件"本身的内容，一直以来都存在着两种解释。

1. 受益原则

受益原则要求按照纳税人从政府公共支出中所获得的收益大小来分担税收。这种观点的理论依据在于，政府之所以能够向纳税人征税，是因为它为纳税人提供了公共物品和服务；纳税人之所以要向政府纳税，是因为他们从政府提供的公共物品和服务中获得了收益。因此，税收负担在纳税人之间的分配只能以他们的受益为依据——受益多者多纳税，受益少者少纳税。按照受益原则确定税收负担分配的优点在于，它既考虑到为什么要征税，又考虑到政府支出相对应地用于哪些项目，有利于在纳税人与受益人之间、政府收入与支出之间建立起有效的联系；促使政府以尽可能小的成本为社会提供公共产品和服务并加速其支出的成本补偿，提高公共产品和服务的供给质量和水平。

按照纳税人从公共支出中获得的收益来分担税收的一个无法回避的问题是，如何确定各个纳税人从政府支出中所获得的收益。由于公共物品具有非竞争性和非排他性，因此不论消费者是否纳税，其受益都不会受到影响。在这种情况下，消费者就不会像在市场上购买私人产品那样，用愿意支付的价格来表露自己的边际效用。特别是当消费者意识到自己的税收负担取决于对公共物品的效用评价时，会有意隐瞒自己的偏好以达到减轻税负的目的。这就使受益原则的应用受到了很大限制。只有在政府所提供的产品或服务具有可排他性，或者消费者的收益能够客观地表现出来的情况下，受益原则才能得到有效贯彻。

当然，受益原则很难普遍采用，并不排除该原则在某些情况下的适用性。对于那些虽然能够在某种程度上确认个人的受益量，但采用收费方式存在困难或成本较高的情况，可以采用受益税取代价格或使用费。例如，公路的直接受益者是使用公路的行人和车辆。尽管可以通过在公路上设立关卡进行收费的方式弥补建设支出，但在公路网错综复杂、覆盖面广的情况下，收费的成本可能很高。一种替代办法是向一些与公路相关的产品，如汽油、车辆、轮胎等征税。由于这些产品的消费量与公路的使用量紧密相关，因此向这些产品征税可以作为公路收费的一种近似替代方法。

2. 支付能力原则

支付能力原则要求按照纳税人负担的税收与其支付能力相适应。按照这一原则，税收负担的分配问题仅从税收自身的角度考虑，与支出的决定不发生联系。在既定的税收总收入下，每个纳税人应根据其支付能力纳税。尽管在一些经济学家看来，这一原则无法令人满意，但从实践的角度看，支付能力原则显然更具可行性。

一般认为，收入最能反映纳税人的支付能力，因为收入的增加使支付能力的提高最为显著。这也是目前世界上许多国家都将所得税作为主体税种的主要原因。主张以支出作为衡量纳税人负担能力指标的依据是，支出来源于收入，但不包括收入中用于储蓄的部分。对支出课税的优点在于，有利于动员储蓄，加速资本形成，促进经济增长。然而，从实践上看，对支出课税的前提是掌握纳税人各项收支的详细资料，这显然不是一件容易的事。因此，尽管主张以支出税替代对收入课税的人很多，但迄今为止，并没有哪个国家把支出作为主要税基。财产是衡量纳税人支付能力的又一依据，财产的增加意味着纳税人实际收入的增加或隐含收入的增加。对财产课税的缺陷在于，财产并不是税负的直接来源。财产税的最终来源是财产的收益，因此财产税实际上是由财产收益负担的。各种财产的收益存在差异，财产多的未必收益就多，财产少的未必收益就少。在收益多少与财产多少不对应的情况下，以财产多少作为衡量纳税人支付能力的标准，将有失公平。

1.5.3 效率原则

税收效率原则包括经济效率和行政效率两个方面。

1. 经济效率原则

税收的经济效率原则，是指政府征税应有利于提高经济效率，促进资源配置的优化。按照资源配置的行为主体不同，整个社会的资源配置可以分为市场配置资源和政府配置资源两类。市场配置资源是以企业和个人为主体，通过价格机制自发地调节生产和消费，平衡供给和需求，引导资金流量和流向。政府配置资源则以政府为主体，通过经济、法律和行政等手段来引导和安排资源配置。在市场经济体制下，以价格为核心的市场配置资源被认为是最有效的；政府对资源的配置是基于市场配置的缺陷和局限，通过对资源的重新配置来提高经济效率。按照这一思路，税收经济效率原则的要求是，当以价格为核心的资源配置作为最基本的配置方式已经使资源配置处于最优状态时，政府征税就将干扰资源的有效配置，使经济运行变得低效或无效。在这种情况下，税收应避免或尽量减少对经济的干预，以减少效率损失。相反，如果市场未能使资源处于最优配置状态，那么政府就可以通过征税提高资源的配置效率，对经济进行积极的干预。

2. 行政效率原则

税收的行政效率原则，是指政府征税时应尽量节省税收成本。税收成本包括政府的征税成本和纳税人的纳税成本两个方面。征税成本表现为政府征税的直接成本，是政府在实施各种税收计划、对各税种进行征管过程中发生的各项费用，主要包括税务人员的工薪支出、办公设施和设备的购置费用、税务人员教育培训支出以及其他各项业务支出。纳税成本是指纳税人在依法纳税时除所缴税款之外所发生的各项成本和费用，包括办理税务登记的费用和时间、填写纳税申报表的劳动耗费、聘请税务顾问和律师的费用以及税务人员稽查给纳税人带来的心理影响等。提高税收的行政效率就是要尽量降低政府的征税成本和纳税人的纳税成本，以最小的费用取得最大的税收收入。

 本章小结

- 税收是政府为满足执行职能的物质需要，对经济活动主体的收入，依据执行职能产生的一般利益，按照法律规定的范围和标准进行的强制征收。
- 税收的确立方式是指政府与经济活动主体之间税收关系的确立方式。从历史上看，税收的确立方式经历了自由贡献、请求援助、专制课征以及立宪协赞四个时期。
- 税收特征是税收区别于政府其他收入形式的标志。与政府其他收入形式相比，税收的形式特征主要体现在一般报偿性、规范性和强制性三个方面。
- 税收职能是税收所具有的满足政府需要的能动性。现代社会的税收职能主要包括财政职能、资源配置职能、收入分配职能和调节经济总量的职能。
- 税收原则是制定税收制度的指导思想，也是判断税收制度是否完善的标准。从世界各国税收制度的实践上看，税收原则一般包括财政原则、公平原则和效率原则。

 综合练习

1．税收的目的和依据是什么？
2．政府可以随意征税吗？
3．为什么说税收具有一般报偿性？
4．如何理解税收的公平原则？

 **推荐阅读材料**

1．马国强．中国税收．大连：东北财经大学出版社，2014
2．谷成．税收那些事儿．南京：江苏人民出版社，2014
3．胡怡建．税收学．上海：上海财经大学出版社，2009
4．林江，温海滢．税收学．大连：东北财经大学出版社，2009
5．袁振宇等．税收经济学．北京：中国人民大学出版社，1995
6．蒋洪．公共经济学（财政学）．上海：上海财经大学出版社，2006

7．邓力平．中国税制．北京：经济科学出版社，2005

8．（美）哈维·S.罗森．财政学．平新乔等译．北京：中国人民大学出版社，2000

9．（美）鲍德威，威迪逊．公共部门经济学．邓力平译．北京：中国人民大学出版社，2000

10．（英）安东尼·B.阿特金森，（美）约瑟夫·E.斯蒂格里茨．公共经济学．蔡江南等译．上海：上海三联书店，上海人民出版社，1995

 网上资源

1．国家税务总局，http://www.chinatax.gov.cn/n8136506/index.html

2．中国税务网，http://www.ctax.org.cn/

第2章 税收制度与税制结构

学习目标

▸ 了解税收制度的构成要素
▸ 掌握税制结构的主要类型
▸ 理解税制结构的影响因素

税收制度简称税制，是国家通过法定程序确定的，用以调整国家与纳税人之间税收征纳关系的规范，包括国家制定的各种税收法律、法规、条例、实施细则和征收管理制度等。从纳税人的角度看，税收制度是纳税人履行纳税义务的行为规范；对于征税机关而言，税收制度是征税依据和工作规程。国家要征税，纳税人要纳税，双方形成一种征纳关系。这种征纳关系必须以法律或制度的形式加以规定，就形成了税收制度。

2.1 税收制度的构成要素

尽管由于政治、经济、历史等原因，各国的税收制度不尽相同，但在世界各国的税收法律法规中，都会表现出一些共同的元素，如对什么征税、由谁纳税、纳多少税等。税收制度的构成要素，简称税制要素，是指构成一个完整的税种所必需的基本因素，是规范征纳双方权利与义务的法律制度的具体表现。一般而言，无论一国采用何种税收制度，其税制要素都包括征税对象、纳税人、税率、纳税环节、纳税期限、纳税地点、税收减免和违章处理等。其中，征税对象、纳税人和税率通常被称为税收制度的三大基本要素。

2.1.1 征税对象

征税对象是税法规定应当纳税的客观对象。它表明征纳双方权利义务共同指向的客体或标的物。征税对象可以包括物与行为两大类。物是在一定社会关系中由人类控制和支配的财富，行为是指人的活动及其结果。征税对象是税收制度最基本的要素，也是一种税区别于另一种税的主要标志。一种税叫什么名称、属于什么性质的税种，主要是由征税对象决定的，如消费税、个人所得税、土地增值税等，这些税种因征税对象不同、性质不同，名称也就不同。为了计算税额，在税法中还必须对征税对象的质和量作更为具体的规定，这就涉及税目和计税依据等税收要素。

税目是税法规定的同一征税对象范围内的具体项目，是对征税对象质的界定。税目的设置首先是为了明确具体的征税范围，列入税目的就是应税项目，未列入税目的，就不是应税项目。其次，通过税目的设置，还可以对不同的应税项目制定高低不同的税率，以体现不同的国家政策。值得注意的是，并不是所有的税种都需要规定税目。有些税种不区分征税对象的具体项目，一律按照征税对象的应税数额采用同一税率计征税款，因此一般无须设置税目，如企业所得税。有些税种的征税对象则相对复杂，需要确定税目，如消费税、营业税、关税等，一般都规定有不同的税目。

计税依据又叫税基，是据以计算征税对象应纳税额的数量依据，是征税对象的数量表现。根据计量单位的差异，税基可以分为两种基本形态，即价值形态和物理形态。价值形态包括应纳税所得额、销售收入、营业额等；物理形态则表现为面积、体积、重量等形式。以价值形态为税基也被称为从价计征，即按征税对象的货币价值计算应纳税额。如生产销售化妆品的消费税采用的就是从价计征办法，应纳税额由化妆品的销售收入乘以税率得出，其税基为销售收入。另一种方法是从量计征，即直接按照征税对象的物理单位计算应纳税额，如城镇土地使用税采用的就是从量计征的办法，应纳税额是采用占用土地的面积乘以每单位面积的应纳税额计算出来的。

2.1.2　纳税人

纳税人即纳税义务人，也被称为纳税主体，是税法规定直接负有纳税义务的单位和个人。纳税人包括自然人和法人两种基本形式。自然人是基于自然规律出生，依法享有民事权利和承担民事义务的个人，包括本国公民、外国人和无国籍的人。法人是按照法定程序设立，具有一定组织机构和独立的财产并能以自己的名义享有民事权利和承担民事义务的社会组织。按照不同的目的和标准，还可以对自然人和法人进行更为详细的分类，如自然人可以分为居民纳税人和非居民纳税人；法人可以分为居民企业和非居民企业等。这些分类对于国家制定相关税收政策，发挥税收的经济调节作用具有重要意义。

纳税人与负税人是两个不同的概念。纳税人是直接缴纳税款的人，负税人是指最终承受税收负担的人。前者是一个法律概念，是法律上的纳税主体；后者是一个经济学意义上的概念，是税收负担的实际承受者。二者有时一致，有时不一致，这取决于税收负担是否能够转嫁。存在税负转嫁的情况下，纳税人和负税人分离；在税收负担无法转嫁的情况下，纳税人就是税负的承担者。

此外，代扣代缴义务人和代收代缴义务人是与纳税人紧密联系的两个概念。前者是指尽管不承担纳税义务，但依照有关规定，在向纳税人支付收入、结算货款、收取费用时有义务代扣代缴其应纳税款的单位和个人。如中国个人所得税法规定，出版社在向作者支付稿酬所得时，应代扣代缴个人所得税。代收代缴义务人是指虽然不承担纳税义务，但依照有关规定，在向纳税人收取商品或劳务收入时，有义务代收代缴其应纳税款的单位和个人。如中国消费税条例规定，委托加工的应税消费品，除受托方为个人外，由受托方在向委托方交货时代收代缴委托方应缴纳的消费税。

2.1.3　税率

税率是对征税对象的征收比例或征收额度。税率是计算应纳税额的尺度，反映国家征税的深度。在征税对象已经明确的前提下，国家征税的数量和纳税人的负担水平取决于税率。税率的具体形式主要表现为如下几类。

1. 额式税率与率式税率

按照表现形式，可将税率划分为额式税率与率式税率。额式税率是根据税基的单位规定的固定税额，也叫单位税额，如中国现行税制中的资源税、城镇土地使用税和车船税等。定额税率适用于从量计征的税种。在额式税率中，征税对象的计量单位可以是重量、数量、面积、体积等物理单位。按照定额税率征税，税额的多少仅同征税的数量有关，同价格无关。采用定额税率计税相对简单，税额不受价格影响。但这种税率的收入弹性较差，税收难以随征税对象价格的增长而提高。当同种商品质量不同，价格差别明显时，从量征税会导致税收负担的较大差别。率式税率是按税基的单位规定的百分比，如中国现行增值税的基本税率为17%。与额式税率相比，率式税率透明度较高，税收收入可以随征税对象价格的增长而提高，有利于保证财政收入的取得。

2. 固定比例税率和累进税率

根据税额与税基之间的数量对应关系，可将税率划分为固定比例税率与累进税率。固定比例税率是不以税基大小为转移的税率，简称比例税率，包括额式比例税率与率式比例税率。固定比例税率具有计算简便的优点，但不能针对纳税人不同的收入水平确定不同的税收负担，在调节收入水平方面难以体现税收的公平原则。

累进税率是随着征税对象数量的增加，征税比例也随之提高的税率。具体地说，就是按征税对象数额的大小划分若干等级，不同等级的应税数额分别适用不同的税率，应税数额越大，适用税率越高。相对于固定比例税率而言，累进税率更有利于调节纳税人的收入，正确处理税收负担分配的纵向公平问题。累进税率又包括额式累进税率与率式累进税率两种形式。额式累进税率是以定额形式表现的累进税率。例如，中国现行船舶吨税采用的就是额式累进税率。按照船舶吨位大小，以吨为计量单位，船舶吨位越大，每一吨位的吨税税额就越高。率式累进税率是以定率形式表现的累进税率。在率式累进税率中，最为常用的有全额累进税率、超额累进税率、全率累进税率和超率累进税率。

全额累进税率是把征税对象的全部数额划分为若干等级，对每个等级分别规定相应的税率。当征税对象的数额提高一个级距时，征税对象的全部数额都按提高后级距的相应税率征税。

【例 2-1】 纳税人甲某月应纳税所得额为 8 000 元，请按照表 2-1 所列税率计算其应纳税额。

表 2-1　某全额累进税率表

级　　数	全月应纳税所得额	税率（%）
1	不超过 6 000 元的	10
2	高于 6 000 元不超过 20 000 元的	20
3	高于 20 000 元的	30

当甲的应纳税所得额为8 000元时，根据表2-1所列税率，适用第二级次，其应纳税额为

$$8\ 000\times20\%=1\ 600（元）$$

全额累进税率的优点是计算相对简便，但在两个级距的临界点附近，税收负担跳跃式递增，甚至出现税额增加超过征税对象数额增加的现象，使税收负担不尽合理。例如，同样采用表 2-1 所列税率，纳税人乙和丙某月应纳税所得额分别为 6 000 和 6 001 元，则其应纳税额分别为

$$6\ 000\times10\%=600（元）$$

$$6\ 001\times20\%=1\ 200.2（元）$$

可见，按照全额累进税率，纳税人丙的月应纳税所得额仅比乙多 1 元，但其应纳税额则要比乙多 600.2 元。

超额累进税率是把征税对象数额按大小划分若干等级，并对每个等级规定相应的税率。当征税对象超过某一等级时，仅就超额部分按高一级税率计算征税。

【例 2-2】 纳税人甲某月应纳税所得额为 8 000 元，请按照表 2-2 所列税率计算其应纳税额。

表 2-2　某超额累进税率表

级　　数	全月应纳税所得额	税率（%）	速算扣除数
1	不超过 6 000 元的	10	0
2	高于 6 000 元不超过 20 000 元的	20	600
3	高于 20 000 元的	30	2 600

当甲的应纳税所得额为8 000元时，根据表2-2所列税率，其应纳税额可以分步计算：

第一级的 6 000 元适用 10%的税率，应纳税额为 6 000×10%=600（元）。

第一级的 2 000 元（8 000-6 000）适用 20%的税率，应纳税额为 2 000×20%=400（元）。

因此，纳税人甲该月应纳税额=6 000×10%+2 000×20%=1 000（元）。

同理，如果纳税人乙和丙某月应纳税所得额分别为 6 000 和 6 001 元，按照超额累进税率，其应纳税额分别为

$$6\ 000×10\%=600（元）$$

$$6\ 000×10\%+1×20\%=600.2（元）$$

这就避免了全额累进税率下，当纳税人应纳税所得额处于税率级次临界点附近时税收负担不尽合理的问题。当然，在税率档次较多时，按照逐级累加的方法计算应纳税额的方法比较繁琐。在实践中，引入速算扣除数，可以使计算变得简单。所谓速算扣除数，就是在采用超额累进税率计税时，用于简化计算应纳税额的数据。它实际上是在级距和税率不变的条件下，按照全额累进税率计算的应纳税额与按照超额累进税率计算出的应纳税额之间的差额。用公式表示如下：

本级速算扣除数=上一级最高应纳税所得额×（本级税率-上一级税率）

+上一级速算扣除数

因此，在超额累进税率的条件下，采用速算扣除数计算应纳税额的计算公式可以简化为

应纳税额=应纳税所得额×适用税率-速算扣除数

例如，在例 2-2 中，如果采用速算扣除数，那么纳税人甲该月应纳税额为

$$8\ 000×20\%-600=1\ 000（元）$$

该结果与分级计算，然后加总的计算方法结果相同。目前，中国税制中采用超额累进税率的是个人所得税。

全率累进税率是按照征税对象数额的相对比例划分征税级距，就纳税人征税对象的全部数额按与之相对应级距的税率计征的累进税率。具体地说，就是将征税对象的相对比例（如产值利润率、资金利润率、销售利润率、成本利润率等）从低到高划分为若干征税级距，分别制定不同的税率，但在征税时，仍以征税对象的绝对数作为计税依据，当纳税人的征税对象的相对比例达到某一等级时，全部征税对象数额都按该等级的税率征收。全率累进税率与全额累进税率的累进方式相同，区别仅在于划分级距的标准不同。全率累进税率以相对数为划分标准，而全额累进税率以绝对数为划分标准。

超率累进税率是按照征税对象数额的相对比例划分若干级距，分别规定各级距的差别税率。相对比例每超过一个级距的，对超过部分按高一级的税率计算征税。例如，中国现行土地增值税采用四级超率累进税率：增值额未超过扣除项目金额 50%的部分，税率为 30%；增值额超过扣除项目金额 50%、未超过扣除项目金额 100%的部分，税率为 40%；增值额超过扣除项目金额 100%、未超过扣除项目金额 200%的部分，税率为 50%；增值额超过扣除项目金额 200%的部分，税率为 60%。

2.1.4 纳税环节

纳税环节是税法规定的征税对象应当缴纳税款的环节。合理选择纳税环节，对加强税收征管，有效控制税源，保证国家财政收入的及时、稳定、可靠，方便纳税人生产经营和财务核算，灵活发挥税收调节经济的作用，具有重要的理论和实践意义。从纳税环节上看，有的税种仅要求纳税人在生产或销售的单一环节纳税，有的税种则要求纳税人多环节纳税。例如，中国现行消费税的纳税环节具有单一性的特点。为了加强税源控制，防止税款流失，消费税的纳税环节主要确定在产制环节或进口环节。而增值税则要求道道纳税，即商品从生产到销售，每经历一个环节，就要纳一次税。

2.1.5 纳税期限

纳税期限是指税法规定的关于税款缴纳时间方面的限定。与纳税期限规定有关的概念包括纳税义务发生时间、纳税计算期和税款缴库期。纳税义务发生时间是指纳税人发生应税行为，应当承担纳税义务的起始时间。例如，增值税条例规定，采取预收货款方式销售货物的，其纳税义务发生时间为货物发出的当天。明确规定纳税义务发生时间，不但可以在法律上正式确认纳税人已经发生的行为属于应税行为，应承担纳税义务，而且有利于税务机关进行税收管理，合理规定纳税期限，监督纳税人按期履行纳税义务，保证国家财政收入。

纳税计算期是指税法规定的纳税人计算应纳税额的间隔期。纳税计算期分为按次计算和按期计算两种形式。按次计算是以纳税人发生纳税义务的次数作为税款计算期。如中国对进口商品征收增值税和消费税，都是在发生纳税义务后按次计算应纳税款。按期计算是以纳税人发生纳税义务的一定时段作为税款计算期，纳税人应当按税款计算期逐一计算税款。如中国的增值税按照应纳税款数额的大小，分别核定为 1 日、3 日、5 日、10 日、15 日、1 个月或者 1 个季度。

税款缴库期是指税款计算期满后缴纳税款的法定期限。如增值税暂行条例规定，纳税人以 1 个月或者 1 个季度为纳税计算期的，应于期满后 15 日内将税款报缴入库；以 1 日、3 日、5 日、10 日或者 15 日为纳税计算期的，应于期满后 5 日内预缴税款，于次月 1 日起 15 日内申报纳税并结清上月应纳税款。

2.1.6 纳税地点

纳税地点是纳税人（包括代征、代扣代缴义务人）申报缴纳税款的地点。不同的税种，由于征税对象和纳税人的性质不同，对纳税地点的规定也不同。合理规定纳税人申报纳税的地点，有利于税务机关实施税源管理，防止税收流失，又便于纳税人缴纳税款。

2.1.7　税收减免

税收减免是指税法规定的对某些特殊情况给予减轻或免除税收负担的一种税收优惠措施或特殊调节手段。具体而言，减税是对应征税款减征一部分，免税是免除全部税收负担。税收减免体现了国家一定时期的经济和社会政策，有较强的政策目的和针对性，是一项重要的税制要素。从形式上看，减免税主要包括税基式减免、税率式减免、税额式减免和时间式减免。

税基式减免是通过减少计税依据实现减免税的一种形式，包括起征点、免征额和项目扣除等方式。起征点是税法规定的征税对象达到征税数额开始征税的界限。在规定了起征点的情况下，征税对象的数额未达到起征点的不征税；达到或超过起征点的则需全额征税。免征额是税法规定的征税对象全部数额中免于征税的数额。它是按照一定标准从征税对象数额中预先扣除的部分。不论课税对象的数额有多大，免征额部分始终不征税，仅对超过免征额的部分征税。项目扣除是指在征税对象总额中先扣除某些项目的金额后，仅就其余额为依据计算应纳税额。它是在税法规定的一般扣除项目的基础上，扩大或增加扣除项目，通过缩小税基的方式实现的减免税。

税率式减免是以降低税率的方式来减轻或免除纳税人税收负担，即对某些特定的征税对象或纳税义务人按照低于一般税率的税率征税。

税额式减免是指通过减少一部分税额或免除全部税额的方式实现减免税，包括全部免征、核定减征率或减征额等。全部免征即免除纳税人某一纳税项目或全部纳税项目的应纳税额。核定减征率或减征额是减除纳税人应纳税额的一定比例或税额。

时间式减免（时间式优惠）是以延缓纳税期限的形式来减轻或缓解纳税人的税收负担，如加速折旧和延期纳税。加速折旧是允许纳税义务人在固定资产使用初期提取较多折旧，其实质是税款缴纳时间向后推移。随着纳税时间向后推移，纳税人的税收负担会有所降低。延期纳税是允许纳税义务人延期缴纳应纳税款。实际上等同于为纳税义务人提供一笔无息贷款。

2.1.8　违章处理

违章处理是对纳税人违反税收法规的行为采取的处罚措施。税务违章行为主要包括偷税、抗税、欠税、骗税等，处理方法有经济制裁、行政制裁和刑事制裁三种。对于税务违章行为，税务机关一般可采用征收滞纳金、处以罚款、扣押财产抵缴、追究刑事责任等措施加以处理。

征收滞纳金是指税务机关对欠税者除令其限期照章补缴所欠税款外，从滞纳之日起，按日加收所欠税款一定比例的滞纳金。

处以罚款是一种经济制裁措施，具体包括两种形式：一种是按应纳税额的倍数罚款，另一种是按照一定数额罚款。

税收保全措施是指税务机关对可能由于纳税人的行为或者某种客观原因，致使以后税款的征收不能保证或难以保证的案件，采取限制纳税人处理和转移商品、货物或其他财产的措施。税务机关有根据认为从事生产、经营的纳税人有逃避纳税义务行为的，可以在规定的纳税期之前，责令限期缴纳税款。在限期内发现纳税人有明显的转移、隐匿其应纳税的商品、货物，以及其他财产迹象的，税务机关应责令其提供纳税担保。如果纳税人不能提供纳税担保，税务机关可以按照一定的法律程序采取如下税收保全措施：一是书面通知纳税人开户银行或者其他金融机构冻结纳税人相当于应纳税款的存款；二是扣押、查封纳税人的价值相当于应纳税款的商品、货物或者其他财产。

2.2　税制结构的主要类型

税制结构就是税收制度中税种的构成以及各税种的相对地位。根据税种的多寡，可以将税制结构分为单一税制和复合税制。单一税制是以一种事物为对象设置税种而形成的税制。其具体税种可以是一个，也可以是少数几个，但这几个税种的性质完全相同。由于单一税制无法保证财政收入的充裕、稳定和可靠，也难以充分发挥税收的调节作用，因此在实践中并未真正推行过，只是一种理论上的主张。复合税制是以多种事物为对象设置税种所形成的税制。复合税制下的税种较多，可以相互配合、相互补充，有利于保证财政收入，实现对国民经济的有效调节，因此也被世界各国普遍采用。

2.2.1　税收分类

复合税制是由不同税种组成的，可以按照不同的标准进行分类。

1. 按照征税对象的性质分类

按照征税对象的性质，可将税收分为商品税、所得税、财产税、资源税和行为税五类，这也是目前中国税收分类的主要方法。

商品税是以商品的销售额为征税对象的税种。商品税主要以商品销售额和营业收入额为计税依据，一般采用比例税率的形式。在中国现行税制中，增值税、消费税、营业税、关税等都属于商品税。

所得税是以所得和收益额为征税对象的税种，主要根据纳税人的生产经营所得、个人收入所得和其他所得进行征收。中国现行税制中的所得税主要包括企业所得税和个人所得税。

财产税是以财产价值为征税对象的税种。根据征税对象的差异，财产税又可以进一步分为一般财产税、财产转移税和财产增值税等。中国现行财产税主要包括房产税、契税、车船税等。

　　资源税是以资源的绝对收益和级差收益为征税对象的税种。前者以占有某种国有资源的开发和使用权为征税对象；后者以纳税人占用资源的数量和质量的差额形成的级差收入为征税对象，旨在调节级差收入。

　　行为税是以特定行为为征税对象的税种。行为税的征收体现了国家采用税收杠杆对社会经济活动中的某些特定行为进行调节和限制的政策目标。在中国现行税制中，印花税就属于行为税。

2．按照税负能否转嫁分类

　　按照税负能否转嫁，可将税收分为直接税和间接税。直接税是指无法或难以转嫁，直接由纳税人负担的各种税收。间接税是指纳税人可以将税负转嫁出去，而由他人负担的各种税收。在这种情况下，纳税人与负税人分离，税收负担是由负税人间接负担的。一般认为，所得税和财产税的税收负担难以转嫁，由纳税人自己负担，因此人们通常将所得税和财产税归为直接税类。相反，商品税相对易于转嫁，属间接税范围。

3．按照税收收入的归属分类

　　根据税收收入的归属，可将税收分为中央税、地方税和共享税。采用彻底分税制的国家，将税收划分为中央税和地方税两类，中央政府和地方政府分别具有独立的税收立法和征管权限。在中国，中央税是由国家税务总局负责征收管理，收入归中央政府支配的税种，如现行税制中的消费税、关税和车辆购置税等。地方税是由地方税务局负责征收管理，收入归地方政府支配的税种，如现行税制中的城镇土地使用税、耕地占用税、土地增值税、房产税、车船税和契税等。中央与地方共享税是由中央或者地方税务机关负责征收管理，收入由中央和地方共同分享的税种，如现行税制中的增值税、营业税、企业所得税、个人所得税、资源税、城市维护建设税和印花税等。

4．按照税收的计量标准分类

　　按照税收的计量标准，可将税收分为从价税和从量税。从价税是以征税对象的价格为依据征收的税收，如中国现行的增值税和个人所得税等。从量税是以征税对象的数量、重量或体积为计税依据，如中国现行的资源税等。

　　从价税的应纳税额随商品价格或劳务收费的变化而变化，有利于保证财政收入与计税价格的同方向变化，因此应用范围更广。相比之下，从量税的税额随征税对象数量的变化而变化，虽然较为简单，但无法使财政收入具有充分的弹性，因此在实践中局限于部分税种。

5．按照税收与价格的关系分类

　　按照税收与价格的关系，可将税收分为价内税和价外税。凡是税款作为商品或劳务价格组成部分的税收，属于价内税。价内税的计税价格为含税价格，如中国现行消费税。凡是税款作为商品或劳务价格以外附加的税收，则属于价外税。价外税的计税价格为不含税价格，如中国现行增值税。

此外，根据需要，税收还可以按照其他标准进行分类。例如，按照税收的形态，可以分为力役税、实物税和货币税；按照税种存续时间的长短，可以分为经常税和临时税等。

2.2.2　现代各国的税制结构

现代各国的税制结构主要表现为如下三种类型。

1．以商品税为主体的税制结构

以商品税为主体的税制结构，是指在整个税制体系中，商品税作为主体税，占最大比重，并起主导作用。数据表明，绝大多数发展中国家和少数经济发达国家采用这种税制结构。大多数发展中国家以商品税为主体税种的现象是与发展中国家社会经济发展状况相适应的。例如，商品税多采用统一税率，对商品和劳务的交易额征收，征管简便易行，且不受成本变动的影响，有利于保证财政收入的稳定可靠和及时取得，这在发展中国家税源相对匮乏的条件下是十分重要的。

2．以所得税为主体的税制结构

以所得税为主体的税制结构是指在整个税制体系中，所得税作为主体税种，占最大比重，并起主导作用。目前，绝大多数经济发达国家以及少数发展中国家采用的是这种税制结构。发达国家实行以所得税为主体的税制结构，主要原因在于税收管理体制更为完善，具备实施所得税的制度环境和条件。所得税以纳税人的所得为征税对象，税收收入能够准确反映国民收入的增减变化，有利于调节纳税人的实际收入，可以对消费、储蓄和投资等行为产生迅速而强有力的影响和制约作用。

3．商品税与所得税并重的税制结构

商品税与所得税并重的税制结构是指在整个税制体系中，流转税和所得税占有相近的比重，在取得财政收入和调节经济运行方面共同起着主导作用。选择商品税与所得税并重的税制结构既有利于确保财政收入稳定可靠，又能充分发挥税收的宏观调控作用。一般而言，在由以商品税为主体向以所得税为主体的转换过程中，或者在由以所得税为主体转向发展增值税、扩大商品税规模的过程中，都有可能形成商品税与所得税并重的税制结构。尽管商品税与所得税并重的税制结构是一种现实的税制结构类型，但从发展的角度看，这种类型只是一种转换时期的过渡模式，将被以商品税为主体的税制结构或以所得税为主体的税制结构模式所取代。

表 2-3 为中国税制结构。从 2007 年的税制结构中可以发现，中国税制结构是以商品税

为主的，这与中国的经济发展水平、政府的经济政策以及税收管理环境是一致的。

表 2-3　中国税制结构（2013）

项　　目	税收收入（亿元）	占税收总额比重（%）
1. 国内增值税	28 810.13	26.07
2. 国内消费税	8 231.32	7.45
3. 进口货物增值税、消费税	14 004.56	12.67
4. 出口货物退增值税、消费税	-10 518.85	-9.52
5. 营业税	17 233.02	15.59
6. 关税	2 630.61	2.38
7. 企业所得税	22 427.20	20.29
8. 个人所得税	6 531.53	5.91
9. 资源税	1 005.65	0.91
10. 城市维护建设税	3 419.90	3.09
11. 房产税	1 581.50	1.43
12. 印花税	1 244.36	1.13
13. 城镇土地使用税	1 718.77	1.56
14. 土地增值税	3 293.91	2.98
15. 车船税	473.96	0.43
16. 船舶吨税	43.55	0.04
17. 车辆购置税	2 596.34	2.35
18. 耕地占用税	1 808.23	1.64
19. 契税	3 844.02	3.48
20. 烟叶税	150.26	0.14
21. 其他税收收入	0.73	0.00
税收收入合计	110 530.70	100

资料来源：中国统计年鉴 2014. 北京：中国统计出版社，2014

2.3　税制结构的影响因素

　　实践表明，同一时期不同国家的税制结构不同，即使对于同一国家，其不同时期的税制结构也存在着很大差异，因此有必要了解导致税制结构差异的原因。尽管每一国家不同时期的税制结构都有其具体的形成和发展原因，但从总体上仍可将影响税制结构的主要原因归纳为如下几个方面。

2.3.1　经济因素

经济因素是影响并决定税制结构的最基本因素。这里的经济因素主要是指社会生产力发展水平，并由社会生产力水平所决定的经济结构。发达国家生产力水平相对较高，人均国民收入处于较高水平。大部分收入在做了必要的扣除后还有较多剩余，这就为所得税的征收提供了丰富的税源和宽泛的税基，使个人所得税具备普遍征收的物质基础。此外，由于生产力高度发展所形成的经济商品化、货币化、城市化和公司化程度较高，这也为所得税的征收和管理创造了便利条件。相比之下，发展中国家生产力水平较低，人均国民收入水平不高，其收入主要用于维持基本生活需要，因此，所得税尤其是个人所得税的税源十分有限。由于商品经济发展初期所形成的商品交易日益活跃，商品交易额迅速膨胀，使得商品税的税源远远大于所得税的税源，进而形成以商品税为主体的税制结构。同时，较低的生产力水平还导致了经济的商品化、货币化、社会化程度低，大量人口从事农业、个体或小规模经营，所得难以核实，这也使得普遍征收个人所得税的可行性不具备条件。

2.3.2　政策因素

税收的政策目标包括财政收入、效率和公平。不同的国家对这些目标的侧重不同，进而影响到税制结构的选择。发达国家对税收政策目标的考虑，侧重的往往不是财政收入的扩张，而是如何更为公平地调节收入分配以及强化税收对经济的调节职能，因此倾向于选择以所得税为主体的税制结构。发达国家一方面通过建立累进所得税尤其是累进的个人所得税制度发挥税收的"自动稳定器"功能，另一方面通过相机抉择政策的运用缓解经济的周期性波动，实现宏观经济稳定和增长的目标。而发展中国家则面临着迅速发展本国经济的历史任务，需要大量稳定可靠的财政收入作保证。因此，通常将取得财政收入置于税收政策目标的首位。与所得税相比，商品税在实现收入目标方面更具有直接性，因为商品税的征税对象是流通中的商品和劳务的交易额，税源遍及整个生产、流通领域。商品税税额的多少不受经营者盈利水平高低的影响，且税负易于转嫁，征收阻力小，更易于保证收入的及时和稳定。此外，在效率和公平这两个目标中，发展中国家更侧重于效率。这也导致了发展中国家更倾向于采用以商品税为主体的税制结构。

2.3.3　征管因素

税收征管水平也是制约一国税制结构选择的重要因素。发达国家拥有现代化的税收征管手段，普遍建立了信息化管理系统，计算机已广泛应用于申报纳税、税务审计、税务资料的存储检索、税务咨询服务等工作，整个系统具有健全的监督制约机制，从而使税收征管效率大大提高。这都适应了所得税对征管水平的较高要求，使得所得税成为税制结构中的主体税种成为可能。发展中国家的税收征管手段和技术相对落后，加上收入难以控制的农业就业人口和城市非正式就业人口所占比重较大，客观上导致了所得税的征收管理存在着很大困难，因而成为主体税种的可能性极小。商品税对征管水平的要求相对较低，这也使得发展中国家更多地从现实情况出发，选择以商品税为主体的税制结构。

2.3.4　历史因素

历史因素也会对税制结构产生一定的影响。例如，法国人均收入水平很高，但一直实行以商品税为主的税收结构。历史因素是影响其税制结构的主要原因。法国资产阶级取得政权时曾经宣布永不征收所得税。虽然在第一次世界大战期间，法国为了筹措战争经费，不得不开征了所得税，但财政困难一缓解，法国政府就降低了个人所得税的税率。此外，法国的所得税制度还规定了许多优惠措施和范围很宽的税前扣除，税收管理也不严格。这使法国的所得税始终居于辅助地位，未能成为税收制度中的主体税种。

 本章小结

- 税收制度简称税制，是国家通过法定程序确定的，用以调整国家与纳税人之间税收征纳关系的规范，包括国家制定的各种税收法律、法规、条例、实施细则和征收管理制度等。
- 税制要素包括征税对象、纳税人、税率、纳税环节、纳税期限、减免税和违章处理等。其中，征税对象、纳税人和税率通常被称为税收制度的三大基本要素。
- 税制结构就是税收制度中税种的构成以及各税种的相对地位。现代各国的税制结构主要包括以商品税为主体的税制结构、以所得税为主体的税制结构、商品税与所得税并重的税制结构。
- 影响税制结构的主要因素有经济因素、政策因素、征管因素和历史因素。

 **综合练习**

1. 税制要素包括哪些？
2. 超额累进税率与全额累进税率有何不同？
3. 税收减免有哪些形式？
4. 现代各国的税制结构主要包括哪些类型？

5．影响税制结构的主要因素有哪些？

推荐阅读材料

1．马国强．中国税收．大连：东北财经大学出版社，2009
2．胡怡建．税收学．上海：上海财经大学出版社，2009
3．林江，温海滢．税收学．大连：东北财经大学出版社，2009
4．袁振宇等．税收经济学．北京：中国人民大学出版社，1995
5．中国注册会计师协会．税法．北京：经济科学出版社，2009
6．刘颖，孟芳娥．中国税制．北京：电子工业出版社，2008

网上资源

1．国家税务总局，http://www.chinatax.gov.cn/n8136506/index.html
2．中国税务网，http://www.ctax.org.cn3

第3章　中国税收制度的历史沿革

学习目标

▶ 了解计划经济体制下税收制度的演变
▶ 了解1994年税制改革的背景和主要内容
▶ 掌握1994年税制改革以来的税制变化

1949年，中华人民共和国成立以来，中国税收制度经历了多次调整和改革。总体上看，中国税制改革的发展经历了三个历史时期：第一个时期是从新中国成立到1957年，即国民经济恢复和社会主义改造时期，新中国税制在这一时期内得以建立和巩固。第二个时期是从1958年到1978年底党的第十一届中央委员会第三次全体会议召开之前，是中国税制曲折发展的时期。第三个时期是1978年党的十一届三中全会召开之后的新时期，是中国税制建设得到全面加强，税制改革不断深入的时期。

在上述三个历史时期内，中国税收制度先后进行了五次重大的改革。第一次是新中国成立之初的1950年，在总结老解放区税制建设的经验和全面清理旧中国税制的基础上建立了中华人民共和国新税制。第二次是1958年税制改革，主要内容是简化工商税制，以适应社会主义改造基本完成、经济管理体制改革之后的形势需要。第三次是1973年税制改革，在"文化大革命"的背景下，税制进一步简化。第四次是1984年税制改革，主要内容是普遍实行国营企业"利改税"和全面改革工商税收制度，以适应发展有计划社会主义商品经济的要求。第五次是1994年税制改革，其主要内容是全面改革工商税收制度，以适应建立社会主义市场经济体制的要求。

3.1　计划经济体制下的税制发展

新中国成立后，党和政府开始着手建立国家税收制度。1950年1月，政务院发布《关于统一全国税政的决定》和《全国税政实施要则》，规定全国统一开征14个税种，即货物税、工商业税（包括营业税和所得税两部分）、盐税、关税、薪给报酬所得税、存款利息所得税、印花税、遗产税、交易税、屠宰税、房产税、地产税、特种消费行为税和车船使用牌照税。除上述税种以外的其他税种，由省、市或者大行政区根据习惯拟定办法，报经大行政区或者中央批准以后征收（当时主要有农业税、牧业税和契税等）。为了在贯彻国家对资本主义工商业的利用和限制政策的过程中更好地发挥税收的经济杠杆作用，1950年6月简并了税种，暂不开征薪给报酬所得税和遗产税；将地产税和房产税合并为城市房地产税，从而使税种简并为11个；简化税目，如将货物税的税目由1 136个减少为358个，印花税税目由30个简并为25个。在农业税方面，1950年9月，政务院公布了《新解放区农业税暂行条例》，建立了新解放区农业税制。当时的农业税采用了差别较大的全额累进税制，税率按全年平均每人收入粮食数量的多少分为40级，从3%~40%。收入20万斤粮食以上者，包括加征在内，负担可达到80%；对收入粮食不足150斤者予以免税。采取这种税收制度，与新解放区尚未进行土地改革，地主、富农经济仍然存在的情况是分不开的，目的在于打击地主经济、限制富农经济、扶持贫农发展生产。而革命根据地则仍按照原来的比例税率征收农业税。通过采用上述措施，新中国成立之初中国初步形成了以货物税和工商业税中的营业税及所得税为主体税种，其他税种相辅助，在生产、销售、所得、财产等环节进行课征的统一、多税种、多环节征收的复合税制。

1953年，中国进入国民经济发展的第一个五年计划时期。为了使税收能够适应新形势的要求，国家从1953年1月1日起对税制进行了修正。税制的修正主要包括如下几个方面的内容：一是开征商品流通税。从原来征收货物税的税目中选择酒、麦粉、水泥等22种基本上可由国营经济控制的产品，改为征收商品流通税，实行从生产到零售一次课征制。二是修订货物税。将货物税税目简并为174个，调整货物税税率，改变货物税的计税价格，由原来按不含税价计税改为按含税价计税。三是修订了工商业税中的营业税。将应纳的工商业营业税及附加、印花税并入营业税征收，统一调整营业税税率。已纳商品流通税的商品不再缴纳营业税。四是取消特种消费行为税。将特种消费行为税中的筵席、冷食、舞场等税目并入营业税，对电影、戏剧等娱乐税目改征文化娱乐税。五是将棉纱统销税和棉花交易税并入商品流通税，粮食、土布交易税改征货物税；停征药材交易税，只保留牲畜交易税。上述措施的采用，基本上保持了原有税负水平，税种简并为14种，包括商品流通税、货物税、工商业税、印花税、盐税、关税、牲畜交易税、城市房地产税、文化娱乐税、车船使用牌照税、屠宰税、利息所得税、农（牧）业税和契税。与1950年的税制相比，税制结构基本没变，但多税种、多环节征收的办法却发生了一些变化。工业企业缴纳的主要税种有所减少，原须缴纳的货物税、营业税及其附加、印花税等分别并入商品流通税和货物税；部分产品由道道征税改为从生产到销售只征收一次税；营业税的征税范围也有所减小。这些修正适应了国营企业经济核算、促进商品流通的需要。

1956年，对农业、手工业和资本主义工商业的社会主义改造基本完成以后，在城市工商业中，经济关系开始趋于单一化，主要成分是生产资料国家所有制和集体所有制，非社会主义性质的经济成分逐渐减弱。在这种情况下，对私营工商业改造完成以前的多种税多次征的税收制度已不适应新的经济形势，需要加以简化。针对这种情况，1958 年，中国实施了新中国成立后第二次大规模的税制改革，工商业税制朝着简化的方向进行了较大的调整。改革主要包括如下几个层次的内容：一是试行工商统一税。工商统一税是将原来的商品流通税、货物税、工商业税中的营业税和印花税四个税种合并而成的一个新税种。原来的四种税在试行工商统一税后相应停征。工商统一税对工业生产、农产品采购、外贸进口、商业零售、交通运输、邮电通信、金融保险以及各种服务业征收，成为新税制中范围最大、唯一的主要税种。税率形式根据不同的产品、行业和经营业务采取差别比例税率。计税依据分别为商品销售收入、采购金额、进口额和营业收入。纳税环节确定在商品的出厂环节、采购环节、进口环节、零售环节和取得服务收入的环节。二是将工商统一税中的所得税改为一个独立的税种，之后正式称为工商所得税。三是统一纳税环节。对工农业产品统一实行工商统一税的两次课征。工业产品在出厂环节和商业零售环节课税，应税农产品在采购环节和商业零售环节课税。工农业产品统一取消对批发环节的税收。四是缩小中间产品的征税范围。工业企业自己制造，用于本企业连续生产的中间产品的征税范围由 26 种减少为棉纱、白酒和皮革 3 种。五是统一全国农业税制。农业税制以土地制度为基础。新中国成立初期，在统一全国工商税制时，由于土地制度尚未统一，因此没有统一全国农业税制。在老解放区，土地占有较为平均，农民人均收入相对均等，采用了比例税率。在广大的新解放区，土地制度尚未进行改革，土地占有和人均收入相差悬殊，实行了全额累进税率。1952 年，土地制度改革完成后，尽管土地的地主所有制在新解放区消灭了，但富农经济仍然存在，他们的收入仍然高过其他农民，所以仍不能取消累进税率。到 1956 年农业合作化基本完成以后，全国的土地制度都已改造为集体所有制，继续实行两种农业税制已无必要。在这种情况下，1958 年国家统一了全国农业税制，毛泽东亲自批准公布了《中华人民共和国农业税条例》。新的农业税制，以统一的土地所有制为基础，实行地区差别比例税率。农业税制的统一，对于国家掌握必要的粮食，促进农业生产的发展和巩固农村经济都起到了重要的作用。

1973 年，中国进行了新中国成立后第三次大规模的税制改革，其核心仍然是简化税制。当时的指导思想是"合并税种，简化征收办法，改革不合理的规章制度"。改革中最重要的内容是试行工商税。把工商统一税及其附加、对企业征收的城市房地产税、车船使用牌照税和屠宰税合并为工商税。同时，减缩了工商税的税目和税率。税目由工商统一税的 108个减少为 44 个。税率由 141 个减为 82 个，税率档次调整为 17 档。此外，还取消了对中间产品的征税，下放部分税收管理权，并调整了部分税率。经过 1973 年的税制改革，中国在较长一段时期内只有 11 种税，即工商税、工商所得税、关税、盐税、农（牧）业税、牲畜交易税、城市房地产税、车船使用牌照税、屠宰税、契税和集市交易税等，在调节经济方面的作用开始弱化。这对于企业而言，税制已经非常简单。例如，对国有制企业，只征收工商税一种，其余税或者已经并入工商税内，或者不涉及。对集体企业只征收工商税和工商所得税两种税。国有企业的利润不征收所得税，而是采用利润上缴的办法直接上交财政。

3.2　改革开放初期的税制改革

在 1978 年底到 1982 年期间，中国共产党第十一届三中全会明确提出了改革经济体制的任务，党的第十二次全国代表大会进一步提出，要抓紧制定改革的总体方案和实施步骤，在第七个五年计划期间（1986—1990 年）逐步推开。这些重要的会议及其作出的一系列重大决策，对于这一时期的经济体制改革和税制改革具有十分重要的指导作用。

这一时期是中国税制建设的恢复期和税制改革的准备和起步时期，从思想上、理论上、组织上和税制上为后来的改革做了大量的准备工作，打下了坚实的基础。在此期间，中国的税制改革取得了改革开放以后的第一次全面重大突破。从思想和理论方面看，财税部门在这一时期全面贯彻了党的十一届三中全会制定的路线、方针和政策，按照实事求是、解放思想的要求，认真总结和归纳了新中国成立以来税制建设的历史经验和教训，纠正了一系列轻视税收工作、扭曲税收作用的错误思想，合理提出了从国情出发，按照经济规律办事，扩大税收在财政收入中的比重，充分发挥税收的经济杠杆作用，为社会主义现代化建设服务的指导思想。从组织上看，各级税务机构迅速恢复和加强，税务干部队伍得到大力充实。到 1982 年底，各地各级税务机构普遍建立，省级税务机构的地位得以提高，税务系统实行地方政府和上级税务机关双重领导的体制得以恢复，全国税务系统的工作人员达到 28 万多人。从税制上看，财税部门从 1978 年底、1979 年初就开始研究税制改革问题，提出了包括开征国营企业所得税和个人所得税等内容的初步设想与实施步骤，并确定了为配合贯彻国家对外开放政策，先行解决对外征税问题的总体原则。

从 1980 年 9 月至 1981 年 12 月，第五届全国人民代表大会先后通过并公布了中外合资经营企业所得税法、个人所得税法和外国企业所得税法。同时，国务院确定对中外合资企业、外国企业和外国人继续征收工商统一税、城市房地产税和车船使用牌照税。这就初步形成了一套大体适用的涉外税收制度，适应了对外开放初期引进外资，开展对外经济技术合作的需要。

在建立涉外税制的同时，财税部门就改革税制和国营企业利润分配制度做了大量调研，并在部分地区开展了试点工作。在此基础上，财政部于 1981 年 8 月向国务院报送了《关于改革工商税制的设想》，并很快得到国务院批准。1982 年 11 月，国务院向第五届全国人民代表大会第五次会议提交的《关于第六个五年计划的报告》提出了今后三年税制改革的任务，得到了会议的批准。在此期间，国务院还批准开征了烧油特别税，发布了牲畜交易税暂行条例。

作为企业改革和城市改革的一项重大措施，1983 年国务院决定在全国试行国营企业"利改税"，将新中国成立后实行了三十多年的国营企业向国家上缴利润的制度改为缴纳企业所得税的制度，并取得了初步成功。这一改革从理论和实践上突破了国营企业只能向国家上缴利润，国家不能向国营企业征收所得税的禁区。这是国家与企业分配关系改革的一次历史性转变。为了加快城市经济体制改革的步伐，经第六届全国人民代表大会及其常务委员会的批准，国务院决定从 1984 年 10 月在全国实施国营企业"利改税"的第二步改革和税收制度的全面改革，发布了关于征收国营企业所得税、国营企业调节税、产品税、增值税、营业税、盐税、资源税等税收行政法规。

20 世纪 80 年代中期，中国的社会主义经济理论发展有了重大突破，提出了发展有计划的社会主义商品经济，自觉运用价值规律，充分发挥税收等经济杠杆的作用，搞活经济，加强宏观调控。在所有制理论方面，提出了所有权与经营权分离的论点，并肯定了集体经济、个体经济和私营经济存在的必要性。这些分别被写入 1984 年中国共产党第十二届中央委员会第三次全体会议通过的关于经济体制改革的决定、1987 年中国共产党第十三次全国代表大会文件和 1988 年第八届全国人民代表大会第一次会议通过的宪法修正案等一系列重要文件，从而为这一时期的税制改革提供了强大的理论武器和法律、政策依据。这一时期是中国税制改革全面展开的时期，取得了改革开放以后税制改革的第二次重大突破。

此后至 1993 年，国务院陆续发布了关于征收集体企业所得税、私营企业所得税、城乡个体工商户所得税、个人收入调节税、国营企业奖金税、集体企业奖金税、事业单位奖金税、国营企业工资调节税、房产税、城市土地使用税、耕地占用税、车船使用税、印花税、城市维护建设税、固定资产投资方向调节税、筵席税等税收行政法规，并决定开征特别消费税。1991 年，第七届全国人民代表大会第四次会议将中外合资企业所得税法与外国企业所得税法合并为外商投资企业和外国企业所得税法。

经过改革，中国形成了多税种、多环节课征、内外有别的复合税制体系。新的税制由三十多个税种构成，其中，以商品税和所得税为主体，以资源、财产、行为等课税为补充。这些税种包括产品税、增值税、营业税、工商统一税、烧油特别税、特别消费税、关税、国营企业所得税、国营企业调节税、集体企业所得税、私营企业所得税、外商投资企业和外国企业所得税、个人所得税、城乡个体工商业户所得税、个人收入调节税、国营企业奖金税、集体企业奖金税、事业单位奖金税、国营企业工资调节税、房产税、城市房地产税、城镇土地使用税、耕地占用税、契税、资源税、盐税、车船使用税、车船使用牌照税、印花税、城市维护建设税、固定资产投资方向调节税、屠宰税、筵席税、牲畜交易税、集市交易税、农（牧）业税。

这一时期的税制改革扭转了新中国成立以来不断强化的简化税制趋势，建立起新的复合税制体系，较好地适应了改革开放的要求和经济形势的变化；拓宽了税收活动的领域，税收的地位和作用在各方面得到了增强；税收成为组织财政收入的基本形式和宏观调控的有力手段；税收法制建设有了良好的开端，以法治税的进程得以加快。但是，新的税制也存在着一些问题，主要体现在以下几个方面：一是税负有欠公平。在企业所得税、个人所得税和商品课税等方面，都存在着一定程度的税负不公。二是国家与企业之间的分配关系仍不规范。税前的各种扣除和税收的各种基金导致了分配制度的混乱和自相矛盾，不利于增强企业活力。三是商品税结构不合理。在商品税内部，产品税和增值税并行，增值税制度存在严重缺陷，内外企业两套税制的矛盾日益突出。四是整体税制在一定程度上偏于烦琐。在三十多个税种中，有的已经过时，有的属于重复立法，因此需要废除或简缩。同时，一些有必要开征的税种尚未开征，在税收调控中留下空白。五是中央财政收入占国家总体财政收入的比重过低，税收调节经济的范围和程度有限，特别是对土地和资金市场的调节不到位。因此，税收制度还需要在条件具备时进一步完善。

3.3　1994 年的税制改革

1992 年 9 月，党的十四大提出了建立社会主义市场经济体制的战略目标，其中包括税制改革的任务。1993 年 6 月，中共中央、国务院作出了关于加强宏观调控的一系列重要决策，其中的重要措施之一就是加快推进税制改革。同年 11 月，党的十四届三中全会通过了《关于建立社会主义市场经济体制若干问题的决定》，明确提出了税制改革的基本原则和主要内容。

针对旧税制的某些不完善之处，1994 年税制改革提出了"统一税法、公平税负、简化税制、合理分权、理顺分配关系、保障财政收入、建立符合社会主义市场经济要求的税制体系"的指导思想。根据税制改革的指导思想，改革中坚持的原则如下。

（1）有利于加强中央对国民经济运行的宏观调控能力。调整优化税制结构、合理划分税种和确定税率，实行分税制，理顺中央与地方的财政分配关系，通过税制改革，逐步提高税收收入占国民生产总值的比重，提高中央财政收入占整个财政收入的比重。

（2）有利于发挥税收调节个人收入相差悬殊和地区间经济发展差距过大的作用，促进地区经济协调发展，实现全民共同富裕。

（3）体现公平税负，促进企业平等竞争。公平税负是市场经济对税收制度的一个基本要求，要逐步解决按不同所有制、不同地区设置税种税率的问题，通过统一企业所得税和优化流转税，使各企业之间税负大致公平，为企业在市场中实现平等竞争创造条件。

（4）体现国家产业政策，促进经济结构的有效调整，促进宏观经济效益的提高和国民经济的持续发展。

（5）简化、规范税制。取消与形势发展不相适应的税种，合并重复设置的税种，开征一些确有必要开征的税种，实现税制的简化和高效。

1994 年税制改革的主要内容包括以下方面。

（1）商品税改革。将产品税、增值税、营业税"三税并存、互不交叉"、内外两套税法的做法，改为增值税和消费税相配合的双层次商品税制结构，统一适用于内外资企业，取消产品税和对外资企业征收的工商统一税。对商品的生产、批发、零售和进口普遍征收增值税，并选择部分消费品交叉征收消费税，对不实行增值税的劳务交易和第三产业征收营业税。

（2）改革企业所得税。将过去对国营企业、集体企业和私营企业分别征收的多种所得税合并为统一的企业所得税。

（3）改革个人所得税。将过去对外国人征收的个人所得税、对中国人征收的个人收入调节税和个体工商业户所得税合并为统一的个人所得税。

（4）对资源税、特别目的税、财产税、行为税做了大幅度调整，如扩大资源税的征收范围，开征土地增值税，取消盐税、奖金税、集市交易税等七个税种，并将屠宰税、筵席税的管理权下放到省级地方政府，新设了遗产税和证券交易税（但一直没有立法开征）。改革后的税种包括增值税、消费税、关税、营业税、企业所得税、外商投资企业和外国企业所得税、个人所得税、土地增值税、房产税、城市房地产税、遗产税、城镇土地使用税、耕地占用税、契税、资源税、车船使用税、车船使用牌照税、印花税、证券交易税、城市维护建设税、固定资产投资方向调节税、屠宰税、筵席税、农业税和牧业税。

1994 年税制改革是新中国成立以来规模最大、范围最广、内容最深刻的一次税制改革。经过这次改革，中国初步建立了适应社会主义市场经济体制需要的税收制度，对于保证财政收入，加强宏观经济调控，深化改革，扩大开放，促进经济与社会的发展，都起到了重要作用。但是，1994 年税制改革至今已逾十年，在这期间，中国的总体经济形势发生了很大的变化。而且从适应社会主义市场经济体制要求的角度看，1994 年的税制改革仍是有差距的，一些问题逐渐表现得更加突出。因此，中国对税制进行了调整，特别是党的第十六届三中全会提出"分步实施税收制度改革"以来，一些重要的税制调整措施相继出台。

3.4　2003 年启动的新一轮税制改革

自从 1994 年全面改革工商税制以来，中国的税收制度在基本框架方面没有大的变动。但是，进入 20 世纪 90 年代中后期，中国社会经济状况发生了巨大变化。随着改革的不断深入和市场化程度的不断提高，在经济快速发展的同时，也出现了一些社会问题。这些问题都要求政府采取强有力的措施予以应对，进而保障经济和社会的平稳转型，实现可持续发展。如果说 1950 年至 1983 年中国实行的是计划经济的税收制度，1983 年至 1994 年实行的是有计划商品经济的税收制度，那么到了 2003 年，中国经济已经进入市场化发展时期，为解决社会和经济发展中存在的深层次矛盾而启动新一轮税制改革则有了新的动因。新一轮税制改革也正是在这一背景下展开的。

2003年，党的第十六届三中全会通过了《完善社会主义市场经济体制若干问题的决定》，提出了"按照简税制、宽税基、低税率、严征管的原则，稳步推进税收改革"的战略举措。《决定》确定了八个方面的内容：改革出口退税制度；统一各类企业税收制度；增值税由生产型改为消费型，将设备投资纳入增值税抵扣范围；完善消费税，适当扩大税基；改进个人所得税，实行综合和分类相结合的个人所得税制；实施城镇建设税费改革，条件具备时对不动产开征统一规范的物业税，相应取消有关收费；在统一税政前提下，赋予地方适当的税政管理权；创造条件逐步实现城乡税制统一。一般的看法认为，这标志着进入新世纪之后中国新一轮税制改革的开始。

3.4.1　农业税

2004年6月30日，财政部、国家税务总局下发了《关于取消除烟叶外的农业特产税的通知》。2005年12月29日，第十届全国人民代表大会常务委员会第十九次会议决定，自2006年1月1日起，废止1958年6月3日通过的《中华人民共和国农业税条例》。这标志着中国彻底告别了存在2600多年的农业税历史。

3.4.2　个人所得税

2005年12月14日，根据十届全国人大常委会第十八次全体会议《关于修改〈中华人民共和国个人所得税法〉的决定》，工资薪金所得费用扣除标准由每月800元提高到每月1 600元，并规定自2006年1月1日起实行。

2007年6月29日，经全国人大常委会通过，自2008年3月1日起将工资薪金所得费用扣除标准提高到每月2 000元。

2011年6月30日，十一届全国人大常委会第二十一次会议表决通过了《全国人民代表大会常务委员会关于修改〈中华人民共和国个人所得税法〉的决定》，工资薪金所得费用扣除标准由每月2 000元提高到每月3 500元，并分别调整了工资、薪金所得和个体工商户的生产、经营所得和对企事业单位的承包经营、承租经营所得适用的税率表。

3.4.3　消费税

2006年4月1日起，对中国现行消费税的税目、税率及相关政策进行了调整。调整中主要突出了两个重点：一是突出了促进环境保护和节约资源的重点。提高了大排量汽车的税率，相对降低了小排量汽车的税收负担；扩大石油制品征税范围，对木制一次性筷子、实木地板征收消费税，表明了政府以税收手段促进环境保护和资源节约的决心。二是突出了合理引导消费和间接调节收入分配的重点。例如，对游艇、高尔夫球及球具、高档手表等高档消费品征收消费税以及停止对已具有大众消费税特征的护肤护发品征收消费税等。这次政策调整是 1994 年税制改革以来中国消费税最大规模的一次调整。

2008 年 12 月 19 日，财政部、国家税务总局发布《关于提高成品油消费税税率的通知》，决定从 2009 年 1 月 1 日起将无铅汽油的消费税单位税额由每升 0.2 元提高到每升 1.0 元；将含铅汽油的消费税单位税额由每升 0.28 元提高到每升 1.4 元。

2014 年 11 月 25 日，财政部、国家税务总局发布《关于调整消费税政策的通知》，自 2014 年 12 月 1 日起取消气缸容量 250 毫升（不含）以下的小排量摩托车的消费税；取消汽车轮胎税目；取消车用含铅汽油消费税，汽油税目不再划分二级子目，统一按照无铅汽油税率征收消费税；取消酒精消费税；"酒及酒精"品目相应改为"酒"，并继续按现行消费税政策执行。2014 年 11 月 28 日，财政部、国家税务总局发布《关于提高成品油消费税的通知》，自 2014 年 11 月 29 日起，将汽油、石脑油、溶剂油和润滑油的消费税单位税额在现行单位税额基础上提高 0.12 元/升；将柴油、航空煤油和燃料油的消费税单位税额在现行单位税额基础上提高 0.14 元/升。2014 年 12 月 12 日，财政部、国家税务总局发布《关于进一步提高成品油消费税的通知》，自 2014 年 12 月 13 日起将汽油、石脑油、溶剂油和润滑油的消费税单位税额由 1.12 元/升提高到 1.4 元/升；将柴油、航空煤油和燃料油的消费税单位税额由 0.94 元/升提高到 1.1 元/升。航空煤油继续暂缓征收。2015 年 1 月 12 日，财政部、国家税务总局发布《关于继续提高成品油消费税的通知》，自 2015 年 1 月 13 日起将汽油、石脑油、溶剂油和润滑油的消费税单位税额由 1.4 元/升提高到 1.52 元/升；将柴油、航空煤油和燃料油的消费税单位税额由 1.1 元/升提高到 1.2 元/升。为促进节能环保，财政部、国家税务总局 2015 年 1 月 26 日发布通知，自 2015 年 2 月 1 日起对电池、涂料征收消费税。

3.4.4　企业所得税

2007 年 1 月，第十届全国人民代表大会第五次会议审议通过了《中华人民共和国企业所得税法》。新企业所得税法自 2008 年 1 月 1 日起施行，结束了中国长期以来执行《中华人民共和国企业所得税暂行条例》和《外商投资企业和外国企业所得税法》两套内外有别的企业所得税法的历史，内外资企业所得税实现了统一。

3.4.5　增值税

2008 年 11 月 10 日，国务院公布了修订后的《中华人民共和国增值税暂行条例》、《中华人民共和国消费税暂行条例》和《中华人民共和国营业税暂行条例》。新修订的三个条例于 2009 年 1 月 1 日起实施。这样，通过对原暂行条例的修订，中国增值税由生产型消费税向消费型增值税的转型迈出了关键一步。

2011 年，经国务院批准，财政部、国家税务总局联合下发《营业税改征增值税试点方案》，规定从 2012 年 1 月 1 日起，在上海交通运输业和部分现代服务业开展营业税改征增值税试点。2013 年 8 月 1 日，"营改增"范围推广到全国试行。2014 年 1 月 1 日，将铁路运输和邮政服务业纳入营业税改征增值税试点，交通运输业全部纳入营改增范围。2014 年 6 月 1 日，将电信业纳入营业税改征增值税试点范围。

3.4.6　其他税

除了上述重大改革措施外，近年来中国还相继出台了多项其他改革措施。这些举措主要包括改革出口退税机制，较大幅度地调整出口退税政策，抑制高能耗、高污染和资源性产品出口，促进外贸增长方式的转变；完成了耕地占用税暂行条例和城镇土地使用税暂行条例的修订，加强了税收政策对土地利用的调节；改革车船使用税制度，统一和规范了内、外资企业的车船使用税制度；改革资源税计税方式，部分税目由从量定额征收改为从价定率征收；颁布并实施烟叶税条例，实现了对烟叶农业特产税的替代。这些改革对于加强和改善宏观调控，加快税收法制建设步伐，充分发挥税收的调节作用，促进税收收入持续快速增长和经济社会的协调发展具有重要作用。

 本章小结

▸ 总体上看，中国税制改革的发展经历了三个历史时期：第一个时期从新中国成立到 1957 年，即国民经济恢复和社会主义改造时期，新中国税制在这一时期内得以建立和巩固。第二个时期是从 1958 年到 1978 年底党的第十一届中央委员会第三次全体会议召开之前，是中国税制曲折发展的时期。第三个时期是 1978 年党的十一届三中全会召开之后的新时期，是中国税制建设得到全面加强、税制改革不断深入的时期。

▸ 新中国成立以来，中国税收制度先后进行了五次重大的改革。第一次是 1950 年在总结老解放区税制建设的经验和全面清理旧中国税制的基础上建立了中华人民共和国新税制。第二次是 1958 年税制改革，简化了工商税制，以适应社会主义改造基本完成、经济管理体制改革之后的形势需要。第三次是 1973 年税制改革，税制在"文化大革命"的背景下进一步简化。第四次是 1984 年税制改革，主要内容是普遍实行国营企业"利改税"和全面改革工商税收制度，进而适应发展有计划社会主义商品经济的要求。第五次是 1994 年税制改革，其主要内容是全面改革工商税收制度，以适应建立社会主义市场经济体制的要求。

▸ 1994 年税制改革是新中国成立以来规模最大、范围最广、内容最深刻的一次税制改革。经过这次改革，中国初步建立了适应社会主义市场经济体制需要的税收制度，对于保证财政收入，加强宏观经济调控，深化改革，扩大开放，促进经济与社会的发展都起到了重要作用。

▶ 2003 年，党的第十六届三中全会通过了《完善社会主义市场经济体制若干问题的决定》，提出了"按照简税制、宽税基、低税率、严征管的原则，稳步推进税收改革"的战略举措。这标志着进入新世纪之后中国新一轮税制改革的开始。

 综合练习

1．1994 年税制改革的背景和主要内容是什么？
2．1994 年税制改革以来，中国税制有哪些变化？

 推荐阅读材料

1．中国注册会计师协会．税法．北京：经济科学出版社，2014
2．刘颖，孟芳娥．中国税制．北京：电子工业出版社，2008
3．刘佐．中国税制概览．北京：经济科学出版社，2008
4．杜莉，徐晔．中国税制．上海：复旦大学出版社，2006

 网上资源

1．国家税务总局，http://www.chinatax.gov.cn/n8136506/index.html
2．中国税务网，http://www.ctax.org.cn/

第4章 增 值 税

▶▶ 了解增值税的基本原理与特殊作用
▶▶ 掌握增值税的基本制度
▶▶ 掌握增值税应纳税额的计算

4.1 税 种 概 述

4.1.1 增值税的概念

增值税是对货物或劳务按其在生产流通过程中产生的增值额课征的一种税。从某一生产经营过程上看，增值额是商品的某一生产经营者在生产经营过程中新创造的价值。如果用加法表示，那么增值额相当于工资加盈利之和；用减法表示，增值额相当于产出减去投入后的余额。在现实生活中，盈利表现为利息、租金和利润；产出表现为销售收入额或经营收入额，投入表现为外购商品和劳务的支付金额。因此，用加法表示的增值额具体表现为工资与利息、租金与利润之和，即增值额=工资+盈利=工资+租金+利息+利润。用减法表示的增值额具体表现为销售收入额或经营收入额减去外购商品和劳务支付金额后的余额，即增值额=产出−投入=销售收入额或经营收入额−外购商品的支付金额。

从某一具体商品的角度看，增值额是该商品在生产经营过程中新增加的价值。它等于商品在各个生产和经营环节新增价值的总和，同时也等于商品进入最终消费时的销售价格。假定某一商品的生产经营包括原材料、零配件、产成品、批发、零售五个环节，各环节的销售收入额或经营收入额分别为 3 000 元、5 000 元、8 000 元、9 000 元和 10 000 元，其中10 000 元是该商品进入最终消费时的销售收入额或经营收入额。假设销售税和增值税的税率都是 10%，那么该商品在各环节的销售收入额、增值额、按销售额计算的销售税额以及按增值额计算的增值税额之间的关系，如表 4-1 所示。

表4-1　按销售额征税与按增值额的关系

单位：元

生产经营环节	最终销售额	增　值　额	销　售　税	增　值　税
原材料	3 000	3 000	300	300
零配件	5 000	2 000	500	200
产成品	8 000	3 000	800	300
批发	9 000	1 000	900	100
零售	10 000	1 000	1 000	100
合计		10 000	3 500	1 000

从表4-1中可以看到，某一商品的最终销售额等于该商品在各个生产环节的增值额之和。因此，对最终销售额课征的税收等于对商品在各个生产经营环节课征的增值税之和。此外，按照最终销售额计算的销售税总额大大高于按照增值额计算的增值税总额，这反映出按照销售额全额征税存在着重复征税的弊端，进而阻碍了社会化大生产的推进。

4.1.2　增值税的计税方法

从理论上说，增值税是对增值额征的税，税基应为增值额。增值额的计算可以采用加法和减法两种方法。

用加法计算增值额，其计算公式为增值额=工资+盈利=工资+租金+利息+利润；用减法计算，其计算公式为增值额=产出-投入=销售收入额或经营收入额-外购商品的支付金额。相比之下，用加法计算增值额更符合理论上的增值税概念，但增值额的计算也需更多地依赖企业的经济核算，这导致了增值项目确定的困难。因此，在实践中世界各国均采用了减法来计算增值税的增值额和应纳税额。

用减法来计算增值税的增值额和应纳税额，又包括扣额法和扣税法两种方法。采用扣额法计算，应纳税额=（销售收入额或营业收入额-购进商品支付金额）×税率；采用扣税法计算，应纳税额=销售收入额或营业收入额×税率-购进商品支付金额×税率。其中，"销售收入额或营业收入额×税率"被简称为销项税额，"购进商品支付金额×税率"被简称为进项税额。因此，在采用扣税法的情况下，应纳税额=销项税额-进项税额。两种方法相比，在实行单一税率的情况下，都是可行的，计算结果也相同。在实行多档税率的情况下，采用扣额法则要分别计算不同税率商品的销售收入额或营业收入额与购进商品的支付金额。如果一个企业同时生产多种不同税率的商品，还要将购入商品的支付金额在不同税率的商品之间进行合理的分配，这是一个十分烦琐的过程。基于这一原因，目前实行增值税的国家都选择了扣税法。中国现行增值税适用于一般纳税人的规范计税方法，也属于扣税法。

4.1.3　增值税的特殊作用

在实行增值税以前，各国采用的是一种多环节、阶梯式的商品税。所谓多环节，是指在商品生产经营过程中的每个环节都征税；所谓阶梯式，是指每个环节的税基都包括前一个环节的税基，各环节的税基之间像阶梯一样逐步增加。这种多环节、阶梯式的商品税使同一商品的税额随生产经营环节的变化而不同，生产经营环节越多，缴纳的税收越多；生产经营环节越少，缴纳的税收越少。与这种多环节、阶梯式商品税相比，增值税具有特殊的优越性。

1. 有利于消除重叠征税

对于多环节、阶梯式的商品税而言，每一环节的税基都包含着上一环节的税基，因此对每个环节的销售额征税实际上都包含着对上个环节销售额的重复征税。这种重复征税会对企业的生产经营方式产生扭曲作用，鼓励企业发展纵向联合，阻碍企业发展横向联合，从而限制了生产的专业化协作发展。相比之下，增值税每一环节的税基均为本环节新增加的价值，不包括前一环节的转移价值，进而使同一商品，无论采取何种生产经营方式，只要商品的最后销售额相同，缴纳的税收就相同，这就彻底消除了多环节、阶梯式商品税的重复征税问题，避免了多环节、阶梯式商品税对企业生产经营方式的扭曲作用。从这个角度看，增值税是一种中性税，主要承担取得收入的职能。在增值税实行单一税率的条件下，无论生产者选择何种方式生产货物或提供服务，只要商品的最终销售收入额或营业收入额相同，所缴纳的增值税的税额就是相同的。这种中性效应使得增值税不会对生产者的生产决策和消费者的消费抉择产生扭曲效应，也不会对经济活动产生调节作用。因此，增值税的职能主要是为政府取得税收收入。

2. 有利于强化税收征管，防止税收流失

实行增值税可以使税收征管更加严密，从而有利于堵塞偷税漏洞。在征收多环节、阶梯式的商品税的情况下，各企业之间是相互独立的，没有税收制约关系。而增值税是按增值额征收的，通常采用按销货发票上注明的税款进行抵扣的办法计税。按照这种办法，一个纳税人可扣除的税额也就是上一环节纳税人向他提供商品时已缴纳的税额，这就使具有购销关系的两个纳税人之间形成了一种相互制约的关系。提供商品的纳税人如未缴纳税款但仍在销货发票上注明税款，税务机关就很容易通过对发票的审计而发现其偷税行为；如果不在销售发票上注明税款或少注明税款，那么购买其商品的纳税人则没有税款或少有税款可以扣除，本应由提供商品的纳税人所承担的税款就会全部或部分地落在购买方身上，从而迫使纳税人在税收上形成一种相互牵制、相互监督的制约关系，并使税务机关可以通过对具有供销关系的两个纳税人进行交叉审计来发现和堵塞税收漏洞。

3．有利于出口退税

实行多环节、阶梯式商品税，一种商品在出口前经历了多少个生产经营环节，在每个生产经营环节各缴纳了多少税款，是无法准确计算出来的。在这种情况下，要实施出口退税，就必然出现"征多退少"或"征少退多"的问题。"征多退少"会削弱本国商品在国际市场上的竞争力，"征少退多"会构成出口补贴，导致相关国家的反倾销报复。因此，一般只退该商品最后一道环节缴纳的税收。在征收增值税的情况下，可以根据商品的最终销售额准确计算出商品在出口前的各个生产经营环节新增加的价值，根据最终销售额乘以适用税率计算的税额即可准确计算出商品在出口前的各个生产经营环节缴纳的增值税额。因此，实行增值税，可以在商品出口时把各环节已缴纳的税款全部退还给企业，使出口商品实行彻底退税，从而促进对外贸易的发展。

4.1.4　增值税的基本类型

按照税基价值构成的差异，可将增值税划分为生产型增值税、收入型增值税和消费型增值税三种类型。

1．生产型增值税

生产型增值税以纳税人的销售收入减去用于生产、经营的外购原材料、燃料、动力等物质资料价值后的余额作为应税的增值额，但对购入的固定资产及其折旧均不予扣除。其税基为工资、租金、利息、利润和折旧之和，从整个社会角度看，相当于国民生产总值，因此被称为生产型增值税。由于生产型增值税的税基包含着外购固定资产的价款，因此存在着对固定资产价值重复征税的问题，这对于资本有机构成高的行业发展以及加快技术进步都有不利影响。但是，由于这种类型增值税的税基大于理论上的增值额，因而有利于扩大财政收入规模。

2．收入型增值税

收入型增值税除允许扣除外购物质资料的价值以外，对于购置用于生产、经营的固定资产，允许将已提折旧的价值额予以扣除。就整个社会而言，其税基相当于国民收入，因此被称为收入型增值税。收入型增值税的税基与理论增值额基本一致，因此从理论上看它是一种标准的增值税，可以在固定资产的折旧期内逐步解决重复征税的问题。然而，在实行这种类型的增值税时，一方面需要划分外购和自制固定资产的折旧金额；另一方面，外购固定资产价款是以计提折旧的方式分期转入产品价值的，这就使凭发票扣税的计算方法在操作上存在一定困难，进而影响了该种增值税的广泛应用。

3．消费型增值税

消费型增值税允许将购置物质资料的价值和用于生产经营的固定资产价值中所含的税款，在购置期全部一次扣除。这种类型增值税的税基为纳税人当期的销售收入总额扣除外购的全部生产资料价款后的余额。就全社会而言，全部生产资料都不在征税之列，增值税的税基仅限于社会消费资料价值，因此被称为收入型增值税。当采用消费型增值税时，允许外购固定资产的已纳税金在当期一次性全部扣除，实际上具有提前补偿固定资产价值的性质，客观上可以发挥鼓励投资、加速设备更新的作用。由于消费型增值税可以彻底解决重复征税问题，有利于技术进步，因此这种类型的增值税在大部分国家得到了采用。当然，由于消费型增值税的税基小于理论上的增值额，因此对组织财政收入具有一定的不利影响。

1994 年税制改革时，基于当时的社会经济环境，中国采用的是生产型增值税。从 2009 年 1 月 1 日起，开始实行消费型增值税。

4.1.5　增值税的产生和发展

1917 年，美国耶鲁大学经济学教授亚当斯提出了对增值额征税的想法，指出对营业毛利（销售额—进货额）课税比对利润课税的公司所得额好得多，这一营业毛利相当于工资薪金、租金、利息和利润之和，即增值额。1921 年，德国学者西蒙斯正式提出了增值税的名称。但最早使增值税得以确立并征收的国家是法国。1954 年，法国将原来在生产阶段按营业额全额征税改为按全额计算后允许扣除购进项目已缴纳的税款，即按增值额课税，开创了征收增值税的先河。法国创立并实施增值税后，很快引起国际上的广泛注意和效仿。从 1963 年至 1973 年，欧共体各成员国先后推行了增值税。此后，在世界的其他地方，许多国家也进行了增值税的改革。目前，世界上已有 100 多个国家实行了增值税。

中国现行增值税是在借鉴国际经验的基础上经过不断改进和探索逐步形成的。1979 年，国家税务总局在部分行业和地区进行增值税试点，并于 1983 年开始对部分行业和产品在全国范围内统一试行增值税。1984 年，正式设置了增值税，同时将增值税的征税范围扩大到整个工业生产领域。1994 年的税制改革对增值税进行了完善，主要体现在以下几个方面。

（1）将增值税的征税范围由工业生产领域扩大到商业批发和零售、进口产品以及加工、修理修配劳务。

（2）实行价外计税的办法，以不含增值税的价格为计税依据，使成本、价格和利润均不含增值税因素，从而更为真实地反映企业的经营业绩。

（3）采用发票扣税法，在计算本环节销售货物和提供应税劳务的应纳税款时，允许将购进货物和应税劳务的已纳税款予以扣除。

（4）减少税率档次，由改革前从 8%～45%共 12 个税率档次简化为 17%的基本税率和 13%的优惠税率两档，同时对不符合一般纳税人条件的小规模纳税人采取按固定比例的征收率征税的简易计税办法。

从 2004 年 7 月 1 日起，中国在东北地区的部分行业（装备制造业、石油化工业、冶金业、船舶制造业、汽车制造业、农产品加工业、军工、高新技术产业）率先试行扩大增值税抵扣范围的改革。2007 年 7 月 1 日起，又将试点范围扩大到中部六省老工业基地城市的装备制造业、石油化工业、冶金业、汽车制造业、农产品加工业、电力业、采掘业和高新技术产业。2008 年 7 月 1 日，将试点范围进一步扩大到内蒙古自治区东部五个盟（市）和四川汶川地震受灾严重地区。这些地区的改革试点取得了成功经验。为进一步消除重复征税因素，降低企业设备投资税收负担，鼓励企业技术进步和促进产业结构调整，应对经济危机的复杂局面，保持经济的平稳增长，从 2009 年 1 月 1 日起，中国在全国范围内实行增值税转型改革，允许全国范围内的增值税一般纳税人抵扣新购进设备所含的进项税额。同时取消进口设备增值税免税政策和外商投资企业采购国产设备增值税退税政策，并将小规模纳税人征收率统一调低至 3%。为规范税收制度，消除增值税与营业税并行所产生的重复征税问题和增值税税额抵扣链条断裂问题，促进经济结构调整，支持现代服务业发展，从 2012 年 1 月 1 日起，率先在上海市选择交通运输业和部分现代服务业试点实行营业税改征增值税（简称营改增）改革。迄今为止，在全国范围内，纳入营改增试点范围的行业包括文化创意、物流辅助等七类现代服务业和全部交通运输业、邮政业、电信业。

目前，中国增值税的法律依据，主要是《中华人民共和国增值税暂行条例》（国务院 1993 年 12 月颁布，2008 年 11 月修订，以下简称《增值税条例》）和《中华人民共和国增值税暂行条例实施细则》（财政部、国家税务总局 2008 年 12 月第 50 号令发布，以下简称《增值税实施细则》）以及自 2014 年 1 月 1 日起在全国范围内执行的财税〔2013〕106 号文。

4.2 征税范围和纳税人

4.2.1 征税对象

增值税以货物和劳务为征税对象，根据中国现行增值税税法规定，具体包括货物、应税劳务和应税服务。

1. 货物

货物，是指有形动产，包括电力、热力、气体在内。

2. 应税劳务

增值税应税劳务包括货物加工劳务和货物修理修配劳务。

货物加工劳务是指受托加工货物，即委托方提供原料及主要材料，受托方按照委托方的要求，制造货物并收取加工费的业务。货物修理修配劳务是指受托对损伤和丧失功能的货物进行修复，使其恢复原状和功能的业务。

单位或者个体工商户聘用的员工为本单位或者雇主提供的货物加工、货物修理修配劳务，不包括在内。

3．应税服务

增值税应税服务包括交通运输业、邮政业、电信业、研发和技术服务、信息技术服务、文化创意服务、物流辅助服务、有形动产租赁服务、鉴证咨询服务和广播影视服务。

（1）交通运输业。交通运输业，是指使用运输工具将货物或者旅客送达目的地，使其空间位置得到转移的业务活动。包括陆路运输服务、水路运输服务、航空运输服务和管道运输服务。

① 陆路运输服务，是指通过陆路（地上或者地下）运送货物或者旅客的运输业务活动，包括铁路运输和其他陆路运输。

➠ 铁路运输服务，是指通过铁路运送货物或者旅客的运输业务活动。

➠ 其他陆路运输服务，是指铁路运输以外的陆路运输业务活动。包括公路运输、缆车运输、索道运输、地铁运输、城市轻轨运输等。

➠ 出租车公司向使用本公司自有出租车的出租车司机收取的管理费用，按陆路运输服务征收增值税。

② 水路运输服务，是指通过江、河、湖、川等天然、人工水道或者海洋航道运送货物或者旅客的运输业务活动。

远洋运输的程租、期租业务，属于水路运输服务。

程租业务，是指远洋运输企业为租船人完成某一特定航次的运输任务并收取租赁费的业务。

期租业务，是指远洋运输企业将配备有操作人员的船舶承租给他人使用一定期限，承租期内听候承租方调遣，不论是否经营，均按天向承租方收取租赁费，发生的固定费用均由船东负担的业务。

③ 航空运输服务，是指通过空中航线运送货物或者旅客的运输业务活动。

➠ 航空运输的湿租业务，属于航空运输服务。

湿租业务，是指航空运输企业将配备有机组人员的飞机承租给他人使用一定期限，承租期内听候承租方调遣，不论是否经营，均按一定标准向承租方收取租赁费，发生的固定费用均由承租方承担的业务。

➠ 航天运输服务，按照航空运输服务征收增值税。

航天运输服务，是指利用火箭等载体将卫星、空间探测器等空间飞行器发射到空间轨道的业务活动。

④ 管道运输服务，是指通过管道设施输送气体、液体、固体物质的运输业务活动。

（2）邮政业。邮政业，是指中国邮政集团公司及其所属邮政企业（简称为邮政部门）提供邮件寄递、邮政汇兑、机要通信和邮政代理等邮政基本服务的业务活动。包括邮政普遍服务、邮政特殊服务和其他邮政服务。

① 邮政普遍服务，是指函件、包裹等邮件寄递，以及邮票发行、报刊发行和邮政汇兑等业务活动。

函件，是指信函、印刷品、邮资封片卡、无名址函件和邮政小包等；包裹，是指按照封装上的名址递送给特定个人或者单位的独立封装的物品，其重量不超过 50 千克，任何一边的尺寸不超过 150 厘米，长、宽、高合计不超过 300 厘米。

② 邮政特殊服务，是指义务兵平常信函、机要通信、盲人读物和革命烈士遗物的寄递等业务活动。

③ 其他邮政服务，是指邮册等邮品销售、邮政代理等业务活动。

（3）电信业。电信业，是指利用有线、无线的电磁系统或者光电系统等各种通信网络资源，提供语音通话服务，传送、发射、接收或者应用图像、短信等电子数据和信息的业务活动。包括基础电信服务和增值电信服务。

① 基础电信服务，是指利用固网、移动网、卫星、互联网，提供语音通话服务的业务活动，以及出租或者出售带宽、波长等网络元素的业务活动。

② 增值电信服务，是指利用固网、移动网、卫星、互联网、有线电视网络，提供短信和彩信服务、电子数据和信息的传输及应用服务、互联网接入服务等业务活动。卫星电视信号落地转接服务，按照增值电信服务计算缴纳增值税。

（4）研发和技术服务。研发和技术服务，包括研发服务、技术转让服务、技术咨询服务、合同能源管理服务、工程勘察勘探服务。

① 研发服务，是指就新技术、新产品、新工艺或者新材料及其系统进行研究与试验开发的业务活动。

② 技术转让服务，是指转让专利或者非专利技术的所有权或者使用权的业务活动。

③ 技术咨询服务，是指对特定技术项目提供可行性论证、技术预测、技术测试、技术培训、专题技术调查、分析评价报告和专业知识咨询等业务活动。

④ 合同能源管理服务，是指节能服务公司与用能单位以契约形式约定节能目标，节能服务公司提供必要的服务，用能单位以节能效果支付节能服务公司投入及其合理报酬的业务活动。

⑤ 工程勘察勘探服务，是指在采矿、工程施工前后，对地形、地质构造、地下资源蕴藏情况进行实地调查的业务活动。

（5）信息技术服务。信息技术服务，是指利用计算机、通信网络等技术对信息进行生产、收集、处理、加工、存储、运输、检索和利用，并提供信息服务的业务活动。包括软件服务、电路设计及测试服务、信息系统服务和业务流程管理服务。

① 软件服务，是指提供软件开发服务、软件咨询服务、软件维护服务、软件测试服务的业务行为。

② 电路设计及测试服务，是指提供集成电路和电子电路产品设计、测试及相关技术支

持服务的业务行为。

③ 信息系统服务，是指提供信息系统集成、网络管理、桌面管理与维护、信息系统应用、基础信息技术管理平台整合、信息技术基础设施管理、数据中心、托管中心、安全服务的业务行为。包括网站对非自有的网络游戏提供的网络运营服务。

④ 业务流程管理服务，是指依托计算机信息技术提供的人力资源管理、财务经济管理、审计管理、税务管理、金融支付服务、内部数据分析、内部数据挖掘、内部数据管理、内部数据使用、呼叫中心和电子商务平台等服务的业务活动。

（6）文化创意服务。文化创意服务，包括设计服务、商标和著作权转让服务、知识产权服务、广告服务和会议展览服务。

① 设计服务，是指把计划、规划、设想通过视觉、文字等形式传递出来的业务活动。包括工业设计、造型设计、服装设计、环境设计、平面设计、包装设计、动漫设计、网游设计、展示设计、网站设计、机械设计、工程设计、广告设计、创意策划、文印晒图等。

② 商标和著作权转让服务，是指转让商标、商誉和著作权的业务活动。

③ 知识产权服务，是指处理知识产权事务的业务活动。包括对专利、商标、著作权、软件、集成电路布图设计的代理、登记、鉴定、评估、认证、咨询、检索服务。

④ 广告服务，是指利用图书、报纸、杂志、广播、电视、电影、幻灯、路牌、招贴、橱窗、霓虹灯、灯箱、互联网等各种形式为客户的商品、经营服务项目、文体节目或者通告、声明等委托事项进行宣传和提供相关服务的业务活动。包括广告代理和广告的发布、播映、宣传、展示等。

⑤ 会议展览服务，是指为商品流通、促销、展示、经贸洽谈、民间交流、企业沟通、国际往来等举办或者组织安排的各类展览和会议的业务活动。

（7）物流辅助服务。物流辅助服务，包括航空服务、港口码头服务、货运客运场站服务、打捞救助服务、货物运输代理服务、代理报关服务、仓储服务、装卸搬运服务和收派服务。

① 航空服务，包括航空地面服务和通用航空服务。

➤ 航空地面服务，是指航空公司、飞机场、民航管理局、航站等向在境内航行或者在境内机场停留的境内外飞机或者其他飞行器提供的导航等劳务性地面服务的业务活动。包括旅客安全检查服务、停机坪管理服务、机场候机厅管理服务、飞机清洗消毒服务、空中飞行管理服务、飞机起降服务、飞行通信服务、地面信号服务、飞机安全服务、飞机跑道管理服务、空中交通管理服务等。

➤ 通用航空服务，是指为专业工作提供飞行服务的业务活动，包括航空摄影、航空培训、航空测量、航空勘探、航空护林、航空吊挂播撒、航空降雨等。

② 港口码头服务，是指港务船舶调度服务、船舶通信服务、航道管理服务、航道疏浚服务、灯塔管理服务、航标管理服务、船舶引航服务、理货服务、系解缆服务、停泊和移

泊服务、海上船舶溢油清除服务、水上交通管理服务、船只专业清洗消毒检测服务和防止船只漏油服务等为船只提供服务的业务活动。

港口设施经营人收取的港口设施保安费按照"港口码头服务"征收增值税。

③ 货运客运场站服务，是指货运客运场站提供的货物配载服务、运输组织服务、中转换乘服务、车辆调度服务、票务服务、货物打包整理、铁路线路使用服务、加挂铁路客车服务、铁路行包专列发送服务、铁路到达和中转服务、铁路车辆编解服务、车辆挂运服务、铁路接触网服务、铁路机车牵引服务、车辆停放服务等业务活动。

④ 打捞救助服务，是指提供船舶人员救助、船舶财产救助、水上救助和沉船沉物打捞服务的业务活动。

⑤ 货物运输代理服务，是指接受货物收货人、发货人、船舶所有人、船舶承租人或船舶经营人的委托，以委托人的名义或者以自己的名义，在不直接提供货物运输服务的情况下，为委托人办理货物运输、船舶进出港口、联系安排引航、靠泊、装卸等货物和船舶代理相关业务手续的业务活动。

⑥ 代理报关服务，是指接受进出口货物的收、发货人委托，代为办理报关手续的业务活动。

⑦ 仓储服务，是指利用仓库、货场或者其他场所代客储放、保管货物的业务活动。

⑧ 装卸搬运服务，是指使用装卸搬运工具或人力、畜力将货物在运输工具之间、装卸现场之间或者运输工具与装卸现场之间进行装卸和搬运的业务活动。

⑨ 收派服务，是指接受寄件人委托，在承诺的时限内完成函件和包裹的收件、分拣、派送服务的业务活动。

收件服务，是指从寄件人收取函件和包裹，并运送到服务提供方同城的集散中心的业务活动；分拣服务，是指服务提供方在其集散中心对函件和包裹进行归类、分发的业务活动；派送服务，是指服务提供方从其集散中心将函件和包裹送达同城的收件人的业务活动。

（8）有形动产租赁服务。有形动产租赁，包括有形动产融资租赁和有形动产经营性租赁。

① 有形动产融资租赁，是指具有融资性质和所有权转移特点的有形动产租赁业务活动。即出租人根据承租人所要求的规格、型号、性能等条件购入有形动产租赁给承租人，合同期内设备所有权属于出租人，承租人只拥有使用权，合同期满付清租金后，承租人有权按照残值购入有形动产，以拥有其所有权。不论出租人是否将有形动产残值销售给承租人，均属于融资租赁。

② 有形动产经营性租赁，是指在约定时间内将物品、设备等有形动产转让他人使用且租赁物所有权不变更的业务活动。

远洋运输的光租业务、航空运输的干租业务，属于有形动产经营性租赁。

光租业务，是指远洋运输企业将船舶在约定的时间内出租给他人使用，不配备操作人员，不承担运输过程中发生的各项费用，只收取固定租赁费的业务活动。

干租业务，是指航空运输企业将飞机在约定的时间内出租给他人使用，不配备机组人员，不承担运输过程中发生的各项费用，只收取固定租赁费的业务活动。

（9）鉴证咨询服务。鉴证咨询服务，包括认证服务、鉴证服务和咨询服务。

① 认证服务，是指具有专业资质的单位利用检测、检验、计量等技术，证明产品、服务、管理体系符合相关技术规范、相关技术规范的强制性要求或者标准的业务活动。

② 鉴证服务，是指具有专业资质的单位，为委托方的经济活动及有关资料进行鉴证，发表具有证明力的意见的业务活动。包括会计鉴证、税务鉴证、法律鉴证、工程造价鉴证、资产评估、环境评估、房地产土地评估、建筑图纸审核、医疗事故鉴定等。

③ 咨询服务，是指提供和策划财务、税收、法律、内部管理、业务运作和流程管理等信息或者建议的业务活动。

代理记账、翻译服务按照"咨询服务"征收增值税。

（10）广播影视服务。广播影视服务，包括广播影视节目（作品）的制作服务、发行服务和播映（含放映，下同）服务。

① 广播影视节目（作品）制作服务，是指进行专题（特别节目）、专栏、综艺、体育、动画片、广播剧、电视剧、电影等广播影视节目和作品制作的服务。具体包括与广播影视节目和作品相关的策划、采编、拍摄、录音、音视频文字图片素材制作、场景布置、后期的剪辑、翻译（编译）、字幕制作、片头、片尾、片花制作、特效制作、影片修复、编目和确权等业务活动。

② 广播影视节目（作品）发行服务，是指以分账、买断、委托、代理等方式，向影院、电台、电视台、网站等单位和个人发行广播影视节目（作品）以及转让体育赛事等活动的报道及播映权的业务活动。

③ 广播影视节目（作品）播映服务，是指在影院、剧院、录像厅及其他场所播映广播影视节目（作品），以及通过电台、电视台、卫星通信、互联网、有线电视等无线或有线装置播映广播影视节目（作品）的业务活动。

4.2.2 征税范围

根据中国现行增值税税法规定，增值税的征税范围包括在境内销售货物、提供应税劳务、提供应税服务、进口货物以及混合销售五个方面。

1. 在境内销售货物

在境内，是指销售货物的起运地或者所在地在境内。在境内销售货物有一般销售货物和视同销售货物之分。

（1）一般销售货物行为。一般销售货物行为，是指有偿转让货物所有权的行为。有偿，是指货物所有者从购买方取得货币、货物或者其他经济利益。

需要说明的是，纳税人在资产重组过程中，通过合并、分立、出售、置换等方式，将全部或者部分实物资产以及与其相关联的债权、债务和劳动力一并转让给其他单位和个人的行为，不属于增值税征税范围，其中涉及的货物转让不征收增值税。

（2）视同销售货物行为。单位或者个体工商户的下列行为，视同销售货物。

① 将货物交付其他单位或者个人代销。

② 销售代销货物。

③ 设有两个以上机构并实行统一核算的纳税人，将货物从一个机构移送其他机构（受货机构）用于销售，但相关机构设在同一县（市）的除外。

用于销售，是指受货机构发生以下情形之一的经营行为：向购货方开具发票；向购货方收取货款。受货机构的货物移送行为有上述两种情形之一的，应当向所在地税务机关缴纳增值税；未发生上述两种情形的，则应由总机构统一缴纳增值税。

④ 将自产或者委托加工的货物用于非增值税应税项目。

非增值税应税项目，是指非增值税应税劳务、转让无形资产、销售不动产以及不动产在建工程。

▶ 非增值税应税劳务，是指现行营业税应税劳务，具体见营业税应税劳务项目及其基本范围。

▶ 无形资产主要包括土地使用权和自然资源使用权。自然资源使用权是指海域使用权、探矿权、采矿权、取水权和其他自然资源使用权。

▶ 不动产，是指不能移动或者移动后会引起性质、形状改变的财产，包括建筑物、构筑物、以建筑物或者构筑物为载体的附属设备和配套设施（给排水、采暖、卫生、通风、照明、通信、煤气、消防、中央空调、电梯、电气、智能化楼宇设备和配套设施）、其他土地附着物。

▶ 纳税人新建、改建、扩建、修缮、装饰不动产，均属于不动产在建工程。

⑤ 将自产、委托加工的货物用于集体福利或者个人消费。个人消费包括纳税人的交际应酬消费。

⑥ 将自产、委托加工或者购进的货物作为投资，提供给其他单位或者个体工商户。

⑦ 将自产、委托加工或者购进的货物分配给股东或者投资者。

⑧ 将自产、委托加工或者购进的货物无偿赠送其他单位或者个人。

2．在境内提供货物加工、修理修配劳务

在境内提供的应税劳务仅限于有偿劳务，但不包括单位或者个体工商户聘用的员工为本单位或者雇主提供加工、修理修配劳务。

3．在境内提供应税服务

（1）在境内的界定。在境内提供应税服务，是指应税服务提供方或者接受方在境内。

但下列三类情形不属于在境内提供应税服务。

① 境外单位或者个人向境内单位或者个人提供完全在境外消费的应税服务。

② 境外单位或者个人向境内单位或者个人出租完全在境外使用的有形动产。

③ 财政部和国家税务总局规定的其他情形。

（2）提供应税服务。

① 基本规定。在境内提供应税服务仅限于有偿提供，但不包括下列非营业活动中提供的应税服务。

▶▶ 非企业性单位按照法律和行政法规的规定，为履行国家行政管理和公共服务职能收取政府性基金或者行政事业性收费的活动。

▶▶ 单位或者个体工商户聘用的员工为本单位或者雇主提供应税服务。

▶▶ 单位或者个体工商户为员工提供应税服务（如自家有偿班车）。

▶▶ 财政部和国家税务总局规定的其他情形。

② 视同提供应税服务。单位和个体工商户的下列两类情形，视同提供应税服务。

▶▶ 向其他单位或者个人无偿提供交通运输业、邮政业和部分现代服务业服务，但以公益活动为目的或者以社会公众为对象的除外。

▶▶ 财政部和国家税务总局规定的其他情形。

4．混合销售行为与兼营行为

（1）混合销售行为的税务处理。一项销售行为，如果既涉及货物又涉及非增值税应税劳务，为混合销售行为。

① 基本规定。从事货物的生产、批发或者零售，包括以从事货物的生产、批发或者零售为主（年货物生产或者提供应税劳务的销售额占年应税销售额的比重在 50% 以上）并兼营非增值税应税劳务的企业、企业性单位和个体工商户的混合销售行为，视为销售货物，应当缴纳增值税；其他单位和个人的混合销售行为，视为销售非增值税应税劳务，不缴纳增值税。

② 特别规定。纳税人的下列混合销售行为，应当分别核算货物的销售额和非增值税应税劳务的营业额，并根据其销售货物的销售额计算缴纳增值税，非增值税应税劳务的营业额不缴纳增值税；未分别核算的，由主管税务机关核定其货物的销售额。

▶▶ 销售自产货物并同时提供建筑业劳务的行为。

▶▶ 财政部、国家税务总局规定的其他情形。

（2）兼营行为的税务处理。

纳税人兼营非增值税应税项目的，应分别核算货物或者应税劳务的销售额和非增值税应税项目的营业额；未分别核算的，由主管税务机关核定货物或者应税劳务的销售额。

5．报关进口货物

境外货物要输入我国境内，都必须向我国海关申报进口，并办理报关手续。根据增值税暂行条例的规定，申报进入中华人民共和国海关境内的货物，均应缴纳增值税。这意味着，只要是报关进口的货物，不论是国外产制货物还是出口转内销的国内产制货物，是进口者购入的货物还是国外捐赠的货物，是进口者用于生产的货物还是用于贸易或其他用途的货物，均应按照规定在进口环节计算缴纳增值税。

4.2.3　免税范围

增值税免税范围是增值税征税范围中享有免税优惠待遇的部分，免税规定的形式主要包括起征点和设定免税项目。

1. 起征点

（1）基本规定。为降低个体劳动者的税收负担，节约税务机关的征收成本，现行增值税对一般纳税人以外的个人纳税人予以起征点待遇，具体标准如下：按期纳税的，为月销售额 5 000～20 000 元（含本数）；按次纳税的，为每次（日）销售额 300～500 元（含本数）。

起征点的幅度范围调整授权由财政部和国家税务总局规定，省、自治区、直辖市财政厅（局）和国家税务局应当在规定的幅度内，根据实际情况确定本地区适用的起征点，并报财政部和国家税务总局备案。纳税人销售额未达到起征点的，免征增值税；达到起征点的，就其全额计算缴纳增值税。

（2）特别规定。为进一步扶持小微企业发展，自 2014 年 10 月 1 日起，增值税小规模纳税人，月销售额不超过 3 万元（含 3 万元，下同）的，免征增值税。其中，以 1 个季度为纳税期限的增值税小规模纳税人，季度销售额不超过 9 万元的，免征增值税。

增值税小规模纳税人兼营营业税应税项目的，应当分别核算增值税应税项目的销售额和营业税应税项目的营业额，月销售额不超过 3 万元（按季纳税 9 万元）的，免征增值税；月营业额不超过 3 万元（按季纳税 9 万元）的，免征营业税。

2. 免税项目

（1）农业生产者销售的自产农产品。农业，是指种植业、养殖业、林业、牧业、水产业；农业生产者，包括从事农业生产的单位和个人；农产品，包括植物类和动物类初级农产品，详见财税 1995《农产品征税范围注释》。

（2）从事蔬菜批发、零售的纳税人销售的蔬菜。

（3）从事农产品批发、零售的纳税人销售鲜活肉蛋产品免征增值税。

（4）纳税人销售的饲料产品。免税的饲料产品，包括单一大宗饲料、混合饲料、配合饲料和复合预混料。

（5）纳税人生产销售的农膜、氮肥、阿维菌素、敌百虫。

（6）纳税人批发、零售的种子、种苗、化肥、农药、农机。

（7）避孕药品和用具。

（8）古旧图书，是指向社会收购的古书和旧书。

（9）自己使用过的物品，指其他个人自己使用过的物品。

（10）供残疾人专用的假肢、轮椅、矫形器。

（11）直接用于科学研究、科学试验和教学的进口仪器、设备。

（12）外国政府、国际组织无偿援助的进口物资和设备。

（13）由残疾人的组织直接进口供残疾人专用的物品。

（14）由境内的单位和个人提供的下列跨境应税服务。

① 工程、矿产资源在境外的工程勘察勘探服务。

② 会议展览地点在境外的会议展览服务。为客户参加在境外举办的会议、展览而提供的组织安排服务，属于会议展览地点在境外的会议展览服务。

③ 存储地点在境外的仓储服务；标的物在境外使用的有形动产租赁服务。

④ 为出口货物提供的邮政业服务和收派服务。为出口货物提供的邮政业服务，是指寄递函件、包裹等邮件出境；向境外发行邮票；出口邮册等邮品；代办收件地在境外的速递物流类业务。

⑤ 为出口货物提供的收派服务（物流辅助业），是指为出境的函件、包裹提供的收件、分拣、派送服务。纳税人为出口货物提供收派服务，免税销售额为其向寄件人收取的全部价款和价外费用。

⑥ 在境外提供的广播影视节目（作品）发行、播映服务。在境外提供的广播影视节目（作品）发行服务，是指向境外单位或者个人发行广播影视节目（作品）、转让体育赛事等文体活动的报道权或者播映权，且该广播影视节目（作品）、体育赛事等文体活动在境外播映或者报道。

在境外提供的广播影视节目（作品）播映服务，是指在境外的影院、剧院、录像厅及其他场所播映广播影视节目（作品）。

需要说明的是，通过境内的电台、电视台、卫星通信、互联网、有线电视等无线或者有线装置向境外播映广播影视节目（作品），不属于在境外提供的广播影视节目（作品）播映服务。

⑦ 以水路运输方式提供国际运输服务但未取得《国际船舶运输经营许可证》的；以公路运输方式提供国际运输服务但未取得《道路运输经营许可证》或者《国际汽车运输行车许可证》，或者《道路运输经营许可证》的经营范围未包括"国际运输"的；以航空运输方式提供国际运输服务但未取得《公共航空运输企业经营许可证》，或者其经营范围未包括"国际航空客货邮运输业务"的；以航空运输方式提供国际运输服务但未持有《通用航空经营许可证》，或者其经营范围未包括"公务飞行"的。

⑧ 以公路运输方式提供至香港、澳门的交通运输服务，但未取得《道路运输经营许可

证》，或者未具有持《道路运输证》的直通港澳运输车辆的；以水路运输方式提供至台湾的交通运输服务，但未取得《台湾海峡两岸间水路运输许可证》，或者未具有持《台湾海峡两岸间船舶营运证》的船舶的；以水路运输方式提供至香港、澳门的交通运输服务，但未具有获得港澳线路运营许可的船舶的；以航空运输方式提供往返香港、澳门、台湾的交通运输服务或者在香港、澳门、台湾提供交通运输服务，但未取得《公共航空运输企业经营许可证》，或者其经营范围未包括"国际、国内（含港澳）航空客货邮运输业务"的；以航空运输方式提供往返香港、澳门、台湾的交通运输服务或者在香港、澳门、台湾提供交通运输服务，但未持有《通用航空经营许可证》，或者其经营范围未包括"公务飞行"的。

⑨ 适用简易计税方法，或声明放弃适用零税率选择免税的下列应税服务：国际运输服务；往返香港、澳门、台湾的交通运输服务以及在香港、澳门、台湾提供的交通运输服务；航天运输服务；向境外单位提供的研发服务和设计服务，对境内不动产提供的设计服务除外。

⑩ 向境外单位提供的下列应税服务：广告投放地在境外的广告服务、电信业服务、技术转让服务、技术咨询服务、合同能源管理服务、软件服务、电路设计及测试服务、信息系统服务、业务流程管理服务、商标著作权转让服务、知识产权服务、物流辅助服务（仓储服务、收派服务除外）、认证服务、鉴证服务、咨询服务、广播影视节目（作品）制作服务、程租服务。

广告投放地在境外的广告服务，是指为在境外发布的广告所提供的广告服务。

纳税人向境外单位或者个人提供国际语音通话服务、国际短信服务、国际彩信服务。通过境外电信单位结算费用的，服务接受方为境外电信单位，属于向境外单位提供的电信业服务。

境外单位从事国际运输和港澳台运输业务经停中国机场、码头、车站、领空、内河、海域时，纳税人向其提供的航空地面服务、港口码头服务、货运客运站场服务、打捞救助服务、装卸搬运服务，属于向境外单位提供的物流辅助服务。

（15）免税劳务、其他免税服务。

① 垃圾处理、污泥处理处置劳务。

② 残疾人员个人提供加工和修理修配劳务和应税服务。

③ 个人转让著作权。

④ 航空公司提供飞机播撒农药服务。

⑤ 试点纳税人提供技术转让、技术开发和与之相关的技术咨询、技术服务。

⑥ 符合条件的节能服务公司实施合同能源管理项目中提供的应税服务。

⑦ 自 2014 年 1 月 1 日至 2018 年 12 月 31 日，试点纳税人提供的离岸服务外包业务。

⑧ 台湾航运公司从事海峡两岸海上直航业务在大陆取得的运输收入。

⑨ 台湾航空公司从事海峡两岸空中直航业务在大陆取得的运输收入。

⑩ 试点纳税人提供的国际货物运输代理服务。

⑪ 中国邮政集团公司及其所属邮政企业提供的邮政普遍服务和邮政特殊服务。

⑫ 青藏铁路公司提供的铁路运输服务。

在免税优惠实际执行中，需要注意以下两点。

① 纳税人兼营免税、减税项目的，应当分别核算免税、减税项目的销售额；未分别核算销售额的，不得免税、减税。

② 纳税人销售货物或者应税劳务适用免税规定的，可以放弃免税，依照条例的规定缴纳增值税。放弃免税后，36 个月内不得再申请免税。

4.2.4 纳税义务人

1．一般规定

在中华人民共和国境内销售货物或者提供加工、修理修配劳务、应税服务以及进口货物的单位和个人，为增值税的纳税人。

单位，是指企业、行政单位、事业单位、军事单位、社会团体及其他单位。

个人，是指个体工商户和其他个人。

2．租包业务纳税人

单位以承包、承租、挂靠方式经营的，承包人、承租人、挂靠人（以下统称承包人）以发包人、出租人、被挂靠人（以下统称发包人）名义对外经营并由发包人承担相关法律责任的，以该发包人为纳税人。否则，以承包人为纳税人。

3．扣缴义务人

中华人民共和国境外的单位或者个人在境内提供应税劳务、应税服务，在境内未设有经营机构的，以其境内代理人为扣缴义务人；在境内没有代理人的，以接受方为扣缴义务人。

4．一般纳税人与小规模纳税人的划分及认定

增值税实行凭专用发票抵扣税款的制度，客观上要求纳税人具备健全的会计核算制度和能力，能够准确核算销项税额、进项税额和应纳税额。为了强化增值税的征收管理，按照增值税纳税人的生产经营规模和会计核算健全程度，将增值税纳税人划分为一般纳税人和小规模纳税人，分别适用不同的计税方法。

（1）小规模纳税人认定范围。

① 从事货物生产或者提供应税劳务的纳税人，以及以从事货物生产或者提供应税劳务为主，并兼营货物批发或者零售的纳税人，年应征增值税销售额（以下简称年应税销售额[①]）

[①] 年应税销售额，是指纳税人在连续不超过 12 个月的经营期（含未取得销售收入的月份）内累计应征增值税销售额，包括纳税申报销售额、稽查查补销售额、纳税评估调整销售额、税务机关代开发票销售额和免税销售额。稽查查补销售额和纳税评估调整销售额计入查补税款申报当月的销售额，不计入税款所属期销售额。

在 50 万元以下的纳税人。

② 除从事货物生产或者提供应税劳务以外的纳税人，年应税销售额在 80 万元以下的。

③ 应税服务的年应征增值税销售额未超过 500 万元的纳税人。

④ 其他个人。

⑤ 非企业性单位、不经常发生应税行为的单位和个体工商户。

非企业性单位，是指行政单位、事业单位、军事单位、社会团体和其他单位。不经常发生应税行为的单位和个体工商户，是指虽兼有销售货物、提供加工修理修配劳务以及应税服务，但其增值税应税行为仅是偶然发生。

（2）一般纳税人认定范围。

① 除其他个人、选择按照小规模纳税人纳税的非企业性单位和不经常发生应税行为的单位和个体工商户外，年应税销售额超过财政部、国家税务总局规定的定量标准的纳税人。

试点纳税人兼有销售货物、提供加工修理修配劳务以及应税服务的，应税货物及劳务销售额与应税服务销售额分别计算，分别适用增值税一般纳税人资格认定标准。

② 年应税销售额超过定量标准的非企业性单位和不经常发生应税行为的企业；年应税销售额虽未超过定量标准，但会计核算健全，能够提供准确税务资料且有固定的生产经营场所的单位和个体工商户。

会计核算健全，是指能够按照国家统一的会计制度规定设置账簿，根据合法、有效凭证核算。能准确提供税务资料，是指能按照规定如实填报增值税纳税申报表、附表及其他税务资料，按期申报纳税。

除国家税务总局另有规定外，纳税人一经认定为一般纳税人后，不得转为小规模纳税人。

有下列情形之一者，应按销售额依照增值税税率计算应纳税额，不得抵扣进项税额，也不得使用增值税专用发票。

① 一般纳税人会计核算不健全，或者不能够提供准确税务资料的。

② 应当申请办理一般纳税人资格认定而未申请的。

4.3　税率与征收率

4.3.1　税率

中国现行增值税采用多档比例税率形式，不同的征税对象适用的税率有所不同。

1. 货物的适用税率

（1）基本税率。货物适用的基本税率为 17%。

（2）低税率。低税率为13%，其适用范围如下。

① 农产品、粮食、食用植物油、食盐、鲜奶、符合国标规定的巴氏杀菌乳和灭菌乳。

② 自来水、暖气、冷气、热水、煤气、石油液化气、天然气、沼气、居民用煤炭制品。

③ 图书、报纸、杂志、音像制品、电子出版物。

④ 饲料、化肥、农药、农机、农膜。

⑤ 二甲醚。

（3）对出口货物实行零税率。

2. 应税劳务的适用税率

应税劳务包括货物加工劳务、货物修理修配劳务，其适用税率为17%。

3. 应税服务的适用税率

（1）有形动产租赁服务，税率为17%。

（2）交通运输业服务、邮政业服务、基础电信服务，税率为11%。

（3）现代服务业服务（有形动产租赁服务除外）和增值电信服务，税率为6%。

（4）对部分跨境服务实行零税率。

4.3.2　征收率

增值税计税方法有一般计税办法和简易计税办法之分。对实行简易计税办法的纳税人按销售额和适用的征收率计算增值税，现行增值税的征收率一律为3%。适用简易计税办法的纳税人不仅包括小规模纳税人，也包括经营特定货物的一般纳税人。

1. 一般纳税人可选择按简易计税方法计税的经营项目

一般纳税人经营下列项目，可选择按简易办法计算缴纳增值税，但一经选择，36个月内不得变更。

（1）销售自产的下列货物。

① 县级及县级以下小型水力发电单位生产的电力。

② 建筑用和生产建筑材料所用的砂、土、石料。

③ 以自己采掘的砂、土、石料或其他矿物连续生产的砖、瓦、石灰（不含黏土实心砖、瓦）。

④ 用微生物、微生物代谢产物、动物毒素、人或动物的血液或组织制成的生物制品。

⑤ 自来水。

⑥ 商品混凝土（仅限于以水泥为原料生产的水泥混凝土）。

⑦ 单采血浆站销售非临床用人体血液。

（2）药品经营企业销售生物制品。

（3）提供下列应税服务。

① 提供的公共交通运输服务，包括轮客渡、公交客运、地铁、城市轻轨、出租车、长

途客运、班车。其中,班车,是指按固定路线、固定时间运营并在固定站点停靠的运送旅客的陆路运输。

② 以该地区试点实施之日前购进或者自制的有形动产为标的物提供的经营租赁服务。

③ 提供的电影放映服务、仓储服务、装卸搬运服务和收派服务。

④ 动漫企业为开发动漫产品提供的动漫脚本编撰、形象设计、背景设计、动画设计、分镜、动画制作、摄制、描线、上色、画面合成、配音、配乐、音效合成、剪辑、字幕制作、压缩转码(面向网络动漫、手机动漫格式适配)服务,以及在境内转让动漫版权(包括动漫品牌、形象或者内容的授权及再授权)(自本地区试点实施之日起至 2017 年 12 月 31 日)。

2. 一把纳税人经营下列项目须按简易计税方法计税

(1)寄售商店代销寄售物品(包括居民个人寄售的物品在内)。

(2)典当业销售死当物品。

(3)经国务院或国务院授权机关批准的免税商店零售的免税品。

(4)销售旧货。旧货,是指二次流通的具有部分使用价值的货物。

(5)销售自己使用过的属于不得抵扣且未抵扣进项税额的固定资产,主要包括以下三类。

① 纳税人购进或者自制固定资产时为小规模纳税人、认定为一般纳税人后销售该固定资产。

② 专用于按简易办法计税项目、非增值税应税项目、免征增值税项目、集体福利和个人消费的固定资产。

③ 在本地区试点实施日以前购进或者自制的固定资产。

固定资产,是指使用期限超过 12 个月的机器机械运输工具以及其他与生产经营有关的设备、工具、器具等。已使用过的固定资产,是指纳税人根据财务会计制度已经计提折旧的固定资产。

4.3.3 纳税人混业经营的税务处理

纳税人兼有不同税率或者征收率的销售货物、提供加工修理修配劳务或者应税服务的,属于混业经营,应当分别核算适用不同税率或者征收率的销售额,未分别核算销售额的,按照以下方法适用税率或者征收率。

1. 纳税人兼有不同税率的应税项目

兼有不同税率的销售货物、提供加工修理修配劳务或者应税服务的,从高适用税率。

2. 纳税人兼有不同征收率的应税项目

兼有不同征收率的销售货物、提供加工修理修配劳务或者应税服务的,从高适用征收率。

    3. 纳税人兼有不同税率和征收率的应税项目

兼有不同税率和征收率的销售货物、提供加工修理修配劳务或者应税服务的，从高适用税率。

4.4　增值税应纳税额计算

4.4.1　计税方法概述

    1. 在境内销售应税项目适用的计税办法

在境内销售应税项目，具体是指在境内销售货物、提供加工修理修配劳务或者应税服务，所适用计税方法有一般计税方法、简易方法和特别计税方法之分，不同计税方法适用范围有所不同。此外，由扣缴义务人履行扣缴义务的情形，应按扣缴税款计税办法计算。

    （1）一般计税方法。一般计税方法仅适用于一般纳税人，其计算公式如下：

$$应纳税额=当期销项税额-当期进项税额$$

其中，纳税人当期发生的不足抵扣的进项税额可结转下期继续抵扣，被称为当期"期末留抵税额"或下一纳税期"期初留抵税额"。

    （2）简易方法。简易方法不仅适用于小规模纳税人，也适用于经营特定货物的增值税一般纳税人，其计算公式如下：

$$应纳税额=应税销售额×适用征收率$$

    （3）特别计税方法。该方法仅适用于有悖于相关管理规定的一般纳税人，具体而言，包括会计核算不健全，或者不能够提供准确税务资料的一般纳税人以及应当申请办理一般纳税人资格认定而未申请的一般纳税人。其计算公式如下：

$$应纳税额=应税销售额×适用税率$$

    （4）扣缴税款的计算办法。该方法适用于扣缴义务人履行扣缴义务时的税款计算，其计算公式如下：

$$应扣缴税额=接受方支付的价款÷(1+税率)×税率$$

    2. 在境内进口货物适用的计税方法

该方法适用于所有在中国境内办理报关进口手续的单位和个人，其计算公式如下：

$$应纳税额=组成计税价格×税率$$

$$组成计税价格=关税完税价格+关税+消费税$$

4.4.2　当期销项税额的计算

1．当期销项税额的界定

（1）销项税额的定义。根据税法规定，销项税额是指纳税人销售货物、提供应税劳务或者提供应税服务按照销售额和增值税税率计算的增值税额，其计算公式如下：

$$销项税额=销售额×税率$$

上述规定表明了销项税额的两个基本特征：一是销项税额是销售方想购买方收取的，二是销项税额是计算出来的。

（2）当期销项税额的确定。当期是指纳税期，包括小于 1 个月、1 个月和 1 个季度三类纳税期限，当期的销项税额须根据税法所规定的纳税义务发生时间进行确定。

销售额、适用税率和纳税义务发生时间是当期销项税额的基本构成要素。

2．销售额的确定

（1）基本规定。根据增值税暂行条例规定，销售额为纳税人销售货物、提供应税劳务或者应税服务向购买方收取的全部价款和价外费用，但是不包括收取的销项税额，其基本计算公式如下：

$$销售额=全部价款+价外费用$$

价外费用是指销售方价外向购买方收取的包括手续费、补贴、基金、集资费、返还利润、奖励费、违约金、滞纳金、延期付款利息、赔偿金、代收款项、代垫款项、包装费、包装物租金、储备费、优质费、运输装卸费以及其他各种性质的价外收费。但下列项目不包括在内。

① 受托加工应征消费税的消费品所代收代缴的消费税。

② 同时符合以下条件代为收取的政府性基金或者行政事业性收费：由国务院或者财政部批准设立的政府性基金，由国务院或省级人民政府及其财政、价格主管部门批准设立的行政事业性收费；收取时开具省级以上财政部门印制的财政票据；所收款项全额上缴财政。

③ 同时符合以下条件的代垫运输费用：承运部门的运输费用发票开具给购买方的；纳税人将该项发票转交给购买方的。

④ 销售货物的同时代办保险等而向购买方收取的保险费，以及向购买方收取的代购买方缴纳的车辆购置税、车辆牌照费。

⑤ 航空运输企业代收的机场建设费和代售其他航空运输企业客票而代收转付的价款。

销售额以人民币计算，纳税人以人民币以外的货币结算销售额的，应当折合成人民币计算。折合率可以选择销售额发生的当天或者当月 1 日的人民币汇率中间价。纳税人应在事先确定采用何种折合率，确定后 12 个月内不得变更。

需要强调的是，在实务中，纳税人销售货物、提供应税劳务或者应税服务时，不乏价税合并收取的情形，根据增值税的价外税特征，应将含税销售额换算为不含税销售额来确定增值税应税销售额，其换算公式如下：

$$销售额=含税销售额÷(1+税率)$$

（2）具体规定。出于商业经营或竞争需要，纳税人往往会采取一些特殊的灵活方式销售货物、提供应税劳务或应税服务，这也导致了现实生活中的销售额有一些特殊的表现形式，对此，国务院税务主管部门针对性地给出了确定的具体规定。

① 折扣销售方式下的销售额确定。折扣销售是指纳税人在销售货物、提供应税劳务或者应税服务时，给予购买方或者劳务、服务接受方的价格优惠。纳税人采取折扣方式销售货物、提供应税劳务或者应税服务，如果销售额和折扣额在同一张发票上分别注明的，可按折扣后的销售额征收增值税；如果将折扣额另开发票，不论其在财务上如何处理，均不得从销售额中减除折扣额。

实际执行中，应注意把握两点：其一是开票要求。销售额和折扣额在同一张发票上分别注明，是指销售额和折扣额在同一张发票上的"金额"栏分别注明。未在同一张发票"金额"栏注明折扣额，而仅在发票的"备注"栏注明折扣额的，折扣额不得从销售额中减除。其二是应将"折扣销售"与"销售折扣"和"销售折让"相区分。

销售折扣，即所谓的现金折扣，是指销货方在销售货物、提供应税劳务或者应税服务后，为了鼓励购货方或接受方及早偿还货款或劳务价款而协议许诺给予购货方或劳务、服务接受方的一种折扣优待。销售折扣发生在销货之后，是一种融资性质的理财费用。因此，销售折扣不得从销售额中减除。企业在确定销售额时应把折扣销售与销售折扣严格区分开。销售折让，是指在货物发出、应税劳务或服务开始提供后，由于品种、规格、质量等方面与合同规定不符，为避免退货或劳务、服务中止等情形的发生，而与购买方磋商后在价格上作出的让步。销售折让，通常而言，允许从销售额中减除。但如果纳税人在销售货物、提供应税劳务或应税服务时开具了增值税专用发票，其减除条件是销售方按相关审批程序开具使用红字增值税专用发票。

② 以旧换新方式销售货物的销售额确定。以旧换新是指纳税人在销售自己的货物时，有偿收回旧货物的行为。采取以旧换新方式销售货物的，应按新货物的同期销售价格确定销售额，不得扣减旧货物的收购价格。

考虑到金银首饰以旧换新业务的特殊情况，对金银首饰以旧换新业务、可以按销售方实际收取的不含增值税的全部价款征收增值税。

③ 还本销售方式下的销售额确定。还本销售是指纳税人在销售货物后，到一定期限由销售方一次或分次退还给购货方全部或部分价款。这种方式实际上是一种筹集资金，是以货物换取资金的使用价值，到期还本不付息的方法。采取还本销售方式销售货物，其销售额就是货物的销售价格，不得从销售额中减除还本支出。

④ 以物易物的销售额确定。作为一种较为特殊的购销活动，以物易物是指购销双方不是以货币结算，而是以同等价款的货物相互结算，进而实现货物购销的一种方式。纳税人发生以物易物行为的，双方都应作购销处理，以各自发出的货物核算销售额并计算销项税额，以各自收到的货物按规定核算购货额并计算进项税额。

⑤ 包装物押金的税务处理。包装物是指纳税人包装本单位货物的各种物品。包装物押金不同于包装物租金，包装物租金在销货时作为价外费用并入销售额计算销项税额，而纳税人销售货物时另收取包装物押金，目的是促使购货方尽早退回包装物以便周转使用。纳税人为销售货物而出租出借包装物收取的押金，单独记账核算的，按以下规定进行税务处理。

- ▸ 对销售除啤酒、黄酒外的其他酒类产品而收取的包装物押金，无论是否返还以及会计上如何核算，均应并入当期销售额按所包装货物适用的税率计税。
- ▸ 时间在 1 年以内，又未过期的，不并入销售额征税；但对因逾期未收回包装物不再退还的押金，应按所包装货物的适用税率计算销项税额。其中，"逾期"是指按合同约定实际逾期或以 1 年为期限，对收取 1 年以上的押金，无论是否退还均并入销售额按所包装货物适用的税率计税。

值得注意的是，在将包装物押金并入销售额征税时，需要先将该押金换算为不含税价，再并入销售额征税。

【例 4-1】某酒厂（一般纳税人）纳税期限为 1 个月，5 月按出厂价格 3 000 元/吨销售散装白酒 20 吨，销售额 60 000 元。同时开具收款收据收取包装物押金 3 510 元（已单独设账核算），双方约定包装物返还期为 3 个月。按约定，酒厂于 8 月份没收了该笔押金。请计算该酒厂 5 月份的销售额。

$$5 月份的销售额为 60\ 000+3\ 510+(1+17\%)=63\ 000（元）$$

⑥ 混合销售行为的增值税销售额确定。所涉货物与非增值税应税劳务应一并计算增值税的混合销售行为，其销售额为货物的销售额与非增值税应税劳务营业额的合计。该非增值税应税劳务营业额应视同含税销售额处理，计税时应将非增值税应税劳务营业额换算为不含增值税的收入，然后并入货物销售额。所涉货物与非增值税应税劳务应分别计算增值税和营业税的混合销售行为，其销售额为所收取的不含税货物价款。

⑦ 兼营非增值税应税项目的增值税销售额确定。纳税人兼营非增值税应税项目的，应分别核算货物或者应税劳务的销售额和非增值税应税项目的营业额；未分别核算的，由主管税务机关核定货物或者应税劳务的销售额。

⑧ 经营特定应税服务的销售额确定。

- ▸ 经中国人民银行、银监会或者商务部批准从事融资租赁业务的试点纳税人，提供有形动产融资性售后回租服务，以收取的全部价款和价外费用，扣除向承租方收取的有形动产价款本金，以及对外支付的借款利息（包括外汇借款和人民币借款利息）、发行债券利息后的余额为销售额。试点纳税人提供融资性售后回租服务，向承租方收取的有形动产价款本金，不得开具增值税专用发票，可以开具普通发票。

经中国人民银行、银监会或者商务部批准从事融资租赁业务的纳税人，提供除融资性售后回租以外的有形动产融资租赁服务，以收取的全部价款和价外费用，扣除支付的借款利息（包括外汇借款和人民币借款利息）、发行债券利息、保险费、安装费和车辆购置税后的余额为销售额。

> 自本地区试点实施之日起，试点纳税人中的一般纳税人提供的客运场站服务（物流辅助），以其取得的全部价款和价外费用，扣除支付给承运方运费后的余额为销售额，其从承运方取得的增值税专用发票注明的增值税，不得抵扣。

> 试点纳税人提供知识产权代理服务、货物运输代理服务和代理报关服务，以其取得的全部价款和价外费用，扣除向委托方收取并代为支付的政府性基金或者行政事业性收费后的余额为销售额。向委托方收取的政府性基金或者行政事业性收费，不得开具增值税专用发票。

> 试点纳税人中的一般纳税人提供国际货物运输代理服务，以其取得的全部价款和价外费用，扣除支付给国际运输企业的国际运输费用后的余额为销售额。

国际货物运输代理服务，是指接受货物收货人或其代理人、发货人或其代理人、运输工具所有人、运输工具承租人或运输工具经营人的委托，以委托人的名义或者以自己的名义，在不直接提供货物运输服务的情况下，直接为委托人办理货物的国际运输，从事国际运输的运输工具进出港口，联系安排引航、靠泊、装卸等货物和船舶代理相关业务手续的业务活动。

中国移动通信集团公司、中国联合网络通信集团有限公司、中国电信集团公司及其成员单位通过手机短信公益特服号为公益性机构（中国红十字会、中国绿化基金会等经列名的机构）接受捐款服务，以其取得的全部价款和价外费用，扣除支付给公益性机构捐款后的余额为销售额。

需要强调的是，上述业务的相关扣除项目必须以合法有效的凭证为依据，合法有效的凭证是指下列情形下所取得的凭证：支付给境内单位或者个人的款项，以发票为合法有效凭证；支付给境外单位或者个人的款项，以该单位或者个人的签收单据为合法有效凭证，税务机关对签收单据有疑义的，可以要求其提供境外公证机构的确认证明；缴纳的税款，以完税凭证为合法有效凭证；融资性售后回租服务中向承租方收取的有形动产价款本金，以承租方开具的发票为合法有效凭证；扣除政府性基金或者行政事业性收费，以省级以上财政部门印制的财政票据为合法有效凭证；国家税务总局规定的其他凭证。

⑨ 销售额的核定。纳税人销售价格明显偏低或者偏高且不具有合理商业目的的，或者发生视同销售行为而无销售额的，应按下列顺序确定销售额。

    ‣‣ 按照纳税人最近时期同类货物或者应税服务的平均销售或者服务价格确定。

    ‣‣ 按照其他纳税人最近时期同类货物的平均销售或者服务价格确定。

    ‣‣ 按规定办法计算确定。

一般情形下，按照组成计税价格确定。组成计税价格的公式如下：

$$组成计税价格=成本×(1+成本利润率)$$

其中对于货物，销售自产货物的为实际生产成本，销售外购货物的为实际采购成本。成本利润率由国家税务总局确定。如果所涉货物属于应征消费税的货物，其组成计税价格中应加计消费税额，计算公式如下：

$$组成计税价格=成本×(1+成本利润率)+消费税$$

如果纳税人发生固定资产视同销售行为，对已使用过的固定资产无法确定销售额的，则以固定资产净值为销售额。固定资产净值是指纳税人按照财务会计制度计提折旧后的余额。

3．纳税义务发生时间

（1）基本规定。销售货物、提供应税劳务或者应税服务，一般为收讫销售款项或者取得索取销售款项凭据的当天；先开具发票的，为开具发票的当天。

（2）具体规定。

① 采取直接收款方式销售货物，不论货物是否发出，均为收到销售款或者取得索取销售款凭据的当天；纳税人生产经营活动中采取直接收款方式销售货物，已将货物移送对方并暂估销售收入入账，但既未取得销售款或取得索取销售款凭据也未开具销售发票的，其增值税纳税义务发生时间为取得销售款或取得索取销售款凭据的当天；先开具发票的，为开具发票的当天。

② 采取托收承付和委托银行收款方式销售货物，为发出货物并办妥托收手续的当天。

③ 采取赊销和分期收款方式销售货物，为书面合同约定的收款日期的当天，无书面合同的或者书面合同没有约定收款日期的，为货物发出的当天。

④ 采取预收货款方式销售货物，为货物发出的当天。

⑤ 委托其他纳税人代销货物，为收到代销单位的代销清单或者收到全部或者部分货款的当天。未收到代销清单及货款的，为发出代销货物满 180 天的当天。

⑥ 纳税人发生代销业务以外的视同销售货物行为的，为货物移送的当天。

⑦ 纳税人提供应税服务并收讫销售款项是指纳税人提供应税服务过程中或者完成后收到款项；取得索取销售款项凭据的当天是指书面合同确定的付款日期；未签订书面合同或者书面合同未确定付款日期的，为应税服务完成的当天。纳税人发生视同提供应税服务的，其纳税义务发生时间为应税服务完成的当天。

（3）特别规定。

① 生产销售生产工期超过 12 个月的大型机械设备、船舶、飞机等货物，为收到预收款或者书面合同约定的收款日期的当天。

② 纳税人提供有形动产租赁服务采取预收款方式的，其纳税义务发生时间为收到预收款的当天。

4．销项税额的扣减

一般纳税人因销售货物退回、折让或者发生应税服务中止、折让而退还给购买方的增值税额，应从发生销售货物退回、折让或者应税服务中止、折让当期的销项税额中扣减。

一般纳税人销售货物、应税劳务或者提供应税服务，开具增值税专用发票后，发生销售货物退回、折让或者发生应税服务中止、折让以及开票有误等情形，应按国家税务总局的规定开具红字增值税专用发票。未按规定开具红字增值税专用发票的，增值税额不得从销项税额中扣减。

4.4.3 当期准予抵扣进项税额的确定

进项税额，是指纳税人购进货物、接受加工修理修配劳务或者应税服务，支付或者负担的增值税额。

进项税额是与销项税额相对而言的一个概念，依照按增值额计税的原理，对纳税人发生的与当期销项税额相匹配的进项税额，均应准予从当期销项税额中扣除，不应有任何其他条件限制。但在实践中，由于诚信机制尚不健全，在利益驱动下，进项税额申报不实的问题会大量存在，从防范避税的角度，准予抵扣的进项税额须依条件确定。

1．进项税额申报抵扣条件

（1）取得合法有效的扣税凭证。合法有效的扣税凭证，是指下列凭证。

① 从销售方或者提供方取得的（含税务机关代开的）增值税专用发票，其中包含货物运输业增值税专用发票和税控机动车销售统一发票。

② 从海关取得的海关进口增值税专用缴款书。

③ 购进农产品取得的由销售方开具的农产品销售发票或者依规定向销售方开具的农产品收购发票。

④ 接受境外单位或者个人提供的应税服务，从税务机关或者境内代理人取得的解缴税款的税收缴款凭证，同时须辅以书面合同、付款证明和境外单位的对账单或者发票。资料不全的，其进项税额不得从销项税额中抵扣。

（2）须符合进项税额申报抵扣的购进项目范围。购进项目，是指纳税人购进的货物、接受的加工、修理修配劳务或者应税服务。增值税税法对购进项目的进项税额抵扣范围是以反列举方式予以明确的，即对不得抵扣进项税额的购进项目进行列名规定，其基本范围如下。

① 用于简易计税方法计税项目、非增值税应税项目、免征增值税项目、集体福利或者个人消费的购进项目。上述购进项目中涉及的固定资产、专利技术、非专利技术、商誉、

商标、著作权、有形动产租赁，仅指专用于上述不得抵扣业务的情形。

②非正常损失的购进货物及相关的加工修理修配劳务或者交通运输业服务；非正常损失，是指因管理不善造成被盗、丢失、霉烂变质的损失，以及被执法部门依法没收或者强令自行销毁的货物。

③非正常损失的在产品、产成品所耗用的购进货物、加工修理修配劳务或者交通运输业服务。

（3）符合规定的增值税进项税额申报抵扣时限。

①增值税一般纳税人取得的增值税专用发票，应自开具之日起180日内到税务机关办理认证，并在认证通过的次月申报期内，向主管税务机关申报抵扣进项税额。

②一般纳税人进口货物取得的海关进口增值税专用缴款书，应自开具之日起180日内向主管税务机关报送《海关完税凭证抵扣清单》（电子数据），申请稽核比对，比对通过的次月申报期内，向主管税务机关申报抵扣进项税额。

③取得其他扣税凭证的情形，无抵扣时限的具体规定。未规定抵扣期限的增值税扣税凭证原则上应按照业务发生会计期间核算并申报抵扣。

2．当期可申报抵扣进项税额的确定

根据前述规定，当期可申报抵扣的进项税额包括上期留抵的进项税额和本期发生的符合进项税额申报抵扣条件的进项税额。此外，税法对纳税人以前期已抵扣进项税额的购进项目，在当期发生不得抵扣情形的，给出了扣减当期进项税额的规定。当期可申报抵扣进项税额可用公式表达如下：

当期可申报抵扣进项税额=上期留抵的进项税额+本期发生的准予抵扣的进项税额

－应在本期扣减的进项税额

（1）本期发生的准予抵扣进项税额的确定。

①直接确定。

▶ 按本期认证通过的专用发票上注明的增值税额确定。

▶ 按本期比对通过的海关进口增值税专用缴款书上注明的增值税额确定。

▶ 按本期从税务机关或者境内代理人取得的税收缴款凭证上注明的增值税额确定。

②计算确定。

▶ 购进免税农产品，允许按照农产品收购发票或者销售发票上注明的农产品买价和13%的扣除率计算抵扣进项税额。计算公式如下：

准予抵扣的进项税额=买价×扣除率

买价，是指纳税人购进农产品在农产品收购发票或者销售发票上注明的价款和按照规定缴纳的烟叶税。

▶ 适用一般计税方法的纳税人，兼营简易计税方法计税项目、非增值税应税劳务、免征增值税项目（以下简称为兼营不得抵扣业务）而无法划分不得抵扣的进项税额，按照下列公式计算不得抵扣的进项税额：

不得抵扣的进项税额=当期无法划分的全部进项税额×（当期简易计税方法计税项
目销售额+非增值税应税劳务营业额+免征增值税项目销售额）
÷（当期全部销售额+当期全部营业额）

（2）本期应扣减进项税额的业务范围及应扣减税额的确定。根据税法规定，确定本期准予抵扣进项税额时，不仅需要考量本期发生的进项税额，而且需要考量以前期已抵扣的进项税额，对在本期发生的不得抵扣进项税额进行扣减处理。

① 服务中止、购进货物退出、折让而收回的增值税额。纳税人提供的适用一般计税方法计税的应税项目，发生服务中止、购进货物退出、折让而收回的增值税额，应当从当期的进项税额中扣减。

② 销售返利应扣减的进项税额。商业企业向供货方收取的与商品销售量、销售额挂钩的各种返还收入，均按平销返利行为的有关规定冲减当期增值税进项税金。应扣减进项税额的计算公式如下：

当期应冲减进项税额=当期取得返还资金÷(1+所购货物增值税税率)
×所购货物增值税税率

商业企业向供货方收取的各种收入，一律不得开具增值税专用发票。其他增值税一般纳税人向供货方收取的各项收入一律比照本通知规定执行。

③ 兼营不得抵扣业务应扣减的进项税额。兼营不得抵扣业务中，无法划分的不得抵扣进项税额，于销售业务确认时按销售比例法分摊计算应扣减的进项税额。应扣减进项税额的计算公式如下：

应扣减的进项税额=当期无法划分的全部进项税额×（当期简易计税方法计税项目
销售额+非增值税应税劳务营业额+免征增值税项目销售额）
÷（当期全部销售额+当期全部营业额）

④ 已抵扣进项税额的购进货物、加工修理修配劳务或者应税服务发生用途改变或者非正常损失，应扣减或转出的进项税额。

这里主要涉及两种进项税额的扣减确定办法，一是还原计算法，另一是实际成本计算法。

➤ 还原计算法，适用于按扣除率计算抵扣进项税额的农产品。

进项税额转出额=账面实际成本/(1-扣除率)×扣除率

➤ 实际成本计算法。除上述情形之外其他应扣减或转出情形，应扣减或转出的进项税额无法确定的，按照当期实际成本计算应扣减或转出的进项税额。

进项税额转出额=当期实际成本×征税时的适用税率
实际成本=进价+运费+（保险费+其他相关费用）

如果需要进行进项税额扣减或转出处理的是已抵扣进项税额的固定资产，其当期实际成本指的是按统一财务会计制度规定计提折旧后计算的固定资产净值。

【例 4-2】某小汽车制造厂是增值税一般纳税人，增值税纳税期限为一个月，2014 年 9 月份有关业务资料如下：

（1）购进生产用原材料 1 批，取得增值税专用发票；发票中注明的价款、增值税款分别为 500 000 元、85 000 元；材料已运抵企业，货款已转账付讫。

（2）购进生产用低值易耗品 1 批，取得增值税专用发票；发票中注明的价款、增值税款分别为 20 000 元、3 400 元；货已验收入库，货款已付讫。

（3）将订做的轮胎运回企业并取得增值税专用发票，发票中注明的价款、税款分别为 100 000 元、17 000 元；货款已转账付讫；轮胎已验收入库并全部投入使用。

（4）购进不需要安装的生产设备 2 台，取得增值税专用发票，发票中注明的价款、税款分别为 200 000 元、34 000 元。

（5）支付水费，取得自来水公司开具的增值税专用发票，发票中注明的价款、税款分别为 20 000 元、600 元；支付电费，取得供电部门开具的增值税专用发票，发票中注明的价款、税款分别为 25 000 元、4 250 元；上述水电均为生产、经营管理耗用。

（6）销售自产 A 牌小汽车 10 辆，取得销售额（不含增值税）1 200 000 元。

（7）将自产的 A 牌小汽车 1 辆交由本厂的宾馆使用，已作固定资产入账。

（8）采取分期收款方式销售汽车零部件 1 批，销售总价款为 240 000 元（不含增值税），购销合同约定，本月应收取 1/3 的价款，但实际只收取不含税价款 60 000 元。

（9）扩建厂房领用前期购进的生产用钢材 1 批，实际成本 502 000 元（含运输成本 2 000 元）；该批钢材在购进时已取得增值税专用发票（包括货物运输业增值税专用发票），其进项税额已在购进月份申报抵扣。

其他资料：该厂上月留抵税额为 17 000 元，本例涉及的增值税法定扣税凭证均已在取得当期通过主管税务机关认证；A 牌小汽车生产成本为每辆 65 000 元。

要求：

（1）计算该厂本月实现的销项税额。

（2）计算该厂本月可申报抵扣的进项税额。

（3）计算该厂本月应纳增值税额。

解：

（1）销项税额=1 200 000×17%+1 200 000÷10×17%+240 000÷3×17%＝238 000（元）

（2）进项税额=17 000+85 000+3 400+17 000+34 000+600+4 250−(502 000−2 000)×17%−2 000×11%=76 030（元）

（3）应纳增值税税额=238 000−76 030=161 970（元）

4.4.4　应纳税额的简易计算

对小规模纳税人和经营特定项目的一般纳税人实行简易征税办法，按当期应税销售额和适用征收率计算应纳税额。当期应纳税额的计算要素包括应税销售额、征收率和纳税义务发生时间，其中，应税销售额确定的基本内容和纳税义务发生时间的规定与前述相同。其应纳税额计算公式如下：

$$应纳税额=应税销售额×征收率$$

计算中，注意把握三点。

（1）按销售额和适用征收率计算应纳税额，不得抵扣进项税额。

（2）应税销售额为不含税销售额，纳税人采用销售额和增值税税额合并定价方法的，应将含税销售额换算为不含税销售额，换算公式如下：

$$销售额=含税销售额÷(1+征收率)$$

（3）纳税人发生的适用简易计税方法计税的应税行为，因服务中止、折让或者退货而退还给接受方或者购买方的销售额，应当从当期销售额中扣减。扣减当期销售额后仍有余额造成多缴的税款，可以从以后的应纳税额中扣减。

【例4-3】某商店系增值税小规模纳税人，2014年第二季度取得零售收入总额30 900元。计算该商店第二季度应缴纳的增值税税额。

解：

（1）不含税销售额=30 900÷(1+3%)=30 000（元）

（2）第二季度应纳增值税额=30 000×3%=900（元）

4.4.5　进口货物应纳税额计算

纳税人进口货物，按照组成计税价格和适用的税率计算应纳税额，即

$$应纳税额=组成计税价格×适用税率$$

（1）进口货物不属于消费税应税消费品的，组成计税价格计算公式如下：

$$组成计税价格=关税完税价格+关税$$

（2）进口货物属于消费税应税消费品的，组成计税价格计算公式如下：

$$组成计税价格=关税完税价格+关税+消费税$$

进口货物关税完税价格，即海关对货物征收进口关税的税基，在一般贸易下，指的是到岸价格，由货价加上货物运抵中国境内输入地点起卸前的运输费及其相关费用和保险费构成。

4.4.6　增值税税额退返与减免优惠

增值税税额退返、减免优惠不同于基于征税范围角度的免于征税待遇，是对纳税人应纳或已纳税额予以减免或返还的待遇，包括即征即退、先征后退和减半征收三种基本优惠形式。

1. 即征即退增值税

即征即退是指对按税法规定缴纳的税款，由税务机关在征税时部分或全部退还纳税人的一种税收优惠。其具体优惠形式及主要适用范围如下。

（1）增值税一般纳税人销售其自行开发生产的软件产品（包括嵌入式软件产品），按17%税率征收增值税后，对其增值税实际税负超过的部分实行即征即退政策。应退税额的计算公式如下：

即征即退税额=当期软件产品增值税应纳税额-当期软件产品销售额×3%

（2）对销售下列自产货物实行增值税即征即退100%的政策。

① 利用工业生产过程中产生的余热、余压生产的电力或热力。发电（热）原料中100%利用上述资源。

② 以餐厨垃圾、畜禽粪便、稻壳、花生壳、玉米芯、油茶壳、棉籽壳、三剩物、次小薪材、含油污水、有机废水、污水处理后产生的污泥、油田采油过程中产生的油污泥（浮渣），包括利用上述资源发酵产生的沼气为原料生产的电力、热力、燃料。生产原料中上述资源的比重不低于80%，其中利用油田采油过程中产生的油污泥（浮渣）生产燃料的资源比重不低于60%。

上述涉及的生物质发电项目必须符合国家发展改革委《可再生能源发电有关管理规定》（发改能源〔2006〕13 号）要求，并且生产排放达到《火电厂大气污染物排放标准》（GB13223—2003）第 1 时段标准或者《生活垃圾焚烧污染控制标准》（GB18485—2001）的有关规定。利用油田采油过程中产生的油污泥（浮渣）的生产企业必须取得《危险废物综合经营许可证》。

③ 以污水处理后产生的污泥为原料生产的干化污泥、燃料。生产原料中上述资源的比重不低于90%。

④ 以废弃的动物油、植物油为原料生产的饲料级混合油。饲料级混合油应达到《饲料级 混合油》（NY/T 913—2004）规定的技术要求，生产原料中上述资源的比重不低于90%。

⑤ 以回收的废矿物油为原料生产的润滑油基础油、汽油、柴油等工业油料。生产企业必须取得《危险废物综合经营许可证》，生产原料中上述资源的比重不低于90%。

⑥ 以油田采油过程中产生的油污泥（浮渣）为原料生产的乳化油调和剂及防水卷材辅料产品。生产企业必须取得《危险废物综合经营许可证》，生产原料中上述资源的比重不

低于 70%。

⑦ 以人发为原料生产的档发。生产原料中 90%以上为人发。

（3）对销售下列自产货物实行增值税即征即退 80%的政策。

以三剩物、次小薪材和农作物秸秆三类农林剩余物为原料生产的木（竹、秸秆）纤维板、木（竹、秸秆）刨花板、细木工板、活性炭、栲胶、水解酒精、炭棒；以沙柳为原料生产的箱板纸。

（4）对销售下列自产货物实行增值税即征即退 50%的政策。

① 以蔗渣为原料生产的蔗渣浆、蔗渣刨花板及各类纸制品。生产原料中蔗渣所占比重不低于 70%。

② 以粉煤灰、煤矸石为原料生产的氧化铝、活性硅酸钙。生产原料中上述资源的比重不低于 25%。

③ 利用污泥生产的污泥微生物蛋白。生产原料中上述资源的比重不低于 90%。

④ 以煤矸石为原料生产的瓷绝缘子、煅烧高岭土。其中瓷绝缘子生产原料中煤矸石所占比重不低于 30%，煅烧高岭土生产原料中煤矸石所占比重不低于 90%。

⑤ 以废旧电池、废感光材料、废彩色显影液、废催化剂、废灯泡（管）、电解废弃物、电镀废弃物、废线路板、树脂废弃物、烟尘灰、湿法泥、熔炼渣、河底淤泥、废旧电机、报废汽车为原料生产的金、银、钯、铑、铜、铅、汞、锡、铋、碲、铟、硒、铂族金属，其中综合利用危险废弃物的企业必须取得《危险废物综合经营许可证》。生产原料中上述资源的比重不低于 90%。

⑥ 以废塑料、废旧聚氯乙烯（PVC）制品、废橡胶制品及废铝塑复合纸包装材料为原料生产的汽油、柴油、废塑料（橡胶）油、石油焦、炭黑、再生纸浆、铝粉、汽车用改性再生专用料、摩托车用改性再生专用料、家电用改性再生专用料、管材用改性再生专用料、化纤用再生聚酯专用料（杂质含量低于 0.5mg/g、水分含量低于 1%）、瓶用再生聚对苯二甲酸乙二醇酯（PET）树脂（乙醛质量分数小于等于 1 微克/克）及再生塑料制品。生产原料中上述资源的比重不低于 70%。上述废塑料综合利用生产企业必须通过 ISO9000、ISO14000 认证。

⑦ 以废弃天然纤维、化学纤维及其制品为原料生产的纤维纱及织布、无纺布、毡、黏合剂及再生聚酯产品。生产原料中上述资源的比重不低于 90%。

⑧ 以废旧石墨为原料生产的石墨异形件、石墨块、石墨粉和石墨增碳剂。生产原料中上述资源的比重不低于 90%。

实际执行即征即退优惠政策中，注意把握以下两点。

一是兼营业务的税务处理办法。增值税一般纳税人应单独核算综合利用产品的销售额；增值税小规模纳税人应单独核算综合利用产品的销售额和应纳税额。凡未单独核算资源综合利用产品的销售额和应纳税额的，不得享受规定的退（免）税政策。

一般纳税人同时生产增值税应税产品和享受增值税即征即退产品而存在无法划分的进项税额时，按下列公式对无法划分的进项税额进行划分：

享受增值税即征即退产品应分摊的进项税额=当月无法划分的全部进项税额×当月享受增值税即征即退产品的销售额合计÷当月无法划分进项税额产品的销售额合计

二是享受资源综合利用增值税优惠政策的纳税人应严格执行污染物排放标准。纳税人享受资源综合利用产品及劳务增值税退税、免税政策的，其污染物排放必须达到相应的污染物排放标准。达到污染物排放标准，是指符合污染物排放标准规定的全部项目。

纳税人在办理资源综合利用产品及劳务增值税退税、免税事宜时，应同时提交污染物排放地环境保护部门确定的该纳税人应予执行的污染物排放标准，以及污染物排放地环境保护部门在此前 6 个月以内出具的该纳税人的污染物排放符合上述标准的证明材料。

对未达到相应的污染物排放标准的纳税人，自发生违规排放行为之日起，取消其享受资源综合利用产品及劳务增值税退税、免税政策的资格，且 3 年内不得再次申请。纳税人自发生违规排放行为之日起已申请并办理退税、免税的，应予追缴。发生违规排放行为之日，是指已经污染物排放地环境保护部门查证确认的，纳税人发生未达到应予执行的污染物排放标准行为的当日。

2．先征后退增值税

先征后退，是指对纳税人按税法规定缴纳的税款，由税务机关征收入库后，再由财政部门按规定的程序对纳税人已纳税款予以部分或全部退还。目前主要适用于纳税人销售自产的以废弃的动物油和植物油为原料生产的综合利用生物柴油。废弃的动物油和植物油用量占生产原料的比重不低于 70%。

3．增值税应纳税额的减征

增值税应纳税额的减征优惠适用于按简易计税方法计税的项目，其基本计税公式如下：

$$应纳税额=含税销售额÷(1+3\%)×2\%$$

具体适用范围如下。

（1）一般纳税人销售自己使用过的属于不得抵扣且未抵扣进项税额的固定资产。

（2）一般纳税人销售自己使用过的增值税抵扣范围试点实施前（2008 年 12 月 31 日以前）和"营改增"试点实施前购进或者自制的固定资产。

（3）小规模纳税人（除其他个人外，下同）销售自己使用过的固定资产。

（4）纳税人销售旧货。

4.5 出 口 退 税

出口退税是对出口商品包括出口的货物和跨境提供的应税服务按照适用零税率的规

定，将其在生产与流通环节已经缴纳的国内商品税退还给出口商。增值税出口退税具有两层含义。一是对商品出口环节的增值部分免征增值税；二是对商品出口前环节所含的进项税额予以退付。出口退税的理论根据：税收的依据是政府执行职能产生的一般利益，因此所有享受政府执行职能产生的一般利益的主体，都负有向政府纳税的义务。同时，商品税作为一种间接税，具有可转嫁性，最终是由商品的消费者负担的。出口商品的消费者如为国外的居民，他们并没有享受到出口国政府执行职能产生的一般利益，因而也没有义务向出口国政府缴纳税收。此外，从客观上看，实行出口退税还可以使出口商品以不含国内商品税的价格进入国际市场，与其他国家的商品开展平等竞争。因此，对出口商品实行退税目前已经成为国际贸易中普遍采用的一种国际惯例。

中国目前对出口商品实施的针对性增值税税收政策包括退税、免税和征税三种形式，其中，出口退税政策是鼓励商品出口的主要形式。

4.5.1 出口退税的范围

1. 出口退税货物的范围

（1）一般规定。

① 出口退税货物必须同时满足以下条件。

- 必须是属于增值税、消费税征税范围的货物。
- 必须是报关离境的货物。凡报关不离境的货物，不论出口企业以外汇结算还是以人民币结算，也不论企业在财务上作何处理，均不能视为出口货物予以退税。
- 必须是在财务上作销售处理的货物。
- 必须是出口收汇并已核销的货物。

② 下列企业出口满足上述条件的货物，除另有规定外，给予免税并退税。

- 生产企业自营出口或委托外贸企业代理出口的自产货物。
- 有出口经营权的外贸企业收购后直接出口或委托其他外贸企业代理出口的货物。

（2）特殊规定。下列货物虽然不同时具备上述四个条件，但由于其销售方式、消费环节、结算办法等的特殊性，国家特准退还或免征其增值税。

① 出口企业对外援助、对外承包、境外投资的出口货物。

② 出口企业或其他单位销售给用于国际金融组织或外国政府贷款国际招标建设项目的中标机电产品。

③ 生产企业向海上石油天然气开采企业销售的自产的海洋工程结构物。

④ 出口企业或其他单位销售给国际运输企业用于国际运输工具上的货物。

⑤ 出口企业或其他单位销售给特殊区域内生产企业生产耗用且不向海关报关而输入特殊区域的水（包括蒸汽）、电力、燃气。

2. 适用零税率的跨境应税服务范围

（1）境内的单位和个人提供的国际运输服务、向境外单位提供的研发服务和设计服务。

境内的单位和个人适用增值税零税率，以水路运输方式提供国际运输服务的，应当取得《国际船舶运输经营许可证》；以公路运输方式提供国际运输服务的，应当取得《道路运输经营许可证》和《国际汽车运输行车许可证》，且《道路运输经营许可证》的经营范围应当包括"国际运输"；以航空运输方式提供国际运输服务的，应当取得《公共航空运输企业经营许可证》且其经营范围应当包括"国际航空客货邮运输业务"，或者持有《通用航空经营许可证》且其经营范围应当包括"公务飞行"。

向境外单位提供的设计服务，不包括对境内不动产提供的设计服务。

（2）航天运输服务参照国际运输服务，适用增值税零税率。

（3）境内的单位和个人提供的往返香港、澳门、台湾的交通运输服务以及在香港、澳门、台湾提供的交通运输服务（以下称港澳台运输服务）。

境内的单位和个人适用增值税零税率，以公路运输方式提供至香港、澳门的交通运输服务的，应当取得《道路运输经营许可证》，并具有持《道路运输证》的直通港澳运输车辆；以水路运输方式提供至台湾的交通运输服务的，应当取得《台湾海峡两岸间水路运输许可证》，并具有持《台湾海峡两岸间船舶营运证》的船舶；以水路运输方式提供至香港、澳门的交通运输服务的，应当具有获得港澳线路运营许可的船舶；以航空运输方式提供上述交通运输服务的，应当取得《公共航空运输企业经营许可证》且其经营范围应当包括"国际、国内（含港澳）航空客货邮运输业务"，或者持有《通用航空经营许可证》且其经营范围应当包括"公务飞行"。

（4）自 2013 年 8 月 1 日起，境内的单位或个人提供程租服务，如果租赁的交通工具用于国际运输服务和港澳台运输服务，由出租方按规定申请适用增值税零税率。

自 2013 年 8 月 1 日起，境内的单位或个人向境内单位或个人提供期租、湿租服务，如果承租方利用租赁的交通工具向其他单位或个人提供国际运输服务和港澳台运输服务，由承租方按规定申请适用增值税零税率。境内的单位或个人向境外单位或个人提供期租、湿租服务，由出租方按规定申请适用增值税零税率。

需要说明的是，境内的单位和个人提供适用增值税零税率应税服务的，可以放弃适用增值税零税率，选择免税或按规定缴纳增值税。放弃适用增值税零税率后，36 个月内不得再申请适用增值税零税率。

4.5.2 出口退税率

出口退税率是出口商品的实际退税额与退税计税依据的比例。它是出口退税的中心环节，它体现着国家在一定时期的财务、价格和对外贸易政策，体现着对出口商品实际的增值税征收水平和出口商品在国际市场上的竞争能力。退税率的高低，不仅影响和刺激对外贸易，而且影响和刺激国民经济的发展，也关系到国家、出口企业的经济利益，甚至关系到进口商的经济利益。

从现行规定看，除财政部和国家税务总局根据国务院决定而明确的增值税出口退税率外，出口商品的退税率为该商品的适用税率。国家税务总局根据上述规定将退税率通过出口商品退税率文库予以发布，供征纳双方执行。

4.5.3　出口商品应退税额的计算

现行税制对生产企业和外贸企业实行不同的退税计算办法，前者适用"免、抵、退"办法，后者适用"免、退"办法。

1. 增值税"免、抵、退"税计算

实行免、抵、退税办法的"免"税，是指对企业出口的商品，免征本企业销售环节增值税；"抵"税，是指对企业出口商品所耗用的原材料、零部件、燃料、动力等所含应予退还的进项税额，抵顶内销货物的应纳税额；"退"税，是指当企业出口的商品在当月内应抵顶的进项税额大于应纳税额时，对未抵顶完的部分予以退税。

（1）适用范围。

① 生产企业自营或委托外贸企业代理出口（以下简称生产企业出口）适用增值税一般计税方法的自产货物；生产企业提供的适用增值税零税率政策的按一般计税方法计税的跨境应税服务。

所谓生产企业，是指独立核算，经主管国税机关认定为增值税一般纳税人，并且具有实际生产能力的企业和企业集团。

② 外贸企业自己开发的研发服务和设计服务出口，视同生产企业连同其出口货物统一实行免抵退税办法。

（2）增值税退（免）税的计税依据。

① 生产企业出口货物劳务（进料加工复出口货物除外）增值税退（免）税的计税依据，为出口货物劳务的实际离岸价（FOB）。实际离岸价应以出口发票上的离岸价为准，但如果出口发票不能反映实际离岸价，主管税务机关有权予以核定。

② 生产企业进料加工复出口货物增值税退（免）税的计税依据，按出口货物的离岸价（FOB）扣除出口货物所含的海关保税进口料件的金额后确定。

海关保税进口料件，是指海关以进料加工贸易方式监管的出口企业从境外和特殊区域等进口的料件。包括出口企业从境外单位或个人购买并从海关保税仓库提取且办理海关进料加工手续的料件，以及保税区外的出口企业从保税区内的企业购进并办理海关进料加工手续的进口料件。

③ 生产企业国内购进无进项税额且不计提进项税额的免税原材料加工后出口的货物的计税依据，按出口货物的离岸价（FOB）扣除出口货物所含的国内购进免税原材料的金额后确定。

④ 以铁路运输方式载运旅客的，为按照铁路合作组织清算规则清算后的实际运输收入；以铁路运输方式载运货物的，为按照铁路运输进款清算办法，对"发站"或"到站（局）"名称包含"境"字的货票上注明的运输费用以及直接相关的国际联运杂费清算后的实际运输收入；以航空运输方式载运货物或旅客的，如果国际运输或港澳台运输各航段由多个承运人承运的，为中国航空结算有限责任公司清算后的实际收入；如果国际运输或港澳台运输各航段由一个承运人承运的，为提供航空运输服务取得的收入。

⑤ 其他实行免抵退税办法的增值税零税率应税服务，为提供增值税零税率应税服务取得的收入。

（3）"免、抵、退"税计算方法。以生产企业出口自产货物为例，增值税免抵退税的计算包括三个步骤。

① 计算当期应纳税额，计算公式如下：

当期应纳税额=当期销项税额-（当期进项税额-当期不得免征和抵扣税额）

当期不得免征和抵扣税额=当期出口货物离岸价×外汇人民币折合率×（出口货物适用税率-出口货物退税率）-当期不得免征和抵扣税额抵减额

当期不得免征和抵扣税额抵减额=当期免税购进原材料价格×（出口货物适用税率-出口货物退税率）

② 计算当期免抵退税额，计算公式如下：

当期免抵退税额=当期出口货物离岸价×外汇人民币折合率×出口货物退税率-当期免抵退税额抵减额

当期免抵退税额抵减额=当期免税购进原材料价格×出口货物退税率

③ 计算确定当期应退税额和免抵税额，确定办法为：

▶ 当期期末留抵税额≤当期免抵退税额，则

当期应退税额=当期期末留抵税额

当期免抵税额=当期免抵退税额-当期应退税额

▶ 当期期末留抵税额>当期免抵退税额，则

当期应退税额=当期免抵退税额

当期免抵税额=0

当期期末留抵税额大于当期免抵退税额的余额为可结转下期继续抵扣的进项税额。

【例4-4】某具有进口经营权的生产企业，2014年5月份报关出口货物离岸价折合人民币360万元，内销300万元，内外销全部进项税额120万元，免税购进原材料价格30万

元。6 月份出口货物离岸价折合人民币 800 万元，内销 400 万元，全部进项税额 170 万元。该企业各类货物适用的增值税税率均为 17%，出口退税率为 13%，采用"免、抵、退"办法办理出口货物退税。试计算该企业 5 月份和 6 月份应缴纳的增值税或应退增值税。

解：

（1）5 月份：

不得免征和抵扣税额抵减额=30×(17%-13%)=1.2（万元）

不得免征和抵扣税额=360×(17%-13%)-1.2=13.2（万元）

当期应纳税额=300×17%-(120-13.2)=-55.8（万元）

当期应退税额=(360-30)×13%=42.9（万元）

当期期末留抵税额 55.8 万元>当期应退税额 42.9 万元，则当期实际退税额 42.9 万元，当期抵税额=0，留待下期抵扣税额=55.8-42.9=12.9（万元）。

（2）6 月份：

不得免征和抵扣税额抵减额=0

不得免征和抵扣税额=800×(17%-13%)=32（万元）

当期应纳税额=400×17%-(170-32)-12.9=-82.9（万元）

当期应退税额=800×13%=104（万元）

当期期末留抵税额 82.9 万元<当期应退税额 104 万元，则当期实际退税额 82.9 万元，当期抵税额=104-82.9=21.1（万元）。

2. 增值税"免退"税的计算

（1）外贸企业出口委托加工修理修配货物以外的货物，应退税额计算公式如下：

增值税应退税额=增值税退（免）税计税依据×出口货物退税率

外贸企业出口货物（委托加工修理修配货物除外）增值税退（免）税的计税依据，为购进出口货物的增值税专用发票注明的金额或海关进口增值税专用缴款书注明的完税价格。

（2）外贸企业出口委托加工修理修配货物，应退税额计算公式如下：

增值税应退税额=委托加工修理修配的增值税退（免）税计税依据×出口货物退税率

外贸企业出口委托加工修理修配货物增值税退（免）税的计税依据，为加工修理修配费用增值税专用发票注明的金额。外贸企业应将加工修理修配使用的原材料（进料加工海关保税进口料件除外）作价销售给受托加工修理修配的生产企业，受托加工修理修配的生产企业应将原材料成本并入加工修理修配费用开具发票。

（3）实行免退税办法的应税服务退（免）税计税依据为购进应税服务的增值税专用发票或解缴税款的中华人民共和国税收缴款凭证上注明的金额，适用的退税率为应税服务的适用税率。

4.6 增值税税款申报缴纳

4.6.1 纳税期限

增值税的纳税期限分别为 1 日、3 日、5 日、10 日、15 日、1 个月或者 1 个季度。纳税人的具体纳税期限，由主管税务机关根据纳税人应纳税额的大小分别核定；以 1 个季度为纳税期限的规定适用于小规模纳税人以及财政部和国家税务总局规定的其他纳税人；不能按照固定期限纳税的，可以按次纳税。

纳税人以 1 个月或者 1 个季度为 1 个纳税期的，自期满之日起 15 日内申报纳税；以 1 日、3 日、5 日、10 日或者 15 日为 1 个纳税期的，自期满之日起 5 日内预缴税款，于次月 1 日起 15 日内申报纳税并结清上月应纳税款。

扣缴义务人解缴税款的期限，依照上述规定执行。

纳税人进口货物，应当自海关填发海关进口增值税专用缴款书之日起 15 日内缴纳税款。

纳税人出口商品适用退（免）税规定的，应当向海关办理出口手续，凭出口报关单等有关凭证，在规定的出口退（免）税申报期内按月向主管税务机关申报办理该项出口商品的退（免）税。具体办法由国务院财政、税务主管部门制定。出口商品办理退税后发生退货或者退关的，纳税人应当依法补缴已退的税款。

4.6.2 纳税地点

固定业户应当向其机构所在地或者居住地主管税务机关申报纳税。总机构和分支机构不在同一县（市）的，应当分别向各自所在地的主管税务机关申报纳税；经财政部和国家税务总局或者其授权的财政和税务机关批准，可以由总机构汇总向总机构所在地的主管税务机关申报纳税。

固定业户到外县（市）销售货物或者应税劳务，应当向其机构所在地的主管税务机关申请开具外出经营活动税收管理证明，并向其机构所在地的主管税务机关申报纳税；未开具证明的，应当向销售地或者劳务发生地的主管税务机关申报纳税；未向销售地或者劳务发生地的主管税务机关申报纳税的，由其机构所在地的主管税务机关补征税款。

非固定业户销售货物或者应税劳务，应当向销售地或者劳务、应税服务发生地的主管税务机关申报纳税；未向销售地或者劳务发生地的主管税务机关申报纳税的，由其机构所在地或者居住地的主管税务机关补征税款。

进口货物，应当向报关地海关申报纳税。

扣缴义务人应当向其机构所在地或者居住地的主管税务机关申报缴纳其扣缴的税款。

 本章小结

- 增值税是对货物或劳务按其在生产流通过程中产生的增值额为税基征收的一种税。与多环节、阶梯式商品税相比，增值税具有特殊的优越性。

- 按照税基价值构成的差异，可将增值税划分为生产型增值税、收入型增值税和消费型增值税三种类型。

- 在中华人民共和国境内销售货物或者提供加工、修理修配劳务或者提供交通运输业、邮电通信业和部分现代服务业服务（以下简称应税服务）以及进口货物的单位和个人为增值税的纳税人，应当缴纳增值税。按照增值税纳税人的生产经营规模和会计核算健全程度，将增值税纳税人划分为一般纳税人和小规模纳税人，分别适用不同的计税及管理方法。

- 中国目前对一般纳税人的应纳税额计算采用的是国际上通行的购进扣税法；对小规模纳税人，以及一般纳税人经营特定货物或特定服务的应纳税额计算，实行简易计税办法。

- 增值税采用比例税率。为了发挥增值税的中性作用，原则上应对全部征税对象实行单一税率。但在实践中，由于正处于"营改增"改革进程中，以及存在一些需要照顾的特殊行业或产品，中国目前存在多档税率的问题。对采用简易征收办法的，单独规定了征收率。

- 按照国际上通行做法，中国将增值税设计为价外税。

 综合练习

1. 与多环节、阶梯式商品税相比，增值税的优越性体现在哪些方面？
2. 增值税的基本类型有哪些？
3. 中国增值税的征税范围是如何规定的？
4. 如何划分一般纳税人与小规模纳税人？
5. 哪些情形下需要核定增值税销售额？如何核定？
6. 哪些进项税额可以抵扣，哪些进项税额不能抵扣？
7. 什么是出口退税？为什么要对出口货物给予退税？

推荐阅读材料

1. 中国注册会计师协会. 税法. 北京：经济科学出版社，2014
2. 马国强. 中国税收. 大连：东北财经大学出版社，2014
3. 杨斌. 税收学. 北京：科学出版社，2011
4. 刘佐. 中国税制概览. 北京：经济科学出版社，2010
5. 胡怡建. 税收学. 上海：上海财经大学出版社，2009
6. 刘颖，孟芳娥. 中国税制. 北京：电子工业出版社，2008

网上资源

1. 财政部，http://www.mof.gov.cn/mof/
2. 国家税务总局，http://www.chinatax.gov.cn/n8136506/index.html
3. 中国税务网，http://www.ctax.org.cn/

第5章 消费税

学习目标

▶▶ 了解消费税的作用
▶▶ 掌握消费税的基本制度
▶▶ 掌握消费税应纳税额的计算

5.1 税种概述

5.1.1 消费税的含义

消费税是对特定消费品按其销售额或消费支出额课征的一种税，包括消费支出税和消费品税两种理解。消费支出税是对消费者的消费支出征收的一种税，又被称为综合消费税。消费支出税以消费者个人在一定期间的消费支出额为课税对象，消费支出额是所得额减去储蓄后的余额。从这个角度看，消费支出额是所得额的一部分，对消费支出课税实际上是个人所得税的一种转化形式，税负直接由消费者承担，因此属于直接税的范畴。由于征管上存在困难，因此消费支出税只是一种理想的税收形式，在实践中并没有被世界各国所采用。

消费品税是对消费品的销售额课征的税收，包括货物消费税和劳务消费税。在对消费品的销售额征税的情况下，税收负担可以随价格转嫁给消费者，消费者作为间接的纳税人承担了税负，因此消费品税是一种间接税。实践中的消费税主要是消费品税，即对货物与劳务的消费课征的税收。

5.1.2 消费税的类型

按照消费税的征税范围，消费税可分为有限型消费税、中间型消费税和延伸型消费税。

1. 有限型消费税

有限型消费税的征税对象主要是一些传统的应税消费品，一般为10～15个，如烟草制品、酒精饮料、石油制品、机动车辆以及各种形式的娱乐活动。此外，还可能包含某些食物制品，如糖、盐、软饮料等。国际上实行有限型消费税的有美国、英国等 60 多个国家，约占整个实行消费税国家的半数。

2．中间型消费税

中间型消费税的应税货物项目在 15～30 个之间。除有限型消费税所涉及的项目外，更多地包括食物制品，如牛奶和谷物制品。有些国家还包括一些广泛消费的项目，如纺织品、鞋类、药品，以及某些奢侈品，如化妆品、香水等。某些生产资料如水泥、建筑材料、颜料、油漆等也被列为中间型消费税的征税对象。采取中间型消费税的国家有德国、法国、意大利、西班牙等 30 多个国家。

3．延伸型消费税

延伸型消费税的应税项目最广，一般超过 30 种货物类别。除中间型消费税包括的品目以外，还包括更多的消费品和生产资料，如电器设备、收音机、电视机、音响和摄影器材、钢材、铝制品、塑料、树脂、橡胶制品、木材制品以及机器设备等。采用延伸型消费税的国家有日本、韩国、印度等。

5.1.3　消费税的产生与发展

消费税历史悠久。早在公元前 81 年，即汉始元六年，汉昭帝为避免酒专卖"与商人争市利"，改酒的专卖为酒税，允许各地的地主、商人自行酿酒卖酒，销售之后每升酒纳税四文，称为"榷酤"，这可以说是中国最早的消费税。从唐、宋到明、清，一直存在各种形式的消费税。

在西方，早在古罗马时期就出现了对特定消费品征收的税。中世纪，世界各国曾普遍征收消费税。近代社会初期，消费税曾一度成为各国税收制度中的主要税种。目前，世界上有 120 多个国家征收消费税。对于一些发展中国家，消费税还是政府的主要收入来源。

新中国成立初期，在普遍征收货物税、工商业税的同时，曾对筵席、娱乐、冷饮、旅店等行业开征特种消费行为税。1989 年，为限制彩色电视机、小轿车的消费，对彩色电视机、小轿车开征了特别消费税。1994 年，在对货物普遍征收增值税的同时，对部分消费品开始征收消费税，征税对象为 11 类消费品，同时取消了特别消费税。

为适应经济形势和社会发展的客观需要，努力建设资源节约型、环境友好型社会，强化节约意识，2006 年 4 月，财政部和国家税务总局继 1994 年税制改革后首次对消费税税目、税率及相关政策进行了调整，调整主要包括两个方面的内容：一是对消费税的应税品目进行了调整。增加了高尔夫球及球具、高档手表、游艇、木制一次性筷子、实木地板等税目；取消了汽油、柴油两个税目，增列成品油税目，汽油、柴油作为该税目下的两个子目，并增加了石脑油、溶剂油、润滑油、燃料油、航空煤油等油品作为五个子目；取消了护肤护发品税目，并将原属于护肤护发品征税范围的高档护肤类化妆品列入化妆品税目。调整后消费税的税目由原来的 11 个增至 14 个。二是对白酒、小汽车、摩托车、汽车轮胎等若干原有税目的税率进行了调整。2008 年 8 月，财政部、国家税务总局再次调整消费税政策，提高了大排量乘用车的消费税税率。同年 12 月 18 日，国务院印发《关于实施成品油价格和税费改革的通知》，从 2009 年 1 月 1 日起实施成品油税费改革，取消了原在成品油价外征收的公路养路费、航道养护费、公路运输管理费、公路客货运附加费、水路运输管理费、水运客货运附加费六项收费，逐步有序取消政府还贷二级公路收费，同时将价内征收的汽油等成品油消费税单位税额予以较大幅度提高。截至 2015 年 1 月 13 日，汽油、石脑油、溶剂油和润滑油的消费税单位税额已由 1994 年的 0.2 元/升提高到 1.52 元/升，柴油、航空煤油和燃料油的消费税单位税额已由 1994 年的 0.1 元/升提高到 1.2 元/升。为促进节能环保，财政部、国家税务总局 2015 年 1 月 26 日发布通知，自 2015 年 2 月 1 日起对电池、涂料征收消费税。

现行消费税的法律依据，主要是《中华人民共和国消费税暂行条例》（国务院 1993 年 12 月 13 日颁布，2008 年 11 月修订，简称《消费税条例》）和《中华人民共和国消费税暂行条例实施细则》（财政部、国家税务总局 2008 年 12 月 15 日第 51 号令发布，简称《消费税实施细则》）。

5.1.4　中国近年来消费税的调整趋势

从内容上看，1994 年后中国消费税的调整所反映出的政策含义主要表现为如下几个方面。

一是在合理引导消费的同时，间接调节收入分配。在所得课税制度尚不完善的情况下，通过合理设计间接税的税目和税率结构调节收入分配差距是发展中国家普遍采用的方法。在商品税中，增值税主要发挥财政收入职能，应尽量保持税收中性，避免效率损失。用于调节收入分配差距的主要是消费税。2006 年增加的消费税税目中，高尔夫球及球具、高档手表和游艇显然属于高档消费品范畴，对其征税主要是从税收公平原则的角度考虑的，对纳税能力强的多征税。取消对具有大众消费特征的护肤护发品、主要用于城郊和农村地区农民、工人用于农业生产运输和代步工具的小排气量摩托车的消费税征收，即源于税收公平原则的考量。

二是促进环境保护和资源节约。目前，资源和环境状况已经对中国经济发展构成严重制约，但税收杠杆在促进环境保护和资源节约中的运用并不充分。2006 年的消费税调整扩大了石油制品的消费税征收范围，将木制一次性筷子和实木地板纳入了消费税征税范围，拉大了不同排量汽车的税率差距（加大了大排量和能耗高小轿车、越野车的税收负担，同时也相对减轻了小排量车的负担）以及随后大幅度提高大排量乘用车和成品油的消费税税率都是这一政策目标的体现。此外，为促进节能环保，自 2015 年 2 月 1 日起对电池、涂料征收消费税。

三是便于税收征管。好的税收制度不仅应当是理论上完善的，而且应当是征管上便利的。对白酒税率的调整反映了这一命题的正确性。2006 年之前的消费税对粮食白酒和薯类白酒实行差别税率。由于薯类白酒税率低，为企业偷逃税款提供了激励机制，增加了税收控管的难度。2006 年的消费税调整取消了粮食白酒和薯类白酒的差别税率，改为 20% 的统一税率。

四是与产业结构发展相适应。汽车轮胎和酒精不属于一般意义上的消费品，而属于生产资料，对其征收消费税不仅会影响该行业生产的发展，还可能由于重复征税，对其下游产业造成负面影响。原有消费税对汽车轮胎、酒精征税主要是从财政意义上考虑的。为避免重复征税，降低企业生产成本，自 2014 年 12 月 1 日起，取消了对汽车轮胎和酒精的消费税。

5.2　征税范围和纳税义务人

5.2.1　征税对象

中国现行消费税属于有限型消费税，其征税对象包括烟、酒、化妆品等 13 个税目（简称为应税消费品）。

1. 烟

烟是指以烟叶为原料加工生产的产品，包括卷烟、雪茄烟和烟丝。其中，卷烟又按价格和来源分为两类，一类（甲类）卷烟是每标准条（200 支，下同）调拨价格在 70 元（不含增值税）以上（含 70 元）的卷烟，二类（乙类）卷烟是每标准条调拨价格在 70 元（不含增值税）以下的卷烟。

2. 酒

酒是指酒精度在 1 度以上的各种酒类饮料，包括粮食白酒、薯类白酒、黄酒、啤酒和其他酒。其中，啤酒又按价格和来源分为两类，一类（甲类）啤酒是每吨出厂价格（不含增值税）在 3 000 元以上（含 3 000 元）的啤酒和娱乐业、饮食业自制的啤酒，二类（乙类）啤酒是每吨出厂价格（不含增值税）不足 3 000 元的啤酒。其他酒包括糠麸酒、其他原料白酒、土甜酒、复制酒、果木酒、汽酒、药酒等。

3. 化妆品

包括各类美容、修饰化妆品、高档护肤类化妆品和成套化妆品。其中，美容、修饰类化妆品是指香水、香水精、香粉、口红、指甲油、胭脂、眉笔、唇笔、蓝眼油、眼睫毛等。

舞台、戏剧、影视演员化妆用的上妆油、卸装油、油彩不属于本税目的征收范围。

4. 贵重首饰及珠宝玉石

包括以金、银、白金、宝石、珍珠、钻石、翡翠、珊瑚、玛瑙等高贵、稀有物质及其他金属、人造宝石等制作的各种纯金银首饰及镶嵌首饰和经过采掘、打磨、加工的各种珠宝玉石。

5. 鞭炮、焰火

包括各种鞭炮、焰火。但体育上用的发令纸、鞭炮引线，不按本税目征收。

6. 成品油

本税目包括汽油、柴油、石脑油、溶剂油、航空煤油、润滑油、燃料油七个子目。

（1）汽油。汽油是指用原油或其他原料加工生产的辛烷值不小于 66，可用作汽油发动机燃料的各种轻质油。汽油分为车用汽油和航空汽油。

（2）柴油。柴油是指用原油或其他原料加工生产的倾点或凝点在-50～30 的可用作柴油发动机燃料的各种轻质油，以及以柴油组分为主，经调和精制可用作柴油发动机燃料的非标油。

（3）石脑油。石脑油又叫化工轻油，是以原油或其他原料加工生产的用于化工原料的轻质油。

石脑油的征收范围包括除汽油、柴油、航空煤油、溶剂油以外的各种轻质油。非标汽油、重整生成油、拔头油、戊烷原料油、轻裂解料（减压柴油 VGO 和常压柴油 AGO）、重裂解料、加氢裂化尾油、芳烃抽余油均属轻质油，属于石脑油征收范围。

（4）溶剂油。溶剂油是指用原油或其他原料加工生产的用于涂料、油漆、食用油、印刷油墨、皮革、农药、橡胶、化妆品生产和机械清洗、胶粘行业的轻质油。

橡胶填充油、溶剂油原料，属于溶剂油征收范围。

（5）航空煤油。航空煤油也叫喷气燃料，是指用原油或其他原料加工生产的用作喷气发动机和喷气推进系统燃料的各种轻质油。

（6）润滑油。润滑油是指用原油或其他原料加工生产的用于内燃机、机械加工过程的润滑产品。润滑油分为矿物性润滑油、植物性润滑油、动物性润滑油和化工原料合成润滑油。

润滑油的征收范围包括矿物性润滑油、矿物性润滑油基础油、植物性润滑油、动物性润滑油和化工原料合成润滑油。以植物性、动物性和矿物性基础油（或矿物性润滑油）混合掺配而成的"混合性"润滑油，不论矿物性基础油（或矿物性润滑油）所占比例高低，均属润滑油的征收范围。

（7）燃料油。燃料油也称重油、渣油，是用原油或其他原料加工生产，主要用作电厂发电、锅炉用燃料、加热炉燃料、冶金和其他工业炉燃料。腊油、船用重油、常压重油、减压重油、180CTS 燃料油、7 号燃料油、糠醛油、工业燃料、4-6 号燃料油等油品的主要用途是作为燃料燃烧，属于燃料油征收范围。

7．小汽车

汽车，是指由动力驱动，具有四个或四个以上车轮的非轨道承载的车辆。

本税目征收范围包括含驾驶员座位在内最多不超过 9 个座位（含）的，在设计和技术特性上用于载运乘客和货物的各类乘用车和含驾驶员座位在内的座位数在 10～23 座（含 23 座）的在设计和技术特性上用于载运乘客和货物的各类中轻型商用客车。

用排气量小于 1.5 升（含）的乘用车底盘（车架）改装、改制的车辆属于乘用车征收范围。用排气量大于 1.5 升的乘用车底盘（车架）或用中轻型商用客车底盘（车架）改装、改制的车辆属于中轻型商用客车征收范围。

含驾驶员人数（额定载客）为区间值的（如 8～10 人、17～26 人）小汽车，按其区间值下限人数确定征收范围。

电动汽车不属于本税目征收范围。

8．摩托车

摩托车包括轻便摩托车和摩托车。

对发动机汽缸总工作容量不超过 250 毫升的摩托车不征收消费税。

9．高尔夫球及球具

高尔夫球及球具，是指从事高尔夫球运动所需的各种专用装备，包括高尔夫球、高尔夫球杆及高尔夫球包（袋）等。

高尔夫球是指重量不超过 45.93 克、直径不超过 42.67 毫米的高尔夫球运动比赛、练习用球；高尔夫球杆，是指被设计用来打高尔夫球的工具，由杆头、杆身和握把三部分组成；高尔夫球包（袋），是指专用于盛装高尔夫球及球杆的包（袋）。

本税目征收范围包括高尔夫球、高尔夫球杆、高尔夫球包（袋）。高尔夫球杆的杆头、杆身和握把属于本税目的征收范围。

10．高档手表

高档手表是指销售价格（不含增值税）每只在 10 000 元（含）以上的各类手表。

本税目征收范围包括符合以上标准的各类手表。

11．游艇

游艇是指长度大于 8 米小于 90 米，船体由玻璃钢、钢、铝合金、塑料等多种材料制作，可以在水上移动的水上浮载体。按照动力划分，游艇分为无动力艇、帆艇和机动艇。

本税目征收范围包括艇身长度大于 8 米（含）小于 90 米（含），内置发动机，可以在水上移动，一般为私人或团体购置，主要用于水上运动和休闲娱乐等非牟利活动的各类机动艇。

12．木制一次性筷子

木制一次性筷子，又称卫生筷子，是指以木材为原料经过锯段、浸泡、旋切、刨切、烘干、筛选、打磨、倒角、包装等环节加工而成的各类一次性使用的筷子。

本税目征收范围包括各种规格的木制一次性筷子。未经打磨、倒角的木制一次性筷子属于本税目征税范围。

13．实木地板

实木地板是指以木材为原料，经锯割、干燥、刨光、截断、开榫、涂漆等工序加工而成的块状或条状的地面装饰材料。实木地板按生产工艺不同，可分为独板（块）实木地板、实木指接地板、实木复合地板三类；按表面处理状态不同，可分为未涂饰地板（白坯板、素板）和漆饰地板两类。

本税目征收范围包括各类规格的实木地板、实木指接地板、实木复合地板及用于装饰墙壁、天棚的侧端面为榫、槽的实木装饰板。未经涂饰的素板属于本税目征税范围。

14．电池

电池是一种将化学能、光能等直接转换为电能的装置，一般由电极、电解质、容器、极端，通常还有隔离层组成的基本功能单元，以及用一个或多个基本功能单元装配成的电池组。

本税目征收范围包括原电池、蓄电池、燃料电池、太阳能电池和其他电池。

15．涂料

涂料是指涂于物体表面能形成具有保护、装饰或特殊性能的固态涂膜的一类液体或固体材料之总称。

涂料由主要成膜物质、次要成膜物质等构成。按主要成膜物质涂料可分为油脂类、天然树脂类、酚醛树脂类、沥青类、醇酸树脂类、氨基树脂类、硝基类、过滤乙烯树脂类、烯类树脂类、丙烯酸酯类树脂类、聚酯树脂类、环氧树脂类、聚氨酯树脂类、元素有机类、橡胶类、纤维素类、其他成膜物类等。

5.2.2 征税范围

根据消费税条例暂行条例规定，中国现行消费税的征税范围包括在中华人民共和国境内生产、委托加工和进口的规定消费品以及国务院确定的批发、零售的规定消费品。

所谓在中华人民共和国境内，是指生产、委托加工、批发、零售和进口属于应当缴纳消费税的消费品的起运地或者所在地在境内。

1．在境内生产应税消费品

纳税人生产的应税消费品，于纳税人销售时纳税。纳税人自产自用的应税消费品，用于连续生产应税消费品的，不纳税；用于其他方面的，于移送使用时纳税。

现行消费税具有单一环节征税的特点，生产应税消费品的销售是消费税征收的主要环节。经过生产销售环节征税后，货物在流通环节无须缴纳消费税。值得注意的是，从2009年5月1日起，在卷烟批发环节加征一道从价税。

所谓销售，是指有偿转让应税消费品的所有权。所谓有偿，是指从购买方取得货币、货物或者其他经济利益。

所谓用于其他方面，是指纳税人将自产自用应税消费品用于除连续生产应税消费品以外的各个方面，如用于生产非应税消费品、在建工程、管理部门、非生产机构、提供劳务、馈赠、赞助、集资、广告、样品、职工福利、奖励等方面。

所谓用于连续生产应税消费品，是指纳税人将自产自用的应税消费品作为直接材料生产最终应税消费品，自产自用应税消费品构成最终应税消费品的实体。

2．在境内委托加工应税消费品

委托加工的应税消费品，是指由委托方提供原料和主要材料，受托方只收取加工费和代垫部分辅助材料加工的应税消费品。

对于由受托方提供原材料生产的应税消费品，或者受托方先将原材料卖给委托方，然后再接受加工的应税消费品，以及由受托方以委托方名义购进原材料生产的应税消费品，不论在财务上是否作销售处理，都不得作为委托加工应税消费品，而应当按照销售自制应税消费品缴纳消费税。

委托加工的应税消费品，除受托方为个人外，由受托方在向委托方交货时代收代缴税款。委托个人加工的应税消费品，由委托方收回后缴纳消费税。

委托加工的已税消费品直接出售的，不再缴纳消费税。所谓直接出售，是指委托方将收回的应税消费品，以不高于受托方的计税价格出售；委托方以高于受托方的计税价格出售的，不属于直接出售，须按照规定申报缴纳消费税，为避免重复征税，在计税时准予扣除受托方已代收代缴的消费税。

3．进口应税消费品

单位和个人进口属于消费税征税范围的货物，除金银首饰、铂金首饰、钻石及钻石饰品以外，在进口环节缴纳消费税。

个人携带或者邮寄进境的应税消费品的消费税，连同关税一并计征。

4．在境内批发卷烟

批发卷烟是指从事卷烟批发业务的单位和个人（专卖）批发销售所有牌号规格的卷烟，包括纳税人将卷烟用于换取生产资料和消费资料、投资入股、抵偿债务。从事卷烟批发业务的单位和个人相互之间销售的卷烟不征收消费税。

5．在境内零售金银首饰、铂金首饰、钻石及钻石饰品

金银首饰，是指金、银和金基、银基合金首饰，以及金、银和金基、银基合金的镶嵌首饰。

零售业务是指将金银首饰销售给经中国人民银行批准的金银首饰生产、加工、批发、零售单位（专卖）以外的单位和个人的业务。

在确定金银首饰征税范围时，应注意下列问题。

（1）在零售环节征收消费税的金银首饰范围仅限于金、银和金基、银基合金首饰，以及金、银和金基、银基合金的镶嵌首饰（简称金银首饰）。不属于上述范围的应征消费税的首饰（简称非金银首饰），仍在生产环节征收消费税。

（2）对既销售金银首饰，又销售非金银首饰的生产经营单位，应将两类商品划分清楚，分别核算销售额。凡划分不清楚或不能分别核算的，在生产环节销售的，一律从高适用税率征收消费税；在零售环节销售的，一律按金银首饰征收消费税。

（3）带料加工的金银首饰，在委托加工环节计税。

（4）生产、批发、零售单位用于馈赠、赞助、集资、广告、样品、职工福利、奖励等方面的金银首饰，在自用环节计税。

5.2.3 纳税义务人

在中华人民共和国境内生产、委托加工和进口应税消费品的单位和个人，以及国务院确定的批发、零售应税消费品的其他单位和个人，为消费税的纳税人，应当缴纳消费税。

所谓单位，是指企业、行政单位、事业单位、军事单位、社会团体及其他单位。所谓个人，是指个体工商户及其他个人。

委托加工的应税消费品，除受托方为个人外，由受托方在向委托方交货时代收代缴税款。委托个人加工的应税消费品，由委托方收回后缴纳消费税。

5.3 应纳税额的计算

5.3.1 税基

消费税实行从价定率、从量定额，或者从价定率和从量定额复合计税（简称复合计税）的计税方法。与此相对应，税基的基本形式有两种：一是计税价格，另一是计税数量。

1. 计税价格的确定

（1）一般规定。

① 纳税人销售（含生产销售、批发、零售）应税消费品的计税价格为销售额，是指纳税人销售应税消费品向购买方收取的全部价款和价外费用，但不包括向购货方收取的增值税税款。如果纳税人应税消费品的销售额中未扣除增值税税款或者因不得开具增值税专用发票而发生价款和增值税税款合并收取的，在计算消费税时，应当换算为不含增值税税款的销售额。其换算公式如下：

应税消费品的销售额=含增值税的销售额÷(1+增值税税率或者征收率)

所谓价外费用，是指价外向购买方收取的手续费、补贴、基金、集资费、返还利润、奖励费、违约金、滞纳金、延期付款利息、赔偿金、代收款项、代垫款项、包装费、包装物租金、储备费、优质费、运输装卸费以及其他各种性质的价外收费。但下列两类项目不包括在内。

▶ 同时符合以下条件的代垫运输费用：承运部门的运输费用发票开具给购买方的；纳税人将该项发票转交给购买方的。

▶ 同时符合以下条件代为收取的政府性基金或者行政事业性收费：由国务院或者财政部批准设立的政府性基金，由国务院或者省级人民政府及其财政、价格主管部门批准设立的行政事业性收费；收取时开具省级以上财政部门印制的财政票据；所收款项全额上缴财政。

应税消费品连同包装物销售的，无论包装物是否单独计价以及在会计上如何核算，均应并入应税消费品的销售额中缴纳消费税。如果包装物不作价随同产品销售，而是收取押金，此项押金则不应并入应税消费品的销售额中征税。但对因逾期未收回的包装物不再退还的或者已收取的时间超过 12 个月的押金，应并入应税消费品的销售额，按照应税消费品的适用税率缴纳消费税。

对既作价随同应税消费品销售，又另外收取押金的包装物的押金，凡纳税人在规定的期限内没有退还的，均应并入应税消费品的销售额，按照应税消费品的适用税率缴纳消费税。

纳税人通过自设非独立核算门市部销售的自产应税消费品，应当按照门市部对外销售额征收消费税。

纳税人将自产的应税消费品与外购或自产的非应税消费品组成套装销售的，以套装产品的销售额（不含增值税）为税基。

采用以旧换新（含翻新改制）方式销售的金银首饰，应按实际收取的不含增值税的全部价款确定税基征收消费税。

纳税人销售的应税消费品，以人民币计算销售额。纳税人以人民币以外的货币结算销售额的，应当折合成人民币计算。纳税人销售的应税消费品，以人民币以外的货币结算销售额的，其销售额的人民币折合率可以选择销售额发生的当天或者当月 1 日的人民币汇率中间价。纳税人应在事先确定采用何种折合率，确定后 1 年内不得变更。

② 纳税人自产自用应税消费品的计税价格，首先应按照纳税人生产的同类消费品的销售价格计算纳税；没有同类消费品销售价格的，按照组成计税价格计算纳税。

同类消费品的销售价格，是指纳税人当月销售的同类消费品的销售价格，如果当月无销售或者当月未完结，应按照同类消费品上月或者最近月份的销售价格计算纳税。

如果当月同类消费品各期销售价格高低不同，应按销售数量加权平均计算。但销售的应税消费品有下列情况之一的，不得列入加权平均计算：销售价格明显偏低并无正当理由的；无销售价格的。

实行从价定率计税办法的应税消费品的组成计税价格计算公式如下：

$$组成计税价格=(成本+利润)\div(1-比例税率)$$

实行复合计税办法的应税消费品的组成计税价格计算公式如下：

$$组成计税价格=(成本+利润+自产自用数量\times 定额税率)\div(1-比例税率)$$

上述两个公式中的"成本"，均指应税消费品的产品生产成本。公式中的"利润"，均指根据应税消费品的全国平均成本利润率计算的利润。应税消费品全国平均成本利润率由国家税务总局确定。国家税务总局确定的各类应税消费品的全国平均成本利润率如表 5-1 所示。

表 5-1 应税消费品平均成本利润率

单位：%

货 物 名 称	成本利润率	货 物 名 称	成本利润率
1. 甲类卷烟	10	11. 贵重首饰及珠宝玉石	6
2. 乙类卷烟	5	12. 汽车轮胎	5
3. 雪茄烟	5	13. 摩托车	6
4. 烟丝	5	14. 高尔夫球及球具	10
5. 粮食白酒	10	15. 高档手表	20
6. 薯类白酒	5	16. 游艇	10
7. 其他酒	5	17. 木制一次性筷子	5
8. 酒精	5	18. 实木地板	5
9. 化妆品	5	19. 乘用车	8
10. 鞭炮、焰火	5	20. 中轻型商用客车	5

③ 委托加工应税消费品的计税价格为受托方同类应税消费品的销售价格或组成计税价格。所谓同类消费品的销售价格，是指受托方（代收代缴义务人）当月销售的同类消费品的销售价格，如果当月同类消费品各期销售价格高低不同，应按销售数量加权平均计算。但销售的应税消费品有下列情况之一的，不得列入加权平均计算：销售价格明显偏低并无正当理由的；无销售价格的。

如果当月无销售或者当月未完结，应按照同类消费品上月或者最近月份的销售价格计算纳税。没有同类消费品销售价格的，按照组成计税价格计算纳税。

实行从价定率计税办法计算纳税的，其组成计税价格计算公式如下：

$$组成计税价格=(材料成本+加工费)\div(1-比例税率)$$

实行复合计税办法计算纳税的，其组成计税价格计算公式如下：

$$组成计税价格=(材料成本+加工费+委托加工数量\times 定额税率)\div(1-比例税率)$$

其中，材料成本是指委托方所提供加工材料的实际成本。加工费是指受托方加工应税消费品向委托方所收取的全部费用（包括代垫辅助材料的实际成本，但不包括增值税税金）。

委托加工应税消费品的纳税人，必须在委托加工合同上如实注明（或者以其他方式提供）材料成本，凡未提供材料成本的，受托方主管税务机关有权核定其材料成本。

④ 进口应税消费品的计税价格为组成计税价格。进口的应税消费品，按照组成计税价格计算纳税。

实行从价定率计税办法计算纳税的，其组成计税价格计算公式如下：

组成计税价格=(关税完税价格+关税)÷(1-消费税比例税率)

实行复合计税办法计算纳税的，其组成计税价格计算公式如下：

组成计税价格=(关税完税价格+关税+进口数量×消费税定额税率)

÷(1-消费税比例税率)

其中，关税完税价格是指海关核定的关税计税价格。

（2）特殊规定。

① 按纳税人同类应税消费品的最高销售价格确定。纳税人用于换取生产资料和消费资料、投资入股和抵偿债务等方面的应税消费品，应当以纳税人同类应税消费品的最高销售价格作为税基计算消费税。

② 按核定价格确定。纳税人应税消费品的计税价格明显偏低并无正当理由的，由主管税务机关核定其计税价格。

应税消费品计税价格的核定权限规定如下：卷烟、白酒和小汽车的计税价格由国家税务总局核定，送财政部备案；其他应税消费品的计税价格由省、自治区和直辖市国家税务局核定；进口的应税消费品的计税价格由海关核定。

已核定最低计税价格的应税消费品，生产企业实际销售价格高于消费税最低计税价格的，按实际销售价格申报纳税；实际销售价格低于消费税最低计税价格的，按最低计税价格申报纳税。

2．计税数量的确定

（1）销售应税消费品的，计税数量为应税消费品的销售数量。

（2）自产自用应税消费品的，计税数量为应税消费品的移送使用数量。

（3）委托加工应税消费品的，计税数量为纳税人收回的应税消费品数量。

（4）进口的应税消费品，计税数量为海关核定的应税消费品进口征税数量。

实行从量定额办法计算应纳税额的，计量单位的换算标准如下。

黄酒：1 吨=962 升；啤酒：1 吨=988 升；汽油：1 吨=1 388 升；柴油：1 吨=1 176 升；航空煤油：1 吨=1 246 升；石脑油：1 吨=1 385 升；溶剂油：1 吨=1 282 升；润滑油：1 吨=1 126 升；燃料油：1 吨=1 015 升。

5.3.2 税率

与计税方法相对应，中国现行消费税税率包括有定额税率和比例税率两种基本税率形式。表 5-2 反映了应税消费品适用的消费税税率形式与水平。

表 5-2 消费税税目、税率

税　　　目	税　　　率
一、烟	
1. 卷烟	
（1）甲类卷烟	56%加 0.003 元/支（生产环节）；5%（批发环节）
（2）乙类卷烟	36%加 0.003 元/支（生产环节）；5%（批发环节）
2. 雪茄烟	36%
3. 烟丝	30%
二、酒	
1. 粮食白酒和薯类白酒	20%加 0.5 元/斤
2. 黄酒	240 元/吨
3. 啤酒	
（1）甲类啤酒	250 元/吨
（2）乙类啤酒	220 元/吨
4. 其他酒	10%
三、化妆品	30%
四、贵重首饰及珠宝玉石	10%
其中：金银首饰、钻石及钻石饰品	5%
五、鞭炮、焰火	15%
六、成品油	
1. 汽油	1.52 元/升
2. 柴油	1.20 元/升
3. 航空煤油	1.20 元/升
4. 石脑油	1.52 元/升
5. 溶剂油	1.52 元/升
6. 润滑油	1.52 元/升
7. 燃料油	1.20 元/升
七、摩托车	
1. 汽缸容量（排气量）=250 毫升	3%
2. 汽缸容量（排气量）>250 毫升	10%

税　目	税　率
八、小汽车	
1．乘用车	
（1）气缸容量（排气量）≤1.0 升	1%
（2）1.0 升＜气缸容量（排气量）≤1.5 升	3%
（3）1.5 升＜气缸容量（排气量）≤2.0 升	5%
（4）2.0 升＜气缸容量（排气量）≤2.5 升	9%
（5）2.5 升＜气缸容量（排气量）≤3.0 升	12%
（6）3.0 升＜气缸容量（排气量）≤4.0 升	25%
（7）气缸容量（排气量）＞4.0 升	40%
2．中轻型商用客车	5%
九、高尔夫球及球具	10%
十、高档手表	20%
十一、游艇	10%
十二、木制一次性筷子	5%
十三、实木地板	5%
十四、电池	4%
十五、涂料	4%

纳税人兼营不同税率的应当缴纳消费税的消费品，应当分别核算不同税率应税消费品的销售额、销售数量；未分别核算销售额、销售数量，或者将不同税率的应税消费品组成成套消费品销售的，从高适用税率。

5.3.3　纳税义务发生时间

（1）纳税人销售应税消费品，其纳税义务的发生时间如下。

① 采取赊销和分期收款结算方式的，为书面合同约定的收款日期的当天，书面合同没有约定收款日期或者无书面合同的，为发出应税消费品的当天。

② 纳税人采取预收货款结算方式的，其纳税义务的发生时间为发出应税消费品的当天。

③ 纳税人采取托收承付或委托银行收款方式销售的应税消费品，其纳税义务的发生时间为发出应税消费品并办妥托收手续的当天。

④ 纳税人采取其他结算方式的，其纳税义务的发生时间为收讫销售款或者取得索取销售款的凭据的当天。

（2）纳税人自产自用的应税消费品，其纳税义务的发生时间为移送使用的当天。

（3）纳税人委托加工的应税消费品，其纳税义务的发生时间为纳税人提货的当天。

（4）纳税人进口的应税消费品，其纳税义务的发生时间为报关进口的当天。

5.3.4 税额扣除

纳税人用外购或委托加工收回的已税应税消费品连续生产应税消费品，在计征消费税时，可以扣除外购已税应税消费品的买价或委托加工收回应税消费品的已纳消费税税款。

1．准予从应纳消费税中扣除已纳消费税的应税消费品范围

（1）以外购或委托加工收回的已税烟丝为原料生产的卷烟。

（2）以外购或委托加工收回的已税化妆品为原料生产的化妆品。

（3）以外购或委托加工收回的已税珠宝玉石为原料生产的贵重首饰及珠宝玉石。

（4）以外购或委托加工收回的已税鞭炮、焰火为原料生产的鞭炮、焰火。

（5）以外购或委托加工收回的已税摩托车生产的摩托车。

（6）以外购或委托加工收回的已税杆头、杆身和握把为原料生产的高尔夫球杆。

（7）以外购或委托加工收回的已税木制一次性筷子为原料生产的木制一次性筷子。

（8）以外购或委托加工收回的已税实木地板为原料生产的实木地板。

（9）以外购或委托加工收回的已税石脑油为原料生产的应税消费品。

（10）以外购或委托加工收回的已税润滑油为原料生产的润滑油。

（11）以外购或委托加工收回的已税汽油、柴油为原料连续生产汽油、柴油。

上列应税消费品中，在零售环节计税的金银首饰，不得扣除外购或委托加工收回的珠宝玉石已经缴纳的消费税。

2．允许扣除税额的确定办法

当期准予扣除的外购或委托加工收回的应税消费品的已纳消费税税款，应按当期生产领用数量计算。

（1）以国内购进的应税消费品为原料生产应税消费品的，适用从价定率计税方法的原料，其准予扣除税额的确定办法如下：

当期准予扣除的外购应税消费品已纳税款=当期准予扣除的外购应税消费品买价
×外购应税消费品适用税率

当期准予扣除的外购应税消费品买价=期初库存的外购应税消费品的买价
+当期购进的应税消费品的买价
-期末库存的外购应税消费品的买价

适用从量定额计税方法的原料，其准予扣除税额的确定办法如下：

当期准予扣除的外购应税消费品已纳税款=当期准予扣除的外购应税消费品数量
×外购应税消费品单位税额

当期准予扣除的外购应税消费品数量=期初库存的外购应税消费品数量+当期
购进的应税消费品数量-期末库存的外
购应税消费品数量

上述外购应税消费品的买价和数量，是纳税人取得的外购应税消费品增值税专用发票注明的销售额和销售数量。

（2）以委托加工的应税消费品为原料生产应税消费品的，其准予扣除税额的确定办法如下：

当期准予扣除的委托加工应税消费品已纳税款＝期初库存的委托加工应税消费品已纳税款

$$+当期收回的委托加工应税消费品已纳税款$$

$$-期末库存的委托加工应税消费品已纳税款$$

委托加工应税消费品的已纳税款，为代扣代收税款凭证上注明的受托方代收代缴的消费税。

（3）以进口应税消费品为原料生产应税消费品的，其准予扣除税额的确定办法如下：

当期准予扣除的进口应税消费品已纳税款＝期初库存的进口应税消费品已纳税款

$$+当期收回的进口应税消费品已纳税款$$

$$-期末库存的进口应税消费品已纳税款$$

进口应税消费品的已纳税款，为海关进口消费税专用缴款书上注明的进口环节消费税。

【例 5-1】某汽车厂为增值税一般纳税人，主要生产 A、B、C 三种型号的应纳消费税的小汽车。该厂 2015 年 1 月份有关购销情况如下：

（1）购进一批生产用材料，取得增值税专用发票，发票上注明的价款、税款分别为 4 000 000 元、680 000 元；货款已付，货物已运抵企业。

（2）购进一批生产用辅助材料，取得增值税专用发票，发票上注明的价款、税款分别为 30 000 元、5 100 元；货款已付，货物已运抵企业。

（3）购进一批建筑材料用于厂房扩建，取得普通发票，金额为 35 100 元；款项已付讫，材料已运抵企业并投入使用。

（4）向某经销商销售 A 型号小汽车一批，取得不含增值税销售额 5 000 000 元。

（5）向某出租车公司销售 B 型号小汽车一批，取得不含增值税销售额 3 000 000 元。

（6）向某海外归国人员销售 C 型号小汽车 1 辆，取得不含增值税销售额 400 000 元。

其他资料：该企业本月取得的增值税法定扣税凭证已在当月通过税务机关的认证。A 型号小汽车的消费税税率为 9%，B 型号小汽车的消费税税率为 5%，C 型号小汽车的消费税税率为 12%。A、B、C 三种型号小汽车的增值税适用税率均为 17%。

要求：

（1）计算该企业本月实现的销项税额。

（2）计算该企业本月准予抵扣的进项税额。

（3）计算该企业本月应纳的增值税额。

（4）计算该企业本月应纳的消费税额。

解：

（1）该企业本月实现的销项税额=(5 000 000+3 000 000+400 000) ×17%=1 428 000（元）

（2）该企业本月准予抵扣的进项税额=680 000+5 100=685 100（元）

（3）该企业本月应纳的增值税额=1 428 000-685 100=742 900（元）

（4）该企业本月应纳的消费税额=5 000 000×9%+3 000 000×5%+400 000×12%=648 000（元）

【例 5-2】某啤酒屋系增值税小规模纳税人，2014 年 6 月世界杯期间发生如下业务：

（1）店堂点餐消费，取得收入 400 000 元，其中含 2 吨外购瓶装啤酒的销售收入 50 000 元，0.5 吨用自有设备酿制啤酒的销售收入 20 000 元。

（2）KTV 包房取得收入 150 000 元，其中含观看通宵球赛包房收入 80 000 元、零食销售收入 40 000 元、1 吨外购瓶装啤酒的销售收入 30 000 元。

（3）打包外卖餐费收入 103 000 元，其中含 0.2 吨自酿啤酒销售收入 8 000 元。

其他相关资料：啤酒的消费税税率为 250 元/吨，娱乐业营业税税率为 15%。

根据上述资料，要求计算：

（1）啤酒屋当月应缴纳的营业税。

（2）啤酒屋当月应缴纳的消费税。

（3）啤酒屋当月应缴纳的增值税。

解：

（1）啤酒屋应缴纳的营业税=400 000×5%+150 000×15%=42 500（元）

（2）啤酒屋应缴纳的消费税=(0.5+0.2)×250=175（元）

（3）啤酒屋应当缴纳增值税=103 000/(1+3%)×3%=3 000（元）

5.4 税款的缴纳

5.4.1 纳税期限

消费税的纳税期限分别为 1 日、3 日、5 日、10 日、15 日、1 个月或者 1 个季度。纳税人的具体纳税期限，由主管税务机关根据纳税人应纳税额的大小分别核定；不能按照固定期限纳税的，可以按次纳税。

纳税人以 1 个月或者 1 个季度为 1 个纳税期的，自期满之日起 15 日内申报纳税；以 1 日、3 日、5 日、10 日或者 15 日为 1 个纳税期的，自期满之日起 5 日内预缴税款，于次月 1 日起 15 日内申报纳税并结清上月应纳税款。

纳税人进口应税消费品，应当自海关填发海关进口消费税专用缴款书之日起 15 日内缴纳税款。

5.4.2　纳税地点

纳税人销售的应税消费品，以及自产自用的应税消费品，除国务院财政、税务主管部门另有规定外，应当向纳税人机构所在地或者居住地的主管税务机关申报纳税。

委托加工的应税消费品，除受托方为个人外，由受托方向机构所在地或者居住地的主管税务机关解缴消费税税款。

委托个人加工的应税消费品，由委托方向其机构所在地或者居住地主管税务机关申报纳税。

进口的应税消费品，由进口人或者其代理人向报关地海关申报纳税。

纳税人到外县（市）销售或者委托外县（市）代销自产应税消费品的，于应税消费品销售后，向机构所在地或者居住地主管税务机关申报纳税。

纳税人的总机构与分支机构不在同一县（市）的，应当分别向各自机构所在地的主管税务机关申报纳税；经财政部、国家税务总局或者其授权的财政、税务机关批准，可以由总机构汇总向总机构所在地的主管税务机关申报纳税。

5.4.3　消费税的退还

纳税人销售的应税消费品，如因质量等原因由购买者退回时，经机构所在地或者居住地主管税务机关审核批准后，可退还已缴纳的消费税税款。

5.5　出　口　退　税

5.5.1　政策形式及适用范围

出口企业出口或视同出口适用增值税退（免）税的货物，免征消费税，如果属于购进出口的货物，退还前一环节对其已征的消费税。

出口企业出口或视同出口适用增值税免税政策的货物，免征消费税，但不退还其以前环节已征的消费税，且不允许在内销应税消费品应纳消费税款中抵扣。如出口计划内生产的卷烟，外购烟丝的消费税不得扣除。

出口企业出口或视同出口适用增值税征税政策的货物，应按规定缴纳消费税，不退还其以前环节已征的消费税，且不允许在内销应税消费品应纳消费税款中抵扣。

5.5.2 消费税退税的计税依据

出口货物的消费税应退税额的计税依据，按购进出口货物的消费税专用缴款书和海关进口消费税专用缴款书确定。

属于从价定率计征消费税的，计税依据为已征且未在内销应税消费品应纳税额中抵扣的购进出口货物金额。

属于从量定额计征消费税的，计税依据为已征且未在内销应税消费品应纳税额中抵扣的购进出口货物数量。

属于复合计征消费税的，计税依据按从价定率和从量定额的计税依据分别确定。

5.5.3 消费税退税的计算

消费税应退税额=从价定率计征消费税的退税计税依据×比例税率
+从量定额计征消费税的退税计税依据×定额税率

本章小结

- ➢ 消费税是对特定消费品按其销售额或消费支出额课征的税收，包括消费支出税和消费品税两种理解。实践中的消费税主要是消费品税，即对特定消费品的销售额课征的税收。
- ➢ 按照消费税的征税范围，消费税可分为有限型消费税、中间型消费税和延伸型消费税。中国现行消费税属于有限型消费税。
- ➢ 中国现行增值税的征税范围包括在中华人民共和国境内生产、委托加工和进口的规定消费品以及国务院确定的销售规定的消费品，包括烟、酒、化妆品等 13 个税目。
- ➢ 在中华人民共和国境内生产、委托加工和进口应税消费品的单位和个人，以及国务院确定的销售应税消费品的其他单位和个人，为消费税的纳税人，应当缴纳消费税。
- ➢ 消费税实行从价定率、从量定额，或者从价定率和从量定额复合计税（简称复合计税）的计税方法。与计税方法相对应，中国现行消费税的税率有定额、定率、定额与定率相结合三种形式。

综合练习

1. 什么是消费税？

2．消费税的类型有哪些？

3．现行消费税的税目有哪些？

4．现行消费税的征税范围是如何规定的？

5．现行消费税的税率有哪几种形式？

6．现行消费税对于准予从应纳消费税中扣除已纳消费税的应税消费品的范围是如何规定的？

推荐阅读材料

1．中国注册会计师协会．税法．北京：经济科学出版社，2014

2．马国强．中国税收．大连：东北财经大学出版社，2014

3．杨斌．税收学．北京：科学出版社，2011

4．刘佐．中国税制概览．北京：经济科学出版社，2010

5．胡怡建．税收学．上海：上海财经大学出版社，2009

6．刘颖，孟芳娥．中国税制．北京：电子工业出版社，2008

网上资源

1．财政部，http://www.mof.gov.cn/mof/

2．国家税务总局，http://www.chinatax.gov.cn/n8136506/index.html

3．中国税务网，http://www.ctax.org.cn/

第6章 营业税

学习目标

▶▶ 掌握营业税的基本制度
▶▶ 了解营业税的税收优惠
▶▶ 掌握营业税应纳税额的计算

6.1 税 种 概 述

营业税是对各种营利事业向经营者征收的一种税。一般而言，营业是指劳力与资本相结合以谋取盈利的活动。凡以劳力与资本相结合为手段并以盈利为目的的活动，如工农业生产、商品经营以及建筑安装、交通运输、邮电通信、金融保险、文化娱乐等，均属于营业的范围。

从征收目的的角度看，营业税可以分为营业执照税与营业收益税。营业执照税是对领取营业执照、获准从事某种经营活动的经营者，按照执照所载资本额或其他某种标志征收的营业税。征收营业执照税的目的主要是对纳税人的经营活动进行监督和管理。营业收益税是对纳税人从事经营活动取得的收入征收的营业税，其目的主要是取得财政收入。

早在中世纪，西方各国就曾对营业商户征收具有营业执照税性质的许可金。当时，法国政府就规定，商户开业经营必须每年缴纳一定金额的许可金。1791年，法国政府改许可金为营业税，开创了现代营业税的先河。第一次世界大战以后，为满足日益增长的财政需要，许多国家普遍征收营业税，并使营业税成为各国税制中的一个重要税种。但是，随着增值税的兴起，营业税逐步被增值税所取代。从理论上讲，增值税是对一切商品和劳务普遍征收的税种。但在实践中，由于条件所限，对某些商品或劳务征税存在很多困难。因此，在对某些商品或劳务暂时不能或不宜征收增值税的情况下，一些国家便选择对绝大部分商品和劳务征收增值税，而对另外一部分商品征收营业税。中国对商品和劳务采用增值税与营业税并行征收的方法，就属于这种情况。

在中国，营业税的征收具有十分悠久的历史。周代、汉代以及明清时期，都开征了具有营业税性质的税种，尽管当时的名称不是营业税。1928 年，南京国民政府颁布了《营业税办法大纲》，正式开征了营业税。中华人民共和国成立后，在对货物单独征收货物税的同时，对所有工商企业按营业额征收工商业税，实际上就是营业税。1958 年，进一步将货物税、按营业额征收的工商业税和其他相关税种合并为工商统一税。1973 年，又将工商统一税与其他相关税种合并为工商税。工商统一税和工商税均具有营业税的性质。1984 年实施第二步利改税，将工商税分解为产品税、增值税、营业税和盐税，正式确立了营业税税种，只对商业服务业征收，对工业不再征收营业税。1994 年，对商业批发与零售征收的营业税改为增值税，营业税主要对农业、工业之外的第三产业征收。伴随 2012 年以来的"营改增"改革进程，营业税征税范围日渐萎缩。截至目前，营业税的征税范围主要涉及不动产行业、建筑业、金融保险业和生活服务业。

中国现行营业税的法律依据主要是《中华人民共和国营业税暂行条例》（国务院 1993 年 12 月 13 日颁布，2008 年 11 月修订，简称《营业税暂行条例》）和《中华人民共和国营业税暂行条例实施细则》（财政部、国家税务总局 2008 年 12 月第 52 号令发布，简称《营业税暂行条例实施细则》）。

6.2　征税范围和纳税人

6.2.1　征税对象

1. 建筑业

建筑业，是指建筑安装工程作业，包括建筑、安装、修缮、装饰、其他工程作业。

（1）建筑，是指新建、改建、扩建各种建筑物、构筑物的工程作业，包括与建筑物相连的各种设备或支柱、操作平台的安装或装设工程作业，以及各种窑炉和金属结构工程作业在内。

（2）安装，是指生产设备、动力设备、起重设备、运输设备、传动设备、医疗实验设备及其他各种设备的装配、安置工程作业，包括与设备相连的工作台、梯子、栏杆的装设工程作业和被安装设备的绝缘、防腐、保温、油漆等工程作业在内。

（3）修缮，是指对建筑物、构筑物进行修补、加固、养护、改善，使之恢复原来的使用价值或延长其使用期限的工程作业。

（4）装饰，是指对建筑物、构筑物进行修饰，使之美观或具有特定用途的工程作业。

（5）其他工程作业，是指上列工程作业以外的各种工程作业，如代办电信工程、水利工程、道路修建、疏浚、钻井（打井）、拆除建筑物或构筑物、平整土地、搭脚手架、爆破等工程作业。

2．金融保险业

金融保险业，是指经营金融、保险的业务，其中金融业务包括贷款、金融商品转让、金融经纪业务和其他金融业务。

（1）贷款，是指将资金有偿贷与他人使用（包括以贴现、押汇方式）的业务。以货币资金投资但收取固定利润或保底利润的行为，非金融机构将资金提供给对方并收取资金占用费的行为也属于贷款业务。

（2）金融商品转让，是指转让外汇、有价证券或非货物期货的所有权的行为。包括股票转让、债券转让、外汇转让、其他金融商品转让。

（3）金融经纪业务和其他金融业务，指受托代他人经营金融活动的中间业务，如委托业务、代理业务、咨询业务、邮政储蓄业务等。

（4）保险业务。

3．文化体育业

文化体育业，是指经营文化、体育活动的业务，其中，文化业包括表演、其他文化业和经营游览场所的业务。

（1）表演，是指进行戏剧、歌舞、时装、健美、杂技、民间艺术、武术、体育等表演活动的业务。

（2）经营上列活动以外的文化活动的业务为其他文化业，如各种培训活动，举办文学、艺术、科技讲座、演讲、报告会，图书馆的图书和资料借阅业务等。

（3）经营游览场所的业务，是指公园、动（植）物园及其他各种游览场所销售门票的业务。

（4）体育业，是指举办各种体育比赛和为体育比赛或体育活动提供场所的业务。

4．娱乐业

娱乐业，是指为娱乐活动提供场所和服务的业务，包括经营歌厅、舞厅、卡拉 OK 歌舞厅、音乐茶座、台球、高尔夫球、保龄球场、游艺场等娱乐场所，经营网吧，以及娱乐场所为顾客进行娱乐活动提供服务的业务。

5．服务业

服务业，是指利用设备、工具、场所、信息或技能为社会提供服务的业务，包括代理业、旅店业、饮食业、旅游业、租赁业和其他服务业。

（1）代理业，是指代委托人办理受托事项的业务，包括代购代销货物、介绍服务、其他营业税应税代理服务。

应税代购代销行为。凡同时具备以下条件的，属于代购货物行为，不征收增值税，不同时具备以下条件的，无论会计制度规定如何核算，均征收增值税：受托方不垫付资金；

销货方将发票开具给委托方，并由受托方将该项发票转交给委托方；受托方按销售方实际收取的销售额和增值税额（如系代理进口货物则为海关代征的增值税额）与委托方结算货款，并另外收取手续费。代销的条件：受托方不预支货款；受托方以委托方的名义按照委托方的要求销售委托方的货物并收取手续费；代销货物的质量问题及法律问题，由委托方负责。

（2）旅店业，是指提供住宿服务的业务。

（3）饮食业，是指通过同时提供饮食和饮食场所的方式为顾客提供饮食消费服务的业务；饭馆、餐厅及其他饮食服务场所，为顾客在就餐的同时进行的自娱自乐形式的歌舞活动所提供的服务，按"娱乐业"税目征税。

（4）旅游业，是指为旅游者安排食宿、交通工具和提供导游等旅游服务的业务。

单位和个人在旅游景点经营索道、旅游游船、观光电梯、观光电车、景区环保客运车取得的收入按"服务业"税目中"旅游业"项目征收营业税。

（5）租赁业，是指在约定的时间内将场地、房屋等转让他人使用的业务。

（6）其他服务业，是指上列业务以外的营业税应税服务业务，如沐浴、理发、洗染、照相、美术、裱画、誊写、打字、镌刻、计算、测试、试验、化验、录音、录像、复印、晒图、制图、测绘、勘探、打包等。

6．土地使用权和自然资源使用权

自然资源使用权，是指海域使用权、探矿权、采矿权、取水权和其他除土地使用权以外的自然资源使用权。

7．不动产

不动产，是指不能移动，移动后会引起性质、形状改变的财产。包括建筑物、构筑物、其他土地附着物。

6.2.2　征税范围

1．一般规定

（1）在境内提供应税劳务。提供应税劳务是指有偿提供，即通过提供应税劳务取得货币、货物或者其他经济利益，但不包括单位或者个体工商户聘用的员工为本单位或者雇主提供应税劳务的行为。

在境内，是指提供或者接受应税劳务的单位或者个人在境内，但下列情形除外。

① 在境内提供土地、不动产租赁服务是指所出租的土地、不动产在境内。

② 境外单位或者个人在境外向境内单位或者个人提供的完全发生在境外的劳务，不属于在境内提供劳务，不征收营业税。如境外单位或者个人在境外向境内单位或者个人提供的文化体育业、娱乐业、服务业中的旅店业、饮食业，以及其他服务业中的沐浴、理发、

洗染、裱画、誊写、镌刻、复印、打包劳务不征收营业税。

（2）在境内销售不动产。销售不动产，是指有偿转让不动产所有权的行为。在销售不动产时连同不动产所占土地的使用权一并转让的行为，比照销售不动产征税。

在境内销售不动产，是指所销售的不动产在境内。

（3）在境内转让土地使用权和自然资源使用权。

① 转让，是指有偿转让。

② 转让自然资源使用权，是指权利人转让勘探、开采、使用自然资源权利的行为。在境内转让自然资源使用权，是指所转让的自然资源使用权涉及的自然资源在境内。

③ 在境内转让土地使用权，是指所转让的土地在境内。

（4）不征税业务。

① 纳税人以土地使用权、不动产对外投资入股，参与接受投资方的利润分配、共同承担投资风险的行为，不征营业税。

② 纳税人在资产重组过程中，通过合并、分立、出售、置换等方式，将全部或者部分实物资产以及与其相关联的债权、债务和劳动力一并转让给其他单位和个人的行为，不属于营业税征收范围，其中涉及的不动产、土地使用权转让，不征收营业税。

2. 视同发生应税行为

（1）单位或者个人将不动产或者土地使用权无偿赠送其他单位或者个人。

个人无偿赠与不动产、土地使用权，属于下列情形之一的，暂免征收营业税：离婚财产分割；无偿赠与配偶、父母、子女、祖父母、外祖父母、孙子女、外孙子女、兄弟姐妹；无偿赠与对其承担直接抚养或者赡养义务的抚养人或者赡养人；房屋产权所有人死亡，依法取得房屋产权的法定继承人、遗嘱继承人或者受遗赠人。

（2）单位或者个人自己新建（以下简称自建）建筑物后销售，其所发生的自建行为。

（3）财政部、国家税务总局规定的其他情形。

3. 混合销售行为和兼营行为

（1）混合销售行为。一项销售行为如果既涉及应税劳务又涉及货物，为混合销售行为。除下列规定外，从事货物的生产、批发或者零售的企业、企业性单位和个体工商户的混合销售行为，视为销售货物，不缴纳营业税；其他单位和个人的混合销售行为，视为提供应税劳务，缴纳营业税。

纳税人的下列混合销售行为，应当分别核算应税劳务的营业额和货物的销售额，其应税劳务的营业额缴纳营业税，货物销售额不缴纳营业税；未分别核算的，由主管税务机关核定其应税劳务的营业额。

① 提供建筑业劳务的同时销售自产货物的行为。

② 财政部、国家税务总局规定的其他情形。

（2）兼营行为。纳税人兼营应税行为和货物或者非应税劳务的，应当分别核算应税行为的营业额和货物或非应税劳务的销售额，其应税行为营业额缴纳营业税，货物或者非应税劳务销售额不缴纳营业税；未分别核算的，由主管税务机关核定其应税行为营业额。

6.2.3　纳税义务人

1．一般规定

在中华人民共和国境内提供应税劳务、转让土地使用权和自然资源使用权、销售不动产的单位和个人，为营业税的纳税义务人。

2．具体规定

单位以承包、承租、挂靠方式经营的，承包人、承租人、挂靠人（以下统称承包人）发生应税行为，承包人以发包人、出租人、被挂靠人（以下统称发包人）名义对外经营并由发包人承担相关法律责任的，以发包人为纳税人；否则以承包人为纳税人。

此外，负有营业税纳税义务的单位为发生应税行为并收取货币、货物或者其他经济利益的单位，但不包括单位依法不需要办理税务登记的内设机构。

3．营业税扣缴义务人

（1）境外的单位或者个人在境内发生应税行为，在境内未设有经营机构的，以其境内代理人为扣缴义务人；在境内没有代理人的，以受让方或者购买方为扣缴义务人。

（2）国务院财政、税务主管部门规定的其他扣缴义务人。

6.3　应纳税额计算

当期营业税应纳税额的计算包括营业额、税率和纳税义务发生时间三个基本要素，计算公式如下：

$$应纳税额=当期应税营业额×适用税率$$

6.3.1　适用税率

按照行业和类别的不同，营业税采用不同的比例税率。具体税率水平如表 6-1 所示。

表 6-1　营业税税目税率

税　　目	税率（%）
1．建筑业	3
2．金融保险业	5
3．文化体育业	3

续表

税　　目	税率（%）
4．娱乐业	5～20
5．服务业	5
6．转让土地使用权、自然资源使用权	5
7．销售不动产	5

注：税率的调整，由国务院决定；纳税人经营娱乐业具体适用的税率，由省、自治区、直辖市人民政府在本条例规定的幅度内决定。

纳税人兼有不同税目的应当缴纳营业税的劳务（简称应税劳务）、转让土地使用权、自然资源使用权或者销售不动产，应当分别核算不同税目的营业额、转让额、销售额（统称营业额）；未分别核算营业额的，从高适用税率。

单位和个人在旅游景区兼有不同税目应税行为并采取"一票制"收费方式的，应当分别核算不同税目的营业额；未分别核算或核算不清的，从高适用税率。

6.3.2　营业额的确定

1．基本规定

纳税人的营业额为纳税人提供应税劳务、转让土地使用权和自然资源使用权，或者销售不动产收取的全部价款和价外费用。

娱乐业的营业额为经营娱乐业收取的全部价款和价外费用，包括门票收费、台位费、点歌费、烟酒、饮料、茶水、鲜花、小吃等收费及经营娱乐业的其他各项收费。

所谓价外费用，包括收取的手续费、补贴、基金、集资费、返还利润、奖励费、违约金、滞纳金、延期付款利息、赔偿金、代收款项、代垫款项、罚息及其他各种性质的价外收费，但不包括同时符合以下条件代为收取的政府性基金或者行政事业性收费。

（1）由国务院或者财政部批准设立的政府性基金，由国务院或者省级人民政府及其财政、价格主管部门批准设立的行政事业性收费。

（2）收取时开具省级以上财政部门印制的财政票据。

（3）所收款项全额上缴财政。

纳税人以人民币以外的货币结算营业额的，其营业额的人民币折合率可以选择营业额发生的当天或者当月1日的人民币汇率中间价。纳税人应当在事先确定采用何种折合率，确定后1年内不得变更。

2．折扣业务营业额的确定

纳税人发生应税行为，如果将价款与折扣额在同一张发票上注明的，以折扣后的价款为营业额；如果将折扣额另开发票的，不论其在财务上如何处理，均不得从营业额中扣除。

3. 特殊规定

（1）建筑业。

① 纳税人提供建筑业劳务（不含装饰劳务）的，其营业额应当包括工程所用原材料、设备及其他物资和动力价款在内，但不包括建设方提供的设备的价款。

② 纳税人将建筑工程分包给其他单位的，以其取得的全部价款和价外费用扣除其支付给其他单位的分包款后的余额为营业额。

（2）金融保险业。

① 贷款业务的营业额为贷款利息收入（包括各种加息、罚息等）。

② 外汇、有价证券、期货等金融商品买卖业务，以卖出价减去买入价后的余额为营业额。所谓外汇、有价证券、期货等金融商品买卖业务，是指纳税人从事的外汇、有价证券、非货物期货和其他金融商品买卖业务。

纳税人从事金融商品（包括股票、债券、外汇和其他金融商品）转让业务，按卖出价减去买入价后的余额为营业额。不同品种金融商品的买卖不再按股票、债券、外汇、其他四大类来划分，统一归为"金融商品"，出现的正负差，在同一个纳税期内可以相抵，按盈亏相抵后的余额为营业额计算缴纳营业税。若相抵后仍出现负差的，可结转下一个纳税期相抵，但在年末时仍出现负差的，不得转入下一个会计年度。

金融企业从事债券买卖业务，以债券的卖出价减去买入价后的余额为营业额，买入价应以债券的购入价减去债券持有期间取得的收益后的余额确定。

③ 金融企业从事受托收款业务，如代收电话费、水电煤气费、信息费、学杂费、寻呼费、社保统筹费、交通违章罚款、税款等，以全部收入减去支付给委托方价款后的余额为营业额。

（3）服务业。

① 代理业营业额为纳税人向委托方实际收取的报酬。

受托收款业务营业额为收取的全部收入减去支付给委托方价款后的余额。

从事物业管理的单位，以与物业管理有关的全部收入减去代业主支付的水、电、燃气以及代承租者支付的水、电、燃气、房屋租金的价款后的余额为营业额。

劳务公司接受用工单位的委托，为其安排劳动力，凡用工单位将其应支付给劳动力的工资和为劳动力上交的社会保险（包括养老保险、医疗保险、失业保险、工伤保险等）以及住房公积金统一交给劳务公司，由劳务公司代为发放或办理的，以劳务公司从用工单位收取的全部价款减去代收转付给劳动力的工资和为劳动力办理社会保险及住房公积金后的余额为营业额。

② 纳税人从事旅游业务的，以其取得的全部价款和价外费用扣除替旅游者支付给其他单位或者个人的住宿费、餐费、交通费、旅游景点门票和支付给其他接团旅游企业的旅游费后的余额为营业额。

③ 转让土地使用权。单位和个人转让其受让的土地使用权，以全部收入减去土地使用权的受让原价后的余额为营业额。

单位和个人转让抵债所得的土地使用权的，以全部收入减去抵债时该项土地使用权作价后的余额为营业额。

④ 销售不动产。单位和个人销售其购置的不动产，以全部收入减去不动产的购置原价后的余额为营业额。

单位和个人销售抵债所得的不动产，以全部收入减去抵债时该项不动产作价后的余额为营业额。

⑤ 营业额的核定。纳税人提供应税劳务、转让无形资产或者销售不动产的价格明显偏低并无正当理由的，或者纳税人发生视同应税行为而无营业额的，应按下列顺序确定其营业额。

- 按纳税人最近时期发生同类应税行为的平均价格核定。
- 按其他纳税人最近时期发生同类应税行为的平均价格核定。
- 按下列公式核定。

$$营业额=营业成本或者工程成本×(1+成本利润率)÷(1-营业税税率)$$

公式中的成本利润率由省、自治区、直辖市税务局确定。

需要注意的是，纳税人在确定营业额时，可按照规定扣除有关项目的，必须取得合法有效凭证，具体是指支付给境内单位或者个人的款项，且该单位或者个人发生的行为属于营业税或者增值税征收范围的，以该单位或者个人开具的发票为合法有效凭证；支付的行政事业性收费或者政府性基金，以开具的财政票据为合法有效凭证；支付给境外单位或者个人的款项，以该单位或者个人的签收单据为合法有效凭证，税务机关对签收单据有疑义的，可以要求其提供境外公证机构的确认证明；国家税务总局规定的其他合法有效凭证。

6.3.3 纳税义务发生时间

1. 一般规定

营业税纳税义务发生时间为纳税人提供应税劳务、转让无形资产或者销售不动产并收讫营业收入款项或者取得索取营业收入款项凭据的当天。

收讫营业收入款项，是指纳税人应税行为发生过程中或者完成后收取的款项；取得索取营业收入款项凭据的当天，为书面合同确定的付款日期的当天；未签订书面合同或者书面合同未确定付款日期的，为应税行为完成的当天。

营业税扣缴义务发生时间为纳税人营业税纳税义务发生的当天。

2. 特别规定

（1）纳税人发生自建行为的，其纳税义务发生时间为销售自建建筑物的纳税义务发生时间。

（2）纳税人发生将不动产或者土地使用权无偿赠送其他单位或者个人的，其纳税义务发生时间为不动产所有权、土地使用权转移的当天。

（3）纳税人转让土地使用权或者销售不动产，采取预收款方式的，其纳税义务发生时间为收到预收款的当天。

（4）纳税人提供建筑业或者租赁业劳务，采取预收款方式的，其纳税义务发生时间为收到预收款的当天。

【例6-1】某市建筑工程公司主营建筑安装业务。2013年全年的建安业务经营情况如下：

（1）承建某高校宿舍楼的建造工程，工程总造价982万元，将其中80万元的门窗安装业务分包给某铝合金门窗生产企业。按照施工合同规定，三大材料由建设单位提供，三大建筑材料成本为680万元。该工程施工当年竣工决算并取得全优工程奖8万元。

（2）以清包工形式为客户提供装修劳务，收取人工费35万元、管理费5万元、辅助材料费10万元，客户自行采购的装修材料价款为80万元。

（3）该公司将自建的一栋住宅楼销售给职工，取得销售收入995万元、煤气管道初装费5万元。该住宅楼的实际工程支出780万元，当地省级税务机关确定的建筑业成本利润率为10%。

（4）年底与某机械厂签订一份厂房承建合同，签订合同同时预收工程价款700万元。

根据上述资料，请计算该公司当年应纳的营业税税额。

解：

该公司当年应纳的营业税税额=(982-80+8)×3%+(35+5+10)×3%+780×(1+10%)÷(1-3%)×3%+(995+5)×5%+700×3%=126.34（万元）

【例6-2】某市一民营客运公司组织优秀员工50人赴国内某著名景区五日游，按每人8 000元共支付给本市旅游公司旅游费40万元。甲公司发生的支出如下：

（1）向本市某车行租赁了两辆大巴用于往返旅游景区的游客运输，均由该车行配备司机，共支付10万元。

（2）支付给旅游景区所在地的某旅游公司在旅游景区接团费用6万元。

（3）支付给旅游景区门票费5万元、食宿费7万元、购买旅游保险2万元、导游工资2万元。

请根据上述资料，计算本市旅游公司取得旅游收入应缴纳的营业税税额。

解：

本市旅游公司取得旅游收入应缴纳的营业税税额=(40-10-6-5-7)×5%=0.6（万元）

【例6-3】某公司为增值税一般纳税人，系集运输、餐饮、娱乐等多项服务为一体的大型股份制企业。该公司2014年8月份收入情况如下：

（1）取得客运收入 20 万元（不含税）。

（2）从事国内货运业务向客户收取款项 50 万元（不含税），向联运合作方支付运费，取得的增值税专用发票上注明金额为 30 万元，税额为 3.3 万元。

（3）取得装卸搬运收入 5 万元（不含税）。

（4）经营仓储业务，取得收入 4 万元（不含税）。

（5）车辆出租，取得租金收入 6 万元（不含税）。

（6）经营旅店，取得客房收入 25 万元，餐饮收入 8 万元。

（7）经营歌舞厅，取得收入 30 万元。

（8）转让土地使用权，取得收入 2 000 万元；该项土地使用权是 2009 年 3 月购入的，购入原价为 820 万元。

（9）该公司购入一辆大型客车，取得机动车销售统一发票上注明金额 500 万元，税额为 85 万元。该客车已作为固定资产入账并投入使用，用于本公司运输、餐饮、娱乐等各部门的运输服务。

其他资料：该公司流转税纳税期限为 1 个月，各项收入均分别核算，并分别计算纳税；该公司当期取得的扣税凭证均在当期通过认证；娱乐业适用营业税税率为 20%。

要求：计算该公司当月应缴纳的增值税和营业税。

解：

（1）应缴纳的增值税税额=(20+50)×11%+(5+4)×6%+6×17%-3.3-85=-79.04（万元）

应纳增值税为 0，79.04 万元为期末留抵税额。

（2）应缴纳的营业税税额=(25+8)×5%+30×20%+(2 000-820)×5%=66.75（万元）

6.4 税 收 减 免

6.4.1 免税

1. 起征点

（1）基本规定。营业税起征点，是指纳税人营业额合计达到起征点。营业税起征点的适用范围限于个人。纳税人营业额未达到国务院财政、税务主管部门规定的营业税起征点的，免征营业税；达到起征点的，依照本条例规定全额计算缴纳营业税。

营业税起征点的幅度规定如下：按期纳税的，为月营业额 5 000～20 000 元；按次纳税的，为每次（日）营业额 300～500 元。

省、自治区、直辖市财政厅（局）、税务局应当在规定的幅度内，根据实际情况确定本地区适用的起征点，并报财政部、国家税务总局备案。

（2）特别规定。为进一步扶持小微企业发展，自 2014 年 10 月 1 日起，营业税纳税人，月销售额或营业额不超过 3 万元（含 3 万元，下同）的，免征营业税。其中，以 1 个季度为纳税期限的营业税纳税人，季度营业额不超过 9 万元的，免征营业税。

增值税小规模纳税人兼营营业税应税项目的，应当分别核算增值税应税项目的销售额和营业税应税项目的营业额，月营业额不超过 3 万元（按季纳税 9 万元）的，免征营业税。

2. 免税项目

（1）托儿所、幼儿园、养老院、残疾人福利机构提供的育养服务，婚姻介绍，殡葬服务。

（2）残疾人员个人提供的劳务，即残疾人员本人为社会提供的劳务。

（3）医院、诊所和其他医疗机构提供的医疗服务。

（4）学校和其他教育机构提供的教育劳务，学生勤工俭学提供的劳务。

学校和其他教育机构，是指普通学校以及经地、市级以上人民政府或者同级政府的教育行政部门批准成立、国家承认其学员学历的各类学校。

（5）农业机耕、排灌、病虫害防治、植物保护、农牧保险以及相关技术培训业务，家禽、牲畜、水生动物的配种和疾病防治。

农业机耕，是指在农业、林业、牧业中使用农业机械进行耕作（包括耕耘、种植、收割、脱粒、植物保护等）的业务；排灌，是指对农田进行灌溉或排涝的业务；病虫害防治，是指从事农业、林业、牧业、渔业的病虫害测报和防治的业务；农牧保险，是指为种植业、养殖业、牧业种植和饲养的动植物提供保险的业务；相关技术培训，是指与农业机耕、排灌、病虫害防治、植物保护业务相关以及为使农民获得农牧保险知识的技术培训业务；家禽、牲畜、水生动物的配种和疾病防治业务的免税范围，包括与该项劳务有关的提供药品和医疗用具的业务。

（6）纪念馆、博物馆、文化馆、文物保护单位管理机构、美术馆、展览馆、书画院、图书馆举办文化活动的门票收入，宗教场所举办文化、宗教活动的门票收入。

纪念馆、博物馆、文化馆、文物保护单位管理机构、美术馆、展览馆、书画院、图书馆举办文化活动，是指这些单位在自己的场所举办的属于文化体育业税目征税范围的文化活动。其门票收入，是指销售第一道门票的收入。宗教场所举办文化、宗教活动的门票收入，是指寺院、宫观、清真寺和教堂举办文化、宗教活动销售门票的收入。

（7）境内保险机构为出口货物提供的保险产品。

为出口货物提供的保险产品，包括出口货物保险和出口信用保险。

（8）对个人（包括个体工商户及其他个人，下同）从事外汇、有价证券、非货物期货和其他金融商品买卖业务取得的收入暂免征收营业税。

（9）个人无偿赠与不动产、土地使用权，属于下列情形之一的，暂免征收营业税：离婚财产分割；无偿赠与配偶、父母、子女、祖父母、外祖父母、孙子女、外孙子女、兄弟姐妹；无偿赠与对其承担直接抚养或者赡养义务的抚养人或者赡养人；房屋产权所有人死亡，依法取得房屋产权的法定继承人、遗嘱继承人或者受遗赠人。

（10）对中华人民共和国境内（以下简称境内）单位或者个人在中华人民共和国境外（以下简称境外）提供建筑业、文化体育业劳务。

（11）自2011年10月1日至2014年9月30日，对家政服务企业由员工制家政服务员提供的家政服务取得的收入。

（12）自2013年7月1日至2015年12月31日，按国家规定收费标准向学生收取的高校学生公寓住宿费收入和高校学生食堂为学生提供餐饮服务取得的收入。

（13）个人销售自建自用住房。

（14）军队空余房产租赁收入。

（15）保险公司开展的一年期以上返还性人身保险业务的保费收入。

6.4.2　其他形式的税收减免

1．减低税率

个人出租住房，不区分用途，在3%的基础上减半征收营业税。

2．税额的减免或抵减

（1）下岗失业人员从事个体经营的（除建筑业、娱乐业以及销售不动产、转让土地使用权、广告业、房屋中介、桑拿、按摩、氧吧、网吧外），按每户每年8 000元为免税限额，依次扣减其当年实际应缴纳的营业税、城市维护建设税、教育费附加和个人所得税。

（2）商贸企业、服务企业（除广告业、房屋中介、典当、桑拿、按摩、氧吧外）、劳动就业服务企业中的加工企业和街道社区具有加工性质的小型企业，在新增加的岗位中，当年新招用持有《再就业优惠证》人员并与其签订1年以上期限劳动合同和为其缴纳社会保险费的，按实际招用人数予以定额依次扣减营业税、城市维护建设税、教育费附加和企业所得税优惠。定额标准为每人每年4 000元，各省、自治区、直辖市人民政府可根据本地区实际情况在上下浮动20%的幅度内确定具体定额标准，并报财政部和国家税务总局备案。按上述标准计算的税收扣减额应在企业当年实际应缴纳的营业税、城市维护建设税、教育费附加和企业所得税税额中扣减，当年扣减不足的，不得结转下年使用。企业自吸纳下岗失业人员的次月起享受税收优惠政策。每名下岗失业人员享受税收政策的期限最长不得超过3年。

（3）对为安置随军家属就业而新开办的企业，自领取税务登记证之日起，3年内免征营业税和企业所得税。对从事个体经营的随军家属，自领取税务登记证之日起，3年内免征营业税和个人所得税。

（4）对为安置自主择业的军队转业干部就业而新开办的企业，凡安置自主择业的军队转业干部占企业总人数 60%（含 60%）以上的，经主管税务机关批准，自领取税务登记证之日起，3 年内免征营业税和企业所得税。从事个体经营的军队转业干部，经主管税务机关批准，自领取税务登记证之日起，3 年内免征营业税和个人所得税。

（5）对为安置自谋职业的城镇退役士兵就业而新办的服务型企业（除广告业、桑拿、按摩、网吧、氧吧外），当年新安置自谋职业的城镇退役士兵达到职工总数 30%以上并与其签订 1 年以上期限劳动合同的，3 年内免征营业税及其附征的城市维护建设税、教育费附加和企业所得税。

（6）对自谋职业的城镇退役士兵从事下列个体经营（除建筑业、娱乐业以及广告业、桑拿、按摩、网吧、氧吧外）的，自领取税务登记证之日起，3 年内免征营业税、城市维护建设税、教育费附加和个人所得税。

6.5　税款的缴纳

6.5.1　纳税地点

纳税人提供应税劳务应当向其机构所在地或者居住地的主管税务机关申报纳税。但是，纳税人提供的建筑业劳务以及国务院财政、税务主管部门规定的其他应税劳务，应当向应税劳务发生地的主管税务机关申报纳税。

纳税人转让、出租土地使用权，应当向土地所在地的主管税务机关申报纳税。

纳税人销售、出租不动产应当向不动产所在地的主管税务机关申报纳税。

纳税人应当向应税劳务发生地、土地或者不动产所在地的主管税务机关申报纳税而自应当申报纳税之月起超过 6 个月没有申报纳税的，由其机构所在地或者居住地的主管税务机关补征税款。

扣缴义务人应当向其机构所在地或者居住地的主管税务机关申报缴纳其扣缴的税款。

6.5.2　纳税期限

营业税的纳税期限分别为 5 日、10 日、15 日、1 个月或者 1 个季度。纳税人的具体纳税期限，由主管税务机关根据纳税人应纳税额的大小分别核定；不能按照固定期限纳税的，可以按次纳税。

纳税人以 1 个月或者 1 个季度为一个纳税期的，自期满之日起 15 日内申报纳税；以 5 日、10 日或者 15 日为一个纳税期的，自期满之日起 5 日内预缴税款，于次月 1 日起 15 日内申报纳税并结清上月应纳税款。

扣缴义务人解缴税款的期限，依照上述规定执行。

银行、财务公司、信托投资公司、信用社、外国企业常驻代表机构的纳税期限为 1 个季度。

6.5.3 营业税的退税或抵缴

计算缴纳营业税后因发生退款减除营业额的，应当退还已缴纳营业税税款或者从纳税人以后的应缴纳营业税税额中减除。

本章小结

- ▶ 营业税是对各种营利事业向经营者征收的一种税。在对某些商品或劳务暂时不能或不宜征收增值税的情况下，一些国家便选择对绝大部分商品和劳务征收增值税，而对另外一部分商品征收营业税。中国对商品和劳务采用增值税与营业税并行征收的方法，就属于这种情况。
- ▶ 中国现行营业税的征税范围包括在中华人民共和国境内提供应税劳务、转让土地使用权和自然资源使用权、销售不动产的行为。在中华人民共和国境内提供应税劳务、转让土地使用权和自然资源使用权、销售不动产的单位和个人，为营业税的纳税人，应当缴纳营业税。
- ▶ 按照行业和类别的不同，营业税采用不同的比例税率。

综合练习

1. 什么是营业税？
2. 现行营业税的征税范围是如何规定的？
3. 现行营业税的税目有哪些？
4. 现行营业税的税率是如何规定的？
5. 现行营业税有哪些减免税规定？

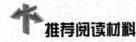

推荐阅读材料

1. 中国注册会计师协会. 税法. 北京：经济科学出版社，2014

2．马国强．中国税收．大连：东北财经大学出版社，2014

3．杨斌．税收学．北京：科学出版社，2011

4．刘佐．中国税制概览．北京：经济科学出版社，2010

5．胡怡建．税收学．上海：上海财经大学出版社，2009

6．刘颖，孟芳娥．中国税制．北京：电子工业出版社，2008

网上资源

1．财政部，http://www.mof.gov.cn/mof/

2．国家税务总局，http://www.chinatax.gov.cn/n8136506/index.html

3．中国税务网，http://www.ctax.org.cn/

第7章 关 税

学习目标

➤ 了解关税的概念与类型
➤ 掌握关税的基本制度
➤ 掌握关税应纳税额的计算

7.1 税 种 概 述

7.1.1 关税的概念

从概念上看,关税是仅以进出境的货物和物品为课税对象的一种税。这一概念包括如下三层含义。首先,关税是一种税收,这也是关税最基本的属性。其次,关税的课税对象是进出境的货物和物品,这是关税与其他税种的主要区别。从进出境货物和物品的存在形式上看,一般必须是有形的货品。无形商品如科学技术、文艺美术、专利发明等尽管具有价值,也是国际间的贸易对象,但海关不能对这些无形的商品征收关税。只有当无形商品的价值体现在某种有形的货品中进出境时,或者换言之,只有在它们被物化为有形的物(如书刊、文物、书画、录音、录像带、软盘)等条件下,有关的物或者其载体才成为关税的课税对象。同时,关税的课税对象必须是进出境的货品。对在一个国家境内或境外自由流通的货品课征的税收不属于关税。再次,关税"仅以"进出境的货物或物品为课税对象。一国根据其政治、经济等状况和需要,在边境孔道、沿海口岸或境内的水陆空交往孔道设置海关机构,按照国家制定的关税法令、税则税率,对进出境货品征收关税。但由海关征收的税不一定都是关税。例如,进境货品在海关征收关税后,根据国民待遇原则应与本国产品同等对待。换言之,在其进入进口国国内流通时,应当征收与进口国本国产品相同的国内税。在很多国家里,这些国内税由海关在进口环节一起征收。也就是说,这些国家的海关既是关税的征收机关,也是国内税收的征收机关。因此,"关税即由海关征收的税"的观点是不正确的。

7.1.2 关税的分类

1．按征税商品的流向分类

以征税商品的流向为标准，关税可分为进口税、出口税和过境税。

进口税是一国海关对其进口货物和物品征收的关税。进口税是关税中最主要的一种，一般是在外国商品（包括从自由港、自由贸易区或海关保税仓库等地提出运往进口国国内市场的外国商品）进入关境，办理手续时征收。进口税可以是常规性的，按海关税则征收的关税；也可以是临时加征的，在正税以外征收的附加税。进口税率根据征税国与贸易伙伴的贸易关系性质的差异而不同。进口关税是各国政府限制进口、保护国内市场、增加财政收入的重要工具。

以出口货物和物品为课税对象的关税即出口税。通常是在本国出口商品出离关境时征收。为了鼓励出口、追求贸易顺差和获取最大限度的外汇收入，许多国家，特别是西方发达国家已不再征收出口税。征收出口税的主要是发展中国家，多数以燃料、原料或农产品为对象。

过境税是对过境货物征收的关税。过境税最早产生于中世纪并流行于欧洲各国，但是作为一种制度，则是在重商主义时期确立起来的。征收过境税的条件是征税方拥有特殊的交通地理位置，征税方可以凭借这种得天独厚的条件获取一定的收入。但是，较高的过境税可能使过境货物锐减甚至消失，使优越的地理位置不能发挥作用，政府也不能从中获得好处。另外，它也会招致对方报复，对本国出口不利。

2．按征税目的分类

根据征收目的的不同，可以将关税分为财政关税和保护关税。

财政关税是以增加国家财政收入为主要目的而征收的关税。财政关税在各国历史上曾占据重要的地位，其收入往往占有较大的比重。资本主义制度的发展和现代经济的确立使财政关税的作用大大地削弱了，其收入所占的比重也大幅度下降。代之而起的是保护关税。

保护关税是以保护本国工农业生产或经济长期、稳定发展而征收的关税。对进口商品征收较高的关税，有效地保护本国新兴产业、朝阳产业和有发展潜力的高科技产业免遭先进国家制成品的竞争，保护本国市场的占有率，从而使这些产业得以平稳发展。经济全球化提升和发掘了关税的保护作用并导致了财政关税的削弱。目前各国所使用的关税基本上都是保护关税，财政关税已处于次要地位。

3．按征税标准和方法分类

按照征税标准和方法的差异，关税可分为从量税、从价税、复合税、选择税、差价税、滑准税和季节税。

从量税是按货物的计量单位（重量、长度、面积、容积、数量等）作为征税标准，以每一计量单位应缴纳的关税金额作为税率的关税。从量税一般采用定额税率，其关税收入和关税负担随着商品计量单位数额的变化而变化，计算比较简便，易于为征纳双方所接受。

从价税是以货物的价格作为征税标准而征收的关税。从价税一般以海关审定的完税价格作为计税依据，通常采用比例税率。其关税收入和关税负担具有随着商品价格的变化而变化的特点。

在税则的同一税目中，订有从价和从量两种税率，征税时采用两种税率计征税款的关税称为复合税。按从量税和从价税在混合税中的主次关系不同，复合税又分两种：一种是以从价税为主，加征从量税；另一种是以从量税为主，加征从价税。

在税则的同一税目中，订有从价和从量两种税率，征税时由海关选择一种计征的关税称为选择税。实行选择税多根据产品价格高低而定。在物价上涨时，采用从价税；当物价下跌时，采用从量税。这样，不仅能保证国家的财政收入，还可较好地发挥保护本国产业的作用。

滑准税是在税额中预先按商品价格的高低分档制定不同的税率，然后根据进出口商品价格的变动而增减进出口税率的一种关税。当商品价格上涨时，采用较低的税率；当商品价格下跌时，则采用较高的税率。采用滑准税的目的是维护该种商品在国内市场上价格的稳定性，不受周边国家和国际市场价格波动的影响。

差价税又称差额税，其税率是按照进口货物价格低于国内市场同类价格的差额来确定的。差价税分部分差价税、全部差价税和倍数差价税等几种。部分差价税是对进口货物价格与国内市场价格差额部分征税以鼓励这种货物进口；全部差价税或倍数差价税是对进口货物价格低于国内市场同类价格的全部差价或差价倍数征收关税，其目的是限制进口。差价税通常没有固定税率，多根据进口货物逐渐进行计征。

季节税是对有季节性的商品，如蔬菜、果品、谷物等制定两种或两种以上的税率，在旺季采用高税率，淡季采用低税率，从而达到维护市场供销平衡，稳定市场的目的。季节税的征收具有一定的普遍性，世界上相当一部分国家曾经或正在使用。

4. 按照征税有无优惠及优惠程度分类

按照征税有无优惠及优惠程度划分，关税可分为普通关税、优惠关税和差别关税三种。

普通关税又称一般关税，是对与本国没有签署贸易或经济互惠等友好协定的国家原产的货物征收的非优惠性关税。

优惠关税是对他国输入产品的全部或一部分以低于普通关税税率的标准课征的关税，以示友好，并以此促进国与国之间的经济、贸易往来，一般包括特定优惠关税、普遍优惠关税和最惠国待遇。特定优惠关税又称特惠税，是指某一国家对另一国家或某些国家对另外一些国家的某些方面予以特定优惠关税待遇，而他国不得享受的一种关税制度。特定优惠关税实际上是殖民主义的产物，最早始于宗主国与殖民地附属国之间的贸易交往中。普遍优惠制简称普惠制，是指发达国家对从发展中国家或地区输入的产品，特别是制成品和半成品普遍给予优惠关税待遇的一种制度。最惠国待遇是国际贸易协定中的一项重要内容，它规定缔约国双方相互间现在和将来所给予任何第三国的优惠待遇，同样适用于对方。

差别关税多是对他国输入货物的全部或一部分按比普通关税税率高的标准征收的关税，以示报复、歧视、惩罚，主要有加重关税、反补贴关税、反倾销关税、报复关税等。加重关税是出于某种原因或为达到某种目的而对某国货物或某种货物的输入加重征收的关税，如国旗加重税（为发展本国海运、抑制他国海运而对悬挂外国国旗的船舶所载的输入货物从重征收的关税）、间接输入货物加重税（对于间接输入的货物课征高于普通税率的关税）等。反补贴关税又称抵消关税，是对接受任何津贴或奖金的外国进口货物所附加征收的一种关税，是差别关税的重要形式之一。反倾销关税是对外国的倾销商品，在征收正常进口关税的同时附加征收的一种关税。报复关税是指当他国政府以不公正、不平等、不友好的态度对待本国输出的货物时，为维护本国利益，报复该国对本国输出货物的不公正、不平等、不友好，而对该国输入本国的货物加重征收的关税。

7.1.3　关税的产生与发展

关税是一个非常古老的税种。对于西方关税的起源有两种说法。根据《大英百科全书》对 Customs 一词来源的解释，关税是由古时商人在进入市场交易时，向当地的领主缴纳的一种例行的、常规的入市税（Customary Tolls）发展来的，有通行费或税的含义。后来 Customs 和 Customs Duty 就成为海关和关税的英文名称。

关税在英文中的另一个术语是 Tariff。根据《美国海关画史》的记载，传说在地中海西口，距直布罗陀 21 英里处，曾经有一个海盗盘踞的港口名叫塔利法（Tariffa）。当时进出地中海的商船为了避免被抢劫，被迫向塔利法港口的海盗缴纳一笔买路费。此后，Tariff 就成为关税的另一通用名称，泛指关税、关税税则或关税制度等意。

考察世界经济历史可以发现，早在公元前 5 世纪左右，古希腊就已开始征收关税。进入 20 世纪以后，尤其是近几十年来，随着科学技术的迅速进步，社会生产力不断发展，国际贸易大幅度增长，国际间的经济斗争和国际间的经济分工与合作的形势复杂。为了减少关税对国际贸易和经济发展的障碍，自由港、自由贸易区等大量出现，几个国家地区性的经济一体化、关税同盟的成立，成为国际新趋势。为缓解各国之间的贸易矛盾，促进国际贸易发展，1947 年，23 个国家在日内瓦签订了关税及贸易总协定（GATT）。1947—1994年，关贸总协定举行了 8 轮多边贸易谈判。1995 年 12 月 12 日，关贸总协定的 128 个缔约方在日内瓦举行最后一次会议，宣告关贸总协定历史使命的完结。从 1996 年 1 月 1 日起，关贸总协定被世界贸易组织（WTO）所取代。

在中国，关税的起源更早。西周建立之后，随着经济的发展和贸易往来活动的频繁，开始在城门（包括国门）设立"关"的管理机构和官员。在置官治关的同时，开征了关市之赋。关市之赋的征税主体是商贾，课税对象是出入关的货物（征收关税）和上市交易的货物（征收市税）。秦统一天下以后，汉唐各代疆界不断扩大，在陆地边境关和沿海港口征税，具有了边境关税的性质。鸦片战争后，受到西方各国的入侵，门户被迫开放，海关大权落入外人之手，尤其是英国人一直统治着中国海关，引进了近代关税概念和关税制度，过境关税和内地关税才逐渐有所区别。1931 年取消了常关税、子口税、厘金税等国内税（转口税也于不久后取消），此后，中国的关税就仅指进口税和出口税。对进出国境的货物只在进出境时征收关税。新中国成立后，中国真正取得了关税自主权。但在新中国成立初期，由于发达资本主义国家对中国封锁禁运等一些历史原因，中国关税工作较为简单，关税不被重视。自 20 世纪 80 年代实施对外开放政策以来，国际间的经济贸易往来大量增多，经济改革使关税的作用日益被人们所认识，关税制度不断改革和完善，逐步实现了现代化和国际化。经过长达十几年的艰苦谈判，中国终于在 2001 年正式加入了世界贸易组织。

中国现行关税的法律依据主要是全国人民代表大会常务委员会 2000 年 7 月修正颁布的《中华人民共和国海关法》（以下简称《海关法》）和国务院于 2003 年 11 月发布的《中华人民共和国进出口关税条例》。

7.2 征税范围和纳税人

7.2.1 征税范围

准许进出口的货物、进出境物品，由海关依法征收关税。其中，"货物"指贸易性商品；"物品"包括入境旅客随身携带的行李和物品、个人邮递物品、各种运转工具上的服务人员携带进口的自用物品、馈赠物品以及其他方式进入国境的个人物品。

7.2.2 纳税人

《中华人民共和国进出口关税条例》规定，进口货物的收货人、出口货物的发货人、进境物品的所有人，是关税的纳税义务人。

7.3 税基与税率

7.3.1 税基

从计税方法上看，中国现行关税主要包括从价关税、从量关税、复合关税和滑准关税四种类型。从价关税的税基是货物与物品的价格；从量关税的税基为货物与物品的数量；复合关税的税基是对同一货物与物品同时采用从价与从量两种形式；滑准关税则根据商品价格的差异而制定不同的税率。可见，确定关税税基主要是确定从价关税的税基，即进出口货物与物品的完税价格。

1. 一般进口货物的完税价格

进口货物的完税价格，由海关以该货物的成交价格为基础审查确定，并应当包括货物运抵中华人民共和国境内输入地点起卸前的运输及其相关费用、保险费。其中，进口货物的成交价格，是指卖方向中华人民共和国境内销售该货物时买方为进口该货物向卖方实付、应付的，并且按照规定调整后的价款总额，包括直接支付的价款和间接支付的价款。

（1）进口货物的成交价格应当符合下列条件。

① 对买方处置或者使用进口货物不予限制，但是法律、行政法规规定实施的限制、对货物销售地域的限制和对货物价格无实质性影响的限制除外。

② 进口货物的价格不得受到使该货物成交价格无法确定的条件或者因素的影响。

③ 卖方不得直接或者间接获得因买方销售、处置或者使用进口货物而产生的任何收益，或者虽然有收益但是能够按照规定作出调整。

④ 买卖双方之间没有特殊关系，或者虽然有特殊关系但是按照规定未对成交价格产生影响。

（2）进口货物的下列费用应当计入完税价格。

① 由买方负担的购货佣金以外的佣金和经纪费。

② 由买方负担的在审查确定完税价格时与该货物视为一体的容器的费用。

③ 由买方负担的包装材料费用和包装劳务费用。

④ 与该货物的生产和向中华人民共和国境内销售有关的，由买方以免费或者以低于成本的方式提供并可以按适当比例分摊的料件、工具、模具、消耗材料及类似货物的价款，以及在境外开发、设计等相关服务的费用。

⑤ 作为该货物向中华人民共和国境内销售的条件，买方必须支付的、与该货物有关的特许权使用费。

⑥ 卖方直接或者间接从买方获得的该货物进口后转售、处置或者使用的收益。

（3）进口时在货物的价款中列明的下列税收、费用，不计入该货物的完税价格。

① 厂房、机械、设备等货物进口后进行建设、安装、装配、维修和技术服务的费用。

② 进口货物运抵境内输入地点起卸后的运输及其相关费用、保险费。

③ 进口关税及国内税收。

（4）进口货物的成交价格不符合规定条件的，或者成交价格不能确定的，海关经了解有关情况，并与纳税义务人进行价格磋商后，依次以相同货物成交价格估价方法、类似货物成交价格估价方法、倒扣价格估价方法、计算价格估价方法以及合理方法确定的价格为基础，估定货物的完税价格。纳税义务人向海关提供有关资料后，可以提出申请，颠倒倒扣价格估价方法和计算价格估价方法的适用次序。

① 相同货物成交价格估价方法。相同货物成交价格估价方法，是指海关以与进口货物同时或者大约同时向中华人民共和国境内销售的相同货物的成交价格为基础，审查确定进口货物的完税价格的估价方法。

② 类似货物成交价格估价方法。类似货物成交价格估价方法，是指海关以与进口货物同时或者大约同时向中华人民共和国境内销售的类似货物的成交价格为基础，审查确定进口货物的完税价格的估价方法。

按照相同或者类似货物成交价格估价方法的规定审查确定进口货物的完税价格时，应当使用与该货物具有相同商业水平且进口数量基本一致的相同或者类似货物的成交价格。使用上述价格时，应当以客观量化的数据资料，对该货物与相同或者类似货物之间由于运输距离和运输方式不同而在成本和其他费用方面产生的差异进行调整。在没有相同或者类似货物的成交价格的情况下，可以使用不同商业水平或者不同进口数量的相同或者类似货物的成交价格。使用上述价格时，应当以客观量化的数据资料，对因商业水平、进口数量、运输距离和运输方式不同而在价格、成本和其他费用方面产生的差异作出调整。

按照相同或者类似货物成交价格估价方法审查确定进口货物的完税价格时，应当首先使用同一生产商生产的相同或者类似货物的成交价格。没有同一生产商生产的相同或者类似货物的成交价格的，可以使用同一生产国或者地区其他生产商生产的相同或者类似货物的成交价格。如果有多个相同或者类似货物的成交价格，应当以最低的成交价格为基础审查确定进口货物的完税价格。

③ 倒扣价格估价方法。倒扣价格估价方法，是指海关以进口货物、相同或者类似进口货物在境内的销售价格为基础，扣除境内发生的有关费用后，审查确定进口货物完税价格的估价方法。该销售价格应当同时符合下列条件：一是在该货物进口的同时或者大约同时，将该货物、相同或者类似进口货物在境内销售的价格；二是按照货物进口时的状态销售的价格；三是在境内第一销售环节销售的价格；四是向境内无特殊关系方销售的价格；五是按照该价格销售的货物合计销售总量最大。

按照倒扣价格估价方法审查确定进口货物完税价格的，下列各项应当扣除：同等级或者同种类货物在境内第一销售环节销售时，通常的利润和一般费用（包括直接费用和间接费用）以及通常支付的佣金；货物运抵境内输入地点起卸后的运输及其相关费用、保险费；进口关税、进口环节海关代征税及其他国内税。

如果该货物、相同或者类似货物没有按照进口时的状态在境内销售，应纳税义务人要求，可以在符合规定条件的情形下，使用经进一步加工后的货物的销售价格审查确定完税价格，但是应当同时扣除加工增值额。加工增值额应当依据与加工成本有关的客观量化数据资料、该行业公认的标准、计算方法及其他的行业惯例计算。

确定扣除的项目时，应当使用与国内公认的会计原则相一致的原则和方法。

④ 计算价格估价方法。计算价格估价方法，是指海关以下列各项的总和为基础，审查确定进口货物完税价格的估价方法：生产该货物所使用的料件成本和加工费用；向境内销售同等级或者同种类货物通常的利润和一般费用（包括直接费用和间接费用）；该货物运抵境内输入地点起卸前的运输及相关费用、保险费。

审查确定进口货物的完税价格时，海关在征得境外生产商同意并提前通知有关国家或者地区政府后，可以在境外核实该企业提供的有关资料。确定有关价值或者费用时，应当使用与生产国或者地区公认的会计原则相一致的原则和方法。

⑤ 其他合理方法。其他合理方法，是指当海关不能根据成交价格估价方法、相同货物成交价格估价方法、类似货物成交价格估价方法、倒扣价格估价方法和计算价格估价方法确定完税价格时，海关根据客观、公平、统一的原则，以客观量化的数据资料为基础审查确定进口货物完税价格的估价方法。

海关在采用合理方法确定进口货物的完税价格时，不得使用以下价格：境内生产的货物在境内的销售价格；可供选择的价格中较高的价格；货物在出口地市场的销售价格；以计算价格方法规定的有关各项之外的价值或者费用计算的相同或者类似货物的价格；出口到第三国或者地区的货物的销售价格；最低限价或者武断、虚构的价格。

2. 特殊进口货物的完税价格

（1）加工贸易进口料件及其制成品。加工贸易进口料件或者其制成品应当征税的，海关按照以下规定审查确定完税价格。

① 进口时应当征税的进料加工进口料件，以该料件申报进口时的成交价格为基础审查确定完税价格。

② 进料加工进口料件或者其制成品（包括残次品）内销时，海关以料件原进口成交价格为基础审查确定完税价格。料件原进口成交价格不能确定的，海关以接受内销申报的同时或者大约同时进口的与料件相同或者类似的货物的进口成交价格为基础审查确定完税价格。

③ 来料加工进口料件或者其制成品（包括残次品）内销时，海关以接受内销申报的同时或者大约同时进口的与料件相同或者类似的货物的进口成交价格为基础审查确定完税价格。

④ 加工企业内销加工过程中产生的边角料或者副产品，以海关审查确定的内销价格作为完税价格。加工贸易内销货物的完税价格按照前款规定仍然不能确定的，由海关按照合理的方法审查确定。

（2）出口加工区、保税区内的货物。

① 出口加工区内的加工企业内销的制成品（包括残次品），海关以接受内销申报的同时或者大约同时进口的相同或者类似货物的进口成交价格为基础审查确定完税价格。

出口加工区内的加工企业内销加工过程中产生的边角料或者副产品，以海关审查确定的内销价格作为完税价格；出口加工区内的加工企业内销制成品（包括残次品）、边角料或者副产品的完税价格按照本条前两款规定不能确定的，由海关按照合理的方法审查确定。

② 保税区内的加工企业内销的进口料件或者其制成品（包括残次品），海关以接受内销申报的同时或者大约同时进口的相同或者类似货物的进口成交价格为基础审查确定完税价格。

保税区内的加工企业内销的进料加工制成品中，如果含有从境内采购的料件，海关以制成品所含从境外购入的料件原进口成交价格为基础审查确定完税价格。料件原进口成交价格不能确定的，海关以接受内销申报的同时或者大约同时进口的与料件相同或者类似货物的进口成交价格为基础审查确定完税价格。

保税区内的加工企业内销的来料加工制成品中，如果含有从境内采购的料件，海关以接受内销申报的同时或者大约同时进口的与制成品所含从境外购入的料件相同或者类似货物的进口成交价格为基础审查确定完税价格。

保税区内的加工企业内销加工过程中产生的边角料或者副产品，以海关审查确定的内销价格作为完税价格。

保税区内的加工企业内销制成品（包括残次品）、边角料或者副产品的完税价格按规定仍然不能确定的，由海关按照合理的方法审查确定。

③ 运往境外修理的机械器具、运输工具或者其他货物，出境时已向海关报明，并在海关规定的期限内复运进境的，应当以境外修理费和料件费为基础审查确定完税价格。

④ 运往境外加工的货物，出境时已向海关报明，并在海关规定期限内复运进境的，应当以境外加工费和料件费以及该货物复运进境的运输及其相关费用、保险费为基础审查确定完税价格。

⑤ 经海关批准的暂时进境货物，应当缴纳税款的，由海关按照一般进口货物估价办法的规定审查确定完税价格。经海关批准留购的暂时进境货物，以海关审查确定的留购价格作为完税价格。

⑥ 租赁方式进口的货物，按照下列方法审查确定完税价格：以租金方式对外支付的租赁货物，在租赁期间以海关审查确定的租金作为完税价格，利息应当予以计入；留购的租赁货物以海关审查确定的留购价格作为完税价格；纳税义务人申请一次性缴纳税款的，可以选择申请按照一般进口货物估价办法的规定确定完税价格，或者按照海关审查确定的租金总额作为完税价格。

⑦ 减税或者免税进口的货物应当补税时，应当以海关审查确定的该货物原进口时的价格，扣除折旧部分价值作为完税价格，其计算公式如下：

完税价格=海关审查确定的该货物原进口时的价格×[1-补税时实际已进口的时间（月）÷(监管年限×12)]

上述计算公式中"补税时实际已进口的时间"按月计算，不足 1 个月但是超过 15 日的，按照 1 个月计算；不超过 15 日的，不予计算。

⑧ 以其他方式进口的货物。易货贸易、寄售、捐赠、赠送等不存在成交价格的进口货物，海关与纳税义务人进行价格磋商后，按照一般进口货物估价办法的规定确定完税价格。

3．出口货物的完税价格

出口货物的完税价格由海关以该货物的成交价格为基础审查确定，并应当包括货物运至中华人民共和国境内输出地点装载前的运输及其相关费用、保险费。

出口货物的成交价格，是指该货物出口销售时，卖方为出口该货物应当向买方直接收取和间接收取的价款总额。下列税收和费用不计入出口货物的完税价格：出口关税；在货物价款中单独列明的货物运至中华人民共和国境内输出地点装载后的运输及其相关费用、保险费；在货物价款中单独列明由卖方承担的佣金。

出口货物的成交价格不能确定的，海关经了解有关情况，并与纳税义务人进行价格磋商后，依次以下列价格审查确定该货物的完税价格。

① 同时或者大约同时向同一国家或者地区出口的相同货物的成交价格。

② 同时或者大约同时向同一国家或者地区出口的类似货物的成交价格。

③ 根据境内生产相同或者类似货物的成本、利润和一般费用（包括直接费用和间接费用）、境内发生的运输及其相关费用、保险费计算所得的价格。

④ 按照合理方法估定的价格。

4．入境物品的完税价格

入境物品的完税价格由海关参照该物品的境外正常零售平均价格确定。

7.3.2 适用税率

1．进口关税适用税率

进口关税设置最惠国税率、协定税率、特惠税率、普通税率、关税配额税率等。对进口货物在一定期限内可以实行暂定税率。

（1）原产于共同适用最惠国待遇条款的世界贸易组织成员的进口货物，原产于与中华人民共和国签订含有相互给予最惠国待遇条款的双边贸易协定的国家或者地区的进口货物，以及原产于中华人民共和国境内的进口货物，适用最惠国税率。

（2）原产于与中华人民共和国签订含有关税优惠条款的区域性贸易协定的国家或者地区的进口货物，适用协定税率。

（3）原产于与中华人民共和国签订含有特殊关税优惠条款的贸易协定的国家或者地区的进口货物，适用特惠税率。

（4）原产于上述以外国家或者地区的进口货物，以及原产地不明的进口货物，适用普通税率。

适用最惠国税率的进口货物有暂定税率的，应当适用暂定税率；适用协定税率、特惠税率的进口货物有暂定税率的，应当从低适用税率；适用普通税率的进口货物，不适用暂定税率。

（5）按照国家规定实行关税配额管理的进口货物，关税配额内的，适用关税配额税率；关税配额外的，其税率的适用按照上述规定执行。

2．特别关税

按照有关法律、行政法规的规定对进口货物采取反倾销、反补贴、保障措施的，其税率的适用按照《中华人民共和国反倾销条例》《中华人民共和国反补贴条例》《中华人民共和国保障措施条例》的有关规定执行。

任何国家或者地区违反与中华人民共和国签订或者共同参加的贸易协定及相关协定，对中华人民共和国在贸易方面采取禁止、限制、加征关税或者其他影响正常贸易措施的，对原产于该国家或者地区的进口货物可以征收报复性关税，适用报复性关税税率。

征收报复性关税的货物，其适用国别、税率、期限和征收办法，由国务院关税税则委员会决定并公布。

3．出口关税税率

出口关税设置出口税率。对出口货物在一定期限内可以实行暂定税率。适用出口税率的出口货物有暂定税率的，应当适用暂定税率。

4．进出口货物完税价格中的运输及其相关费用、保险费的计算

（1）进口货物的运费，应当按照实际支付的费用计算。如果进口货物的运费无法确定的，海关应当按照该货物的实际运输成本或者该货物进口同期运输行业公布的运费率（额）计算运费。

运输工具作为进口货物，利用自身动力进境的，海关在审查确定完税价格时，不再另行计入运费。

（2）进口货物的保险费，应当按照实际支付的费用计算。如果进口货物的保险费无法确定或者未实际发生，海关应当按照"货价加运费"二者总额的 3‰ 计算保险费，其计算公式如下：

$$保险费=(货价+运费)×3‰$$

（3）邮运进口的货物，应当以邮费作为运输及其相关费用、保险费。

（4）以境外边境口岸价格条件成交的铁路或者公路运输进口货物，海关应当按照境外边境口岸价格的 1% 计算运输及其相关费用、保险费。

（5）出口货物的销售价格如果包括离境口岸至境外口岸之间的运输、保险费的，该运费、保险费应当扣除。

5．税率的运用

（1）进出口货物，应当适用海关接受该货物申报进口或者出口之日实施的税率。

进口货物到达前，经海关核准先行申报的，应当适用装载该货物的运输工具申报进境之日实施的税率。

转关运输货物税率的适用日期，由海关总署另行规定。

（2）有下列情形之一，须缴纳税款的，应当适用海关接受申报办理纳税手续之日实施的税率。

① 保税货物经批准不复运出境的。

② 减免税货物经批准转让或者移作他用的。

③ 暂准进境货物经批准不复运出境，以及暂准出境货物经批准不复运进境的。

④ 租赁进口货物，分期缴纳税款的。

（3）补征和退还进出口货物关税，应当按照该进出口货物原申报进口或出口之日所实施的税率确定适用的税率。

（4）因纳税义务人违反规定需要追征税款的，应当适用该行为发生之日实施的税率；行为发生之日不能确定的，适用海关发现该行为之日实施的税率。

7.4 税 收 减 免

7.4.1 法定减免

法定减免是指《海关法》《中华人民共和国进出口关税条例》中明确规定的减税或免税。

1．免征关税的进出口货物

（1）关税税额在人民币 50 元以下的一票货物。

（2）无商业价值的广告品和货样。

（3）外国政府、国际组织无偿赠送的物资。

（4）在海关放行前损失的货物。

（5）进出境运输工具装载的途中必需的燃料、物料和饮食用品。

在海关放行前遭受损坏的货物，可以根据海关认定的受损程度减征关税。法律规定的其他免征或者减征关税的货物，海关根据规定予以免征或者减征。

2．暂不缴纳关税的进出境货物

经海关批准暂时进境或者暂时出境的下列货物，在进境或者出境时纳税义务人向海关缴纳相当于应纳税款的保证金或者提供其他担保的，可以暂不缴纳关税，并应当自进境或者出境之日起 6 个月内复运出境或者复运进境；经纳税义务人申请，海关可以根据海关总署的规定延长复运出境或者复运进境的期限。

（1）在展览会、交易会、会议及类似活动中展示或者使用的货物。

（2）文化、体育交流活动中使用的表演、比赛用品。

（3）进行新闻报道或者摄制电影、电视节目使用的仪器、设备及用品。

（4）开展科研、教学、医疗活动使用的仪器、设备及用品。

（5）在上述第 1 项至第 4 项所列活动中使用的交通工具及特种车辆。

（6）货样。

（7）供安装、调试、检测设备时使用的仪器、工具。

（8）盛装货物的容器。

（9）其他用于非商业目的的货物。

上述暂准进境货物在规定的期限内未复运出境的，或者暂准出境货物在规定的期限内未复运进境的，海关应当依法征收关税。可以暂时免征关税范围以外的其他暂准进境货物，应当按照该货物的完税价格和其在境内滞留时间与折旧时间的比例计算征收进口关税。具体办法由海关总署规定。

3．其他减免税规定

（1）因品质或者规格原因，出口货物自出口之日起 1 年内原状复运进境的，不征收进口关税。

（2）因品质或者规格原因，进口货物自进口之日起 1 年内原状复运出境的，不征收出口关税。

（3）因残损、短少、品质不良或者规格不符等原因，由进出口货物的发货人、承运人或者保险公司免费补偿或者更换的相同货物，进出口时不征收关税。被免费更换的原进口货物不退运出境或者原出口货物不退运进境的，海关应当对原进出口货物重新按照规定征收关税。

（4）海关总署规定数额以内的个人自用进境物品，免征进口税。

7.4.2　特定减免和临时减免

特定减免又称政策性减免。在法定减免税之外，国家按照国际通行规则和经济社会发展状况，制定发布的有关进出口货物减免关税的政策。特定减免税通常存在地区、企业和用途等方面的限制，海关需要进行后续管理，也需要进行减免税统计。

临时减免税，是指除以上法定和特定减免税以外的其他减免税，即由国务院根据《海关法》对某个单位、某类商品、某个项目或某批进出口货物的特殊情况，给予特别照顾，一案一批，专文下达的减免税。

《海关法》规定，特定地区、特定企业或者有特定用途的进出口货物，可以减征或者免征关税。特定减税或者免税的范围和办法由国务院规定。减征或者免征关税进口的货物，只能用于特定地区、特定企业或者特定用途，未经海关核准并补缴关税，不得移作他用。

临时减征或者免征关税，由国务院决定。

7.5　税额计算与缴纳

7.5.1　应纳税额的计算

1．从价税应纳税额的计算

应纳税额=应税进（出）口货物完税价格×适用税率

2．从量税应纳税额的计算

应纳税额=应税进（出）口货物数量×单位税额

3．复合税应纳税额的计算

应纳税额=应税进（出）口货物完税价格×适用税率+应税进（出）口货物数量
×单位税额

4．滑准税应纳税额的计算

应纳税额=应税进（出）口货物数量×单位完税价格×滑准税税率

【例7-1】某外贸进出口公司2014年5月进口化妆品一批，支付款项如下：化妆品成交价格折合人民币1 065万元；货物运抵中国关境内输入地点起卸前的运费为35万元，保险费10万元，包装费10万元。化妆品关税税率为20%，消费税税率为30%，增值税税率为17%。请计算该批进口化妆品应纳的关税、消费税和增值税。

解：

（1）计算进口环节应纳的关税。

关税完税价格=1 065+35+10+10=1 120（万元）

应纳关税=1 120×20%=224（万元）

（2）计算进口环节应纳的消费税。

应纳消费税=(1 120+224)÷(1-30%)×30%=576（万元）

（3）计算进口环节应纳的增值税。

应纳增值税=(1 120+224)÷(1-30%)×17%=326.4（万元）

7.5.2　税款的缴纳

1．基本规定

进口货物的纳税义务人应当自运输工具申报进境之日起14日内，出口货物的纳税义务人除海关特准外，应当在货物运抵海关监管区后、装货的 24 小时以前，向货物的进出境地海关申报。进出口货物转关运输的，按照海关总署的规定执行。

纳税义务人应当自海关填发税款缴款书之日起 15 日内向指定银行缴纳税款。纳税义务人未按期缴纳税款的，从滞纳税款之日起，按日加收滞纳税款万分之五的滞纳金。

海关征收关税、滞纳金等，应当按人民币计征。进出口货物的成交价格以及有关费用以外币计价的，以中国人民银行公布的基准汇率折合为人民币计算完税价格；以基准汇率币种以外的外币计价的，按照国家有关规定套算为人民币计算完税价格。适用汇率的日期由海关总署规定。

纳税义务人因不可抗力或者在国家税收政策调整的情形下，不能按期缴纳税款的，经海关总署批准，可以延期缴纳税款，但是最长不得超过 6 个月。

2．关税保全与强制执行

进出口货物的纳税义务人在规定的纳税期限内有明显的转移、藏匿其应税货物以及其他财产迹象的，海关可以责令纳税义务人提供担保；纳税义务人不能提供担保的，海关可以按照《海关法》的规定采取税收保全措施：书面通知纳税义务人开户银行或者其他金融机构暂停支付纳税义务人相当于应纳税款的存款；扣留纳税义务人价值相当于应纳税款的货物或者其他财产。

纳税义务人在规定的纳税期限内缴纳税款的，海关必须立即解除税收保全措施；期限届满仍未缴纳税款的，经直属海关关长或者其授权的隶属海关关长批准，海关可以书面通知纳税义务人开户银行或者其他金融机构从其暂停支付的存款中扣缴税款，或者依法变卖所扣留的货物或者其他财产，以变卖所得抵缴税款。采取税收保全措施不当，或者纳税义务人在规定期限内已缴纳税款，海关未立即解除税收保全措施，致使纳税义务人的合法权益受到损失的，海关应当依法承担赔偿责任。

纳税义务人、担保人超过三个月仍未缴纳的，经直属海关关长或者其授权的隶属海关关长批准，海关可以采取下列强制措施。

（1）书面通知其开户银行或者其他金融机构从其存款中扣缴税款。

（2）将应税货物依法变卖，以变卖所得抵缴税款。

（3）扣留并依法变卖其价值相当于应纳税款的货物或者其他财产，以变卖所得抵缴税款。

海关采取强制措施时，对前款所列纳税义务人、担保人未缴纳的滞纳金同时强制执行。

进出境物品的纳税义务人，应当在物品放行前缴纳税款。

3．关税退还

海关发现多征税款的，应当立即通知纳税义务人办理退还手续。

纳税义务人发现多缴税款的，自缴纳税款之日起 1 年内，可以以书面形式要求海关退还多缴的税款并加算银行同期活期存款利息；海关应当自受理退税申请之日起 30 日内查实并通知纳税义务人办理退还手续。纳税义务人应当自收到通知之日起 3 个月内办理有关退税手续。

有下列情形之一的，纳税义务人自缴纳税款之日起 1 年内，可以申请退还关税，并应当以书面形式向海关说明理由，提供原缴款凭证及相关资料。

（1）已征进口关税的货物，因品质或者规格原因，原状退货复运出境的。

（2）已征出口关税的货物，因品质或者规格原因，原状退货复运进境，并已重新缴纳因出口而退还的国内环节有关税收的。

（3）已征出口关税的货物，因故未装运出口，申报退关的。

（4）海关应当自受理退税申请之日起 30 日内查实并通知纳税义务人办理退还手续。纳税义务人应当自收到通知之日起 3 个月内办理有关退税手续。

（5）按照其他有关法律、行政法规规定应当退还关税的，海关应当按照有关法律、行政法规的规定退税。

4. 补征和追征

进出口货物放行后，海关发现少征或者漏征税款的，应当自缴纳税款或者货物放行之日起 1 年内，向纳税义务人补征税款。但因纳税义务人违反规定造成少征或者漏征税款的，海关可以自缴纳税款或者货物放行之日起 3 年内追征税款，并从缴纳税款或者货物放行之日起按日加收少征或者漏征税款万分之五的滞纳金。

海关发现海关监管货物因纳税义务人违反规定造成少征或者漏征税款的，应当自纳税义务人应缴纳税款之日起 3 年内追征税款，并从应缴纳税款之日起按日加收少征或者漏征税款万分之五的滞纳金。

5. 报关企业和其他单位的法律责任

报关企业接受纳税义务人的委托，以纳税义务人的名义办理报关纳税手续，因报关企业违反规定而造成海关少征、漏征税款的，报关企业对少征或者漏征的税款、滞纳金与纳税义务人承担纳税的连带责任。报关企业接受纳税义务人的委托，以报关企业的名义办理报关纳税手续的，报关企业与纳税义务人承担纳税的连带责任。

除不可抗力外，在保管海关监管货物期间，海关监管货物损毁或者灭失的，对海关监管货物负有保管义务的人应当承担相应的纳税责任。

欠税的纳税义务人，有合并、分立情形的，在合并、分立前，应当向海关报告，依法缴清税款。纳税义务人合并时未缴清税款的，由合并后的法人或者其他组织继续履行未履行的纳税义务；纳税义务人分立时未缴清税款的，分立后的法人或者其他组织对未履行的纳税义务承担连带责任。

纳税义务人在减免税货物、保税货物监管期间，有合并、分立或者其他资产重组情形的，应当向海关报告。按照规定需要缴税的，应当依法缴清税款；按照规定可以继续享受减免税、保税待遇的，应当到海关办理变更纳税义务人的手续。

纳税义务人欠税或者在减免税货物、保税货物监管期间，有撤销、解散、破产或者其他依法终止经营情形的，应当在清算前向海关报告。海关应当依法对纳税义务人的应缴税款予以清缴。

6. 纳税争议

纳税义务人、担保人对海关确定纳税义务人、确定完税价格、商品归类、确定原产地、适用税率或者汇率、减征或者免征税款、补税、退税、征收滞纳金、确定计征方式以及确定纳税地点有异议的，应当缴纳税款，并可以依法向上一级海关申请复议。对复议决定不服的，可以依法向人民法院提起诉讼。

 本章小结

- 关税是仅以进出境的货物和物品为课税对象的一种税。
- 以征税商品的流向为标准，关税可分为进口税、出口税和过境税；根据征收目的的不同，可以将关税分为财政关税和保护关税；按照征税标准和方法的差异，关税可分为从量税、从价税、复合税、选择税、差价税、滑准税和季节税；按照征税有无优惠及优惠程度划分，关税可分为普通关税、优惠关税和差别关税。
- 现行税制规定，准许进出口的货物、进出境物品，由海关依法征收关税。进口货物的收货人、出口货物的发货人、进境物品的所有人，是关税的纳税义务人。
- 从计税方法上看，中国现行关税主要包括从价关税、从量关税、复合关税和滑准关税四种类型。

 综合练习

1. 什么是关税？
2. 现行关税的征税范围和纳税人是如何规定的？
3. 现行关税的计税方法有哪几种？
4. 如何确定关税的完税价格？
5. 现行关税有哪些减免税规定？

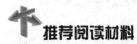 **推荐阅读材料**

1. 谷成. 关税的效应分析与中国关税政策选择. 大连：东北财经大学出版社，2007

2．中国注册会计师协会．税法．北京：经济科学出版社，2014

3．马国强．中国税收．大连：东北财经大学出版社，2014

4．杨斌．税收学．北京：科学出版社，2011

5．胡怡建．税收学．上海：上海财经大学出版社，2009

 **网上资源**

1．海关总署，http://www.customs.gov.cn/

2．财政部，http://www.mof.gov.cn/mof/

3．国家税务总局，http://www.chinatax.gov.cn/n8136506/index.html

4．中国税务网，http://www.ctax.org.cn/

第 8 章 其他商品税

学习目标

▶▶ 了解城市维护建设税的基本制度

▶▶ 了解车辆购置税的基本制度

▶▶ 了解烟叶税的基本制度

8.1 城市维护建设税

8.1.1 税种概述

城市维护建设税是对从事工商经营，缴纳增值税、消费税、营业税的单位和个人，按照增值税、营业税、消费税的税额征收的一种附加税。作为一种具有特定用途的税收，城市维护建设税的目的主要是筹集城市维护与建设的专项资金，满足城市维护与建设的需要。

1979 年以前，中国的城市维护建设资金主要来源于工商税附加、城市公用事业附加和政府拨付的城市维护费，城市维护建设资金一直不足。1979 年，中国开始在部分大中城市试行从工商企业按上年利润提取 5%，用作城市维护建设资金的办法，但并未从根本上解决城市维护建设资金不足的问题。为从根本上解决城市维护建设资金不足的问题，1985 年开始在全国范围内征收城市维护建设税，将其收入用于城市公用事业和公共设施的维护和建设。为了统一税制、公平税负，创造平等竞争的外部环境，2010 年 10 月，国务院发布了《国务院关于统一内外资企业和个人城市维护建设税和教育费附加制度的通知》，自 2010 年 12 月 1 日起，1985 年及 1986 年以来国务院及国务院财税主管部门发布的有关城市维护建设税的法规、规章、政策同时适用于外商投资企业、外国企业及外籍个人。

现行城市维护建设税的法律依据，主要是 1985 年由国务院颁布的《中华人民共和国城市维护建设税暂行条例》（以下简称《城市维护建设税条例》）。

8.1.2　征税范围和纳税义务人

作为一种附加税，城市维护建设税是以纳税人实际缴纳的增值税、消费税、营业税的税额为税基，随"三税"同时征收，其本身并没有独立的征税对象，征管方法也完全比照"三税"的有关规定办理。

城市维护建设税的纳税人是缴纳增值税、消费税、营业税的单位和个人。所谓单位，包括企业、事业单位、行政单位、军事单位、社会团体及其他单位。所谓个人包括个体工商户和其他个人。

增值税、消费税、营业税的代扣代缴、代收代缴义务人同时也是城市维护建设税的代扣代缴、代收代缴义务人。

8.1.3　税基与税率

1．税基

城市维护建设税的税基为纳税人实际缴纳的增值税、消费税、营业税税额。

所谓增值税、消费税、营业税税额，是指"三税"的正税，不包括非税款项。纳税人因违反"三税"法规而缴纳的滞纳金和罚款，不属于"三税"的正税，不作为城市维护建设税的税基。但是，纳税人在被查补"三税"和被处以罚款时，应同时对其偷逃的城市维护建设税进行补税和罚款。

海关代征的进口产品增值税、消费税，不征收城市维护建设税。

2．税率

城市维护建设税的税率为地区差别比例税率。纳税人所在地区不同，享受的公用事业和基础设施不同，税率也不同。

（1）纳税人所在地为市区的，税率为 7%。

（2）纳税人所在地为县城、镇的，税率为 5%。

（3）纳税人所在地不为市区、县城或镇的，税率为 1%。

城市维护建设税的适用税率，一般按纳税人所在地的税率执行。但是，由受托方代扣代缴、代收代缴增值税、消费税、营业税的，纳税人缴纳的城市维护建设税，按受托方所在地的税率执行。此外，从事流动经营等无固定纳税地点的单位和个人，在经营地缴纳增值税、消费税、营业税的，其城市维护建设税的缴纳按经营地适用税率执行。

8.1.4　税收减免

城市维护建设税没有单独的税收优惠，其税收优惠与增值税、消费税、营业税相同，随增值税、营业税、消费税的减免而减免。

由于减免增值税、营业税、消费税而需要进行"三税"退库的，应同时退还已纳的城市维护建设税。但对"三税"实行先征后返、先征后退、即征即退办法的，除另有规定外，对随"三税"附征的城市维护建设税，一律不予退（返）还。

对出口货物退还增值税、消费税的，不退还已纳的城市维护建设税。经国家税务局正式审核批准的当期免抵的增值税税额，应纳入城市维护建设税的计征范围，分别按规定的税（费）率征收城市维护建设税和教育费附加。

8.1.5　税额的计算与缴纳

1. 应纳税额的计算

城市维护建设税税额计算的基本公式如下：

应纳税额=纳税人实际缴纳的增值税、消费税、营业税税额×适用税率

【例 8-1】某市区一家国有企业，2014 年 7 月实际缴纳增值税 30 万元，缴纳消费税 20 万元，缴纳营业税 10 万元。计算该企业应纳的城市维护建设税。

解：

应纳税额=(30+20+10)×7% =4.2（万元）

2. 税款的缴纳

城市维护建设税的纳税期限、纳税地点与增值税、消费税、营业税相同。城市维护建设税纳税地点的具体规定如下。

（1）代扣代缴、代收代缴增值税、消费税、营业税的单位和个人，其城市维护建设税纳税地点为代扣代收地。

（2）跨省开采的油田，下属生产单位与核算单位不在同一省内的，其生产的原油，在油井所在地缴纳增值税。所以，各油井应纳的城建税，应由核算单位计算，随同增值税一并汇拨油井所在地，在油井所在地缴纳。

（3）对管道局输油部分的收入，由取得收入的各管道局于所在地缴纳营业税和城建税。

（4）对流动经营等无固定地点的单位和个人，应随同增值税、消费税、营业税在经营地按适用税率计算缴纳城建税。

8.2　教育费附加

教育费附加是政府教育支出的重要资金来源，与城市维护建设税一样，都是具有特定用途的附加税。

教育费附加是为筹集地方基础教育经费而征收的一种附加费，其目的是筹集办学资金，

增加教育投资，具有特定用途税的性质。

为发展基础教育，国务院于 1984 年开征了农村教育事业经费附加。1985 年中共中央做出了《关于教育体制改革的决定》，国务院于 1986 年在全国范围内开征了教育费附加。自 2010 年 12 月 1 日起，1985 年及 1986 年以来国务院及国务院财税主管部门发布的有关教育费附加的法规、规章、政策同时适用于外商投资企业、外国企业及外籍个人。

教育费附加的主要法律依据是国务院于 1986 颁布的《征收教育费附加的暂行规定》。教育费附加的缴纳人为缴纳增值税、消费税、营业税的单位和个人。所谓单位，是指国有企业、集体企业、私营企业、股份制企业、其他企业和行政单位、事业单位、军事单位、社会团体、其他单位。所谓个人，是指个体工商户和其他个人。

外商投资企业和外国企业暂不缴纳教育费附加。

教育费附加以纳税人实际缴纳的增值税、消费税、营业税税额为依据，按 3% 的征收率计算。由海关代征的进口产品增值税、消费税，不缴纳教育费附加。

教育费附加原则上不予减免。但对由于减免增值税、营业税、消费税而发生退税的，应同时退还已征收的教育费附加。对出口货物退还增值税、消费税的，不退还已征收的教育费附加。

教育费附加的计算公式如下：

应纳教育费附加=实际缴纳的增值税、消费税、营业税税额×征收比率

【例 8-2】某企业 2014 年 6 月份缴纳增值税 40 万元，缴纳消费税 30 万元，缴纳营业税 20 万元。计算该企业应缴纳的教育费附加。

解：

应纳教育费附加=(40+30+20)×3%=2.7（万元）

教育费附加由税务部门征收，缴纳期限和缴纳地点与增值税、消费税、营业税相同。

8.3　车辆购置税

8.3.1　税种概述

车辆购置税是对购置的车辆向购置者征收的一种税。作为一种特定用途税，车辆购置税的目的是筹集公路建设资金，满足公路建设需要。国务院早在 1985 年就在全国范围内征收车辆购置附加费，其收入主要用于公路建设。为规范政府收入形式，强化预算管理，稳定税（费）负担，降低征税（费）的费用，车辆购置附加费于 2000 年被改为车辆购置税。

现行车辆购置税的法律依据，是 2000 年 10 月 22 日由国务院颁布的《中华人民共和国

车辆购置税暂行条例》（以下简称《车辆购置税条例》）。

8.3.2　征税范围和纳税义务人

1. 征税范围

车辆购置税的征税范围，是指在中华人民共和国境内购置的应税车辆。所谓购置，是指购买、进口、自产、受赠、获奖或者以其他方式取得并自用应税车辆的行为。应税车辆包括汽车、摩托车、电车、挂车和农用运输车。

（1）汽车，包括各类汽车。

（2）摩托车，包括轻便摩托车、二轮摩托车和三轮摩托车。

① 轻便摩托车，最高设计时速不大于 50 千米/小时，发动机汽缸总排量不大于 50 立方厘米的两个或者三个车轮的机动车。

② 二轮摩托车，最高设计车速大于 50 千米/小时，或者发动机汽缸总排量大于 50 立方厘米的两个车轮的机动车。

③ 三轮摩托车，最高设计车速大于 50 千米/小时，或者发动机汽缸总排量大于 50 立方厘米，空车重量不大于 400 千克的三个车轮的机动车。

（3）电车，包括无轨电车和有轨电车。

① 无轨电车，以电能为动力，由专用输电电缆线供电的轮式公共车辆。

② 有轨电车，以电能为动力，在轨道上行驶的公共车辆。

（4）挂车，包括全挂车和半挂车。

① 全挂车，无动力设备，独立承载，由牵引车辆牵引行驶的车辆。

② 半挂车，无动力设备，与牵引车辆共同承载，由牵引车辆牵引行驶的车辆。

（5）农用运输车，包括三轮农用运输车和四轮农用运输车。

① 三轮农用运输车，柴油发动机，功率不大于运输车 7.4 千瓦，载重量不大于 500 千克，最高车速不大于 40 千米/小时的三个车轮的机动车。

② 四轮农用运输车，柴油发动机，功率不大于运输车 28 千瓦，载重量不大于 1 500 千克，最高车速不大于 50 千米/小时的四个车轮的机动车。

车辆购置税征收范围的调整，由国务院决定并公布。

2. 纳税人

在中华人民共和国境内购置应税车辆的单位和个人，为车辆购置税的纳税人。所谓单位，包括国有企业、集体企业、私营企业、股份制企业、外商投资企业、外国企业以及其他企业和事业单位、社会团体、国家机关、部队以及其他单位；所谓个人，包括个体工商户以及其他个人。

8.3.3　税基与税率

1. 税基的确定

车辆购置税实行从价定率的办法计算应纳税额，以计税价格为税基。不同方式取得的应税车辆，其计税价格的确定办法有所不同。车辆购置税计税价格按照以下情形确定。

（1）纳税人购买自用的应税车辆，计税价格为纳税人购买应税车辆而支付给销售者的全部价款和价外费用，不包含增值税税款。

价外费用，是指销售方价外向购买方收取的基金、集资费、违约金（延期付款利息）和手续费、包装费、储存费、优质费、运输装卸费、保管费以及其他各种性质的价外收费，但不包括销售方代办保险等而向购买方收取的保险费，以及向购买方收取的代购买方缴纳的车辆购置税、车辆牌照费。

（2）纳税人进口自用的应税车辆：

$$计税价格=关税完税价格+关税+消费税$$

（3）纳税人购买自用或者进口自用应税车辆，申报的计税价格低于同类型应税车辆的最低计税价格，又无正当理由的，计税价格为国家税务总局核定的最低计税价格。

最低计税价格，是指国家税务总局依据机动车生产企业或者经销商提供的车辆价格信息，参照市场平均交易价格核定的车辆购置税计税价格。车辆购置税最低计税价格管理办法由国家税务总局另行制定。

（4）纳税人自产、受赠、获奖或者以其他方式取得并自用的应税车辆的计税价格，主管税务机关参照国家税务总局规定的最低计税价格核定。

（5）国家税务总局未核定最低计税价格的车辆，计税价格为纳税人提供的有效价格证明注明的价格。有效价格证明注明的价格明显偏低的，主管税务机关有权核定应税车辆的计税价格。

（6）进口旧车、因不可抗力因素导致受损的车辆、库存超过 3 年的车辆、行驶 8 万千米以上的试验车辆、国家税务总局规定的其他车辆，计税价格为纳税人提供的有效价格证明注明的价格。纳税人无法提供车辆有效价格证明的，主管税务机关有权核定应税车辆的计税价格。

（7）免税条件消失的车辆，自初次办理纳税申报之日起，使用年限未满 10 年的，计税价格以免税车辆初次办理纳税申报时确定的计税价格为基准，每满 1 年扣减 10%；未满 1 年的，计税价格为免税车辆的原计税价格；使用年限 10 年（含）以上的，计税价格为 0。

需要说明的是，纳税人购买自用或者进口自用的应税车辆，申报的计税价格低于同类型应税车辆的最低计税价格，又无正当理由的适用车辆不包括上述第 6 种情形规定的车辆。

2．税率

车辆购置税的税率为 10%。车辆购置税税率的调整，由国务院决定并公布。

8.3.4　税收减免

（1）外国驻华使馆、领事馆和国际组织驻华机构及其外交人员自用的车辆，免税。

（2）中国人民解放军和中国人民武装警察部队列入军队武器装备订货计划的车辆，免税。

（3）设有固定装置的非运输车辆，免税。

（4）有国务院规定予以免税或者减税的其他情形的，按照规定免税或者减税，如包括防汛部门和森林消防等部门购置的防汛专用车和森林消防专用车、回国服务的在外留学人员购买的国产小汽车（1 辆）、长期来华定居专家进口的自用小汽车（1 辆）、农用三轮车等。

（5）自 2014 年 9 月 1 日至 2017 年 12 月 31 日，对购置的新能源汽车免征车辆购置税。适用免税政策的新能源汽车须同时符合以下条件。

① 获得许可在中国境内销售的纯电动汽车、插电式（含增程式）混合动力汽车、燃料电池汽车。

② 使用的动力电池不包括铅酸电池。

③ 须符合纯电动续驶里程要求，如表 8-1 所示。

表 8-1　新能源汽车纯电动续驶里程要求

单位：千米

类　　别	乘 用 车	客　车	货　车	专 用 车	测 试 方 法
纯电动	≥80	≥150	≥80	≥80	M1、N1 类采用工况法，其他暂采用 40 千米/小时等速法
插电式（含增程式）混合动力	≥50（工况法） ≥70（等速法）	≥50	≥50	≥50	M1、N1 类采用工况法或 60 千米/小时等速法，其他暂采用 40 千米/小时等速法
燃料电池	≥150	≥150	≥200	≥200	M1、N1 类采用工况法，其他暂采用 40 千米/小时等速法

④ 插电式混合动力乘用车综合燃料消耗量（不含电能转化的燃料消耗量）与现行的常规燃料消耗量国家标准中对应目标值相比小于 60%；插电式混合动力商用车综合燃料消耗量（不含电能转化的燃料消耗量）与现行的常规燃料消耗量国家标准中对应限值相比小于 60%。

⑤ 通过新能源汽车专项检测，符合新能源汽车标准要求。

纳税人在办理车辆购置税免（减）税手续时，应如实填写纳税申报表和《车辆购置税免（减）税申报表》（以下简称免税申报表），除须按规定提供纳税人身份证明、车辆价格证明、车辆合格证明和税务机关要求提供的其他资料外，还应根据不同情况，分别提供下列资料。

① 外国驻华使馆、领事馆和国际组织驻华机构及其外交人员自用的车辆，分别提供机构证明和外交部门出具的身份证明。

② 中国人民解放军和中国人民武装警察部队列入军队武器装备订货计划的车辆，提供订货计划的证明。

③ 设有固定装置的非运输车辆，提供车辆内、外观彩色 5 寸照片。

④ 其他车辆，提供国务院或者国务院授权的主管部门的批准文件。

免税、减税车辆因转让、改变用途等原因不再属于免税、减税范围的，应当在办理车辆过户手续前或者办理变更车辆登记注册手续前缴纳车辆购置税。

8.3.5　税额的计算与缴纳

1．应纳税额的计算

车辆购置税实行从价定率的办法计算应纳税额。应纳税额的计算公式如下：

$$应纳税额=计税价格\times税率$$

【例8-3】张某2014年1月份从某汽车公司购买一辆轿车供自己使用，支付了含增值税税款在内的款项234 000元。计算张某应纳的车辆购置税。

解：

$$计税价格=234\,000\div(1+17\%)=200\,000（元）$$
$$应纳税额=200\,000\times10\%=20\,000（元）$$

【例8-4】某外贸公司从境外进口 A 型号小轿车 10 辆。报关地海关确定的关税完税价格为 200 000 元/辆（人民币）；关税税率为 28%；消费税税率为 5%。该公司将其中 2 辆进口小轿车留作本单位自己使用。

根据上述资料，要求计算：

（1）该公司在进口环节应缴纳的关税。

（2）该公司在进口环节应缴纳的消费税。

（3）该公司在进口环节应缴纳的增值税。

（4）该公司在进口环节应缴纳的车辆购置税。

解析：

（1）应纳关税额=200 000×10×28%=560 000（元）

（2）应纳消费税额=(200 000×10+560 000)÷(1-5%)×5%=134 736.84（元）

（3）应纳增值税额=(200 000×10+560 000)÷(1-5%)×17%=458 105.26（元）

（4）应纳车辆购置税额=(200 000×10+560 000)÷(1-5%)÷10×2×10%=53 894.74（元）

2．税款的缴纳

车辆购置税实行一车一申报制度。购置已征车辆购置税的车辆，不再征收车辆购置税。

（1）纳税义务发生时间与申报纳税期限。纳税人购买自用应税车辆的，应自购买之日起 60 日内申报纳税；进口自用应税车辆的，应自进口之日起 60 日内申报纳税；自产、受赠、获奖或者以其他方式取得并自用应税车辆的，应自取得之日起 60 日内申报纳税。

免税车辆因转让、改变用途等原因，其免税条件消失的，纳税人应在免税条件消失之日起 60 日内到主管税务机关重新申报纳税。免税车辆发生转让，但仍属于免税范围的，受让方应当自购买或取得车辆之日起 60 日内到主管税务机关重新申报免税。

（2）纳税地点。纳税人应到下列地点办理车辆购置税纳税申报。

① 需要办理车辆登记注册手续的纳税人，向车辆登记注册地的主管税务机关办理纳税申报。

② 不需要办理车辆登记注册手续的纳税人，向纳税人所在地的主管税务机关办理纳税申报。

纳税人应当在向公安机关车辆管理机构办理车辆登记注册前，缴纳车辆购置税。纳税人应当持主管税务机关出具的完税证明或者免税证明，向公安机关车辆管理机构办理车辆登记注册手续；没有完税证明或者免税证明的，公安机关车辆管理机构不得办理车辆登记注册手续。

3．税款退还

已缴纳车辆购置税的车辆，发生下列情形之一的，准予纳税人申请退税。

（1）车辆退回生产企业或者经销商的。

（2）符合免税条件的设有固定装置的非运输车辆但已征税的。

（3）其他依据法律法规规定应予退税的情形。

纳税人申请退税时，应如实填写《车辆购置税退税申请表》（以下简称退税申请表），由本人、单位授权人员到主管税务机关办理退税手续，按下列情况分别提供资料。

（1）车辆退回生产企业或者经销商的，提供生产企业或经销商开具的退车证明和退车发票。

未办理车辆登记注册的，提供原完税凭证、完税证明正本和副本；已办理车辆登记注册的，提供原完税凭证、完税证明正本、公安机关车辆管理机构出具的机动车注销证明。

（2）符合免税条件的设有固定装置的非运输车辆但已征税的，未办理车辆登记注册的，提供原完税凭证、完税证明正本和副本；已办理车辆登记注册的，提供原完税凭证、完税证明正本。

（3）其他依据法律法规规定应予退税的情形，未办理车辆登记注册的，提供原完税凭证、完税证明正本和副本；已办理车辆登记注册的，提供原完税凭证、完税证明正本、公安机关车辆管理机构出具的机动车注销证明或者税务机关要求的其他资料。

车辆退回生产企业或者经销商的，纳税人申请退税时，主管税务机关自纳税人办理纳税申报之日起，按已缴纳税款每满 1 年扣减 10%计算退税额；未满 1 年的，按已缴纳税款全额退税。

其他退税情形，纳税人申请退税时，主管税务机关依据有关规定计算退税额。

8.4　烟　叶　税

8.4.1　税种概述

烟叶税是对烟叶征收的一种税。1994 年分税制改革后，中国对烟叶开征烟叶特产税，隶属于农业税。为减轻农民的税收负担，2004 年，中国废除了农业税，作为农业税组成部分的烟叶特产税也随之取消。为了保证烟叶产区的地方财政收入，在取消农业税的同时，中国又开征了烟叶税。可见，烟叶税是在取消农业税及农林特产农业税的情况下，为保留对烟叶征税而设置的一个税种。

现行烟叶税的法律依据，是 2006 年国务院颁布的《中华人民共和国烟叶税暂行条例》（以下简称《烟叶税条例》）。

8.4.2　征税范围和纳税义务人

1．征税范围

烟叶税的征税范围为烟叶，包括晾晒烟叶和烤烟叶。所谓晾晒烟叶，包括列入名晾晒烟名录的晾晒烟叶和未列入名晾晒烟名录的其他晾晒烟叶。

2．纳税义务人

在中华人民共和国境内收购烟叶的单位为烟叶税的纳税人。

所谓收购烟叶的单位，是指依照《中华人民共和国烟草专卖法》的规定有权收购烟叶的烟草公司或者受其委托收购烟叶的单位。依照《中华人民共和国烟草专卖法》查处没收的违法收购的烟叶，由收购罚没烟叶的单位按照购买金额计算缴纳烟叶税。

8.4.3　税基与税率

1．税基的确定

烟叶税的税基为烟叶的收购金额。所谓收购金额，包括纳税人支付给烟叶销售者的烟叶收购价款和价外补贴。按照简化手续、方便征收的原则，对价外补贴统一暂按烟叶收购价款的 10%计入收购金额征税。收购金额计算公式如下：

$$收购金额=收购价款×(1+10\%)$$

2．适用税率

烟叶税实行比例税率，税率为 20%。烟叶税税率的调整，由国务院决定。

8.4.4　烟叶税的计算与缴纳

1．税额计算

烟叶税的应纳税额按照纳税人收购烟叶的收购金额和规定的税率计算。应纳税额的计算公式如下：

$$应纳税额=烟叶收购金额×税率$$

【例 8-5】2014 年 2 月，某烟草公司向烟农（与烟草公司签订了烟叶收购合同）收购烟叶 2 000 千克，款项已付并开具了收购凭证。已知该地区该类型的烟叶国家统一收购价格为 500 元/50 千克。计算该烟草公司应纳的烟叶税。

解：

$$应纳税额=2\ 000×500/50×(1+10\%)×20\%=4\ 400（元）$$

2．税款的缴纳

烟叶税的纳税义务发生时间为纳税人收购烟叶的当天。纳税人应当自纳税义务发生之日起 30 日内申报纳税。具体纳税期限由主管税务机关核定。所谓收购烟叶的当天，是指纳税人向烟叶销售者付讫收购烟叶款项或者开具收购烟叶凭据的当天。

烟叶税由地方税务机关征收。纳税人收购烟叶，应当向烟叶收购地的主管税务机关申报纳税。所谓烟叶收购地的主管税务机关，是指烟叶收购地的县级地方税务局或者其所指定的税务分局、所。

 本章小结

- ➡ 城市维护建设税是对从事工商经营，缴纳增值税、消费税、营业税的单位和个人，按照增值税、营业税、消费税的税额征收的一种附加税。城市维护建设税的税基为纳税人实际缴纳的增值税、消费税、营业税税额，税率为地区差别比例税率。纳税人所在地区不同，税率也不同。

- ➡ 教育费附加是为筹集地方基础教育经费而征收的一种附加费。教育费附加以纳税人实际缴纳的增值税、消费税、营业税税额为依据，按 3%的征收率计算。

- ➡ 车辆购置税是对购置的车辆向购置者征收的一种税。车辆购置税实行从价定率的办法计算应纳税额，计税价格根据不同情况确定，税率为 10%。

➠　烟叶税是对烟叶征收的一种税，纳税人为在中华人民共和国境内收购烟叶的单位。烟叶税的税基为烟叶的收购金额，实行比例税率，税率为 20%。

综合练习

1．现行城市维护建设税的征税范围和纳税人是如何规定的？
2．什么是教育费附加？
3．现行车辆购置税的计税方法是如何规定的？
4．如何计征烟叶税？

推荐阅读材料

1．中国注册会计师协会．税法．北京：经济科学出版社，2014
2．马国强．中国税收．大连：东北财经大学出版社，2014
3．杨斌．税收学．北京：科学出版社，2011

网上资源

1．财政部，http://www.mof.gov.cn/mof/
2．国家税务总局，http://www.chinatax.gov.cn/n8136506/index.html
3．中国税务网，http://www.ctax.org.cn/

第 9 章　企业所得税

学习目标

▶▶ 了解企业所得税的概念
▶▶ 掌握企业所得税的基本制度
▶▶ 掌握企业所得税应纳税额的计算

9.1　税　种　概　述

9.1.1　企业所得税的概念

从概念上看，企业所得税是以企业所得为课税对象征收的一种税。在现代社会，企业存在多种形式。从资本的构成角度看，企业可以分为独资企业、合伙企业与有限或无限责任公司等形式。从法律地位上看，企业有非法人企业与法人企业等形式。世界各国的实践表明，企业所得税主要是对公司或具有法人地位的企业征收的所得税，因此企业所得税又被称为公司所得税或法人所得税。中国的法律规定中并未将企业所得税称为公司所得税或法人所得税，一方面是由于沿袭已久的习惯；另一方面是因为从所涵盖的主体上看，它不仅包括了公司制企业，而且还包括了非公司制企业；不仅包括了法人企业，而且还包括了某些非法人组织。不同企业都按照统一的企业所得税法征税，有利于企业间公平税负，平等竞争。

9.1.2　企业所得税的产生与发展

与其他税种相比，所得税是赋税史上出现较晚的一个税种。18世纪末，所得税始创于英国，最初的目的在于应付战争引起的庞大经费开支，此后曾一度被取消，因此又有"战时税"之称。直到1874年，企业所得税才成为英国税制中的一个永久性税种。第一次世界大战之后，所得税为西方国家普遍采用，并逐步在许多国家的税收制度中占有重要地位。

中国最早提倡引进所得税是在清朝末年。宣统三年（公元 1911 年）曾准备开征所得税，但由于清政府几近崩溃，因而未能实行。1936 年 7 月，国民党政府正式发布了《所得税暂行条例》，先后开征了薪给报酬所得税、证券存款所得税和营利事业所得税等。新中国成立后，1950 年政务院发布《全国税政实施要则》，规定了属于所得税性质的工商业税中的所得税、存款利息所得税与薪金报酬所得税，标志着中国新的企业所得税体系的初步建立。在国民经济恢复和社会主义改造时期，所得税的征收，对积累资金、稳定物价、促进国民经济恢复和发展等方面起了积极作用。1958 年实行工商税制改革时，所得税从工商业税中分离出来，定名为工商所得税。这是新中国成立后所得税成为一个独立税种的标志，为以后的所得税制建立打下了基础。

1980 年 9 月，第五届全国人民代表大会第三次会议通过了《中华人民共和国中外合资经营企业所得税法》，这是中国第一部企业所得税法。其税率确定为 30%，另按应纳所得税税额附征 10%的地方所得税。1981 年又颁布了《中华人民共和国外国企业所得税法》，实行 20%～40%的 5 级超额累进税率，另按应纳税所得额附征 10%的地方所得税。1991 年将两部涉外企业所得税法合并为《中华人民共和国外商投资企业和外国企业所得税法》，完善了中国的涉外所得税制。涉外所得税制的建立与完善对中国对外开放政策的深入贯彻起了重要的促进作用。

党的"十四大"提出了建立社会主义市场经济体制的目标，十四届三中全会作出了《中共中央关于建立社会主义市场经济体制若干问题的决定》，具体提出了财税体制改革的指导思想。建立市场经济体制，就必须建立一套符合市场经济客观要求的新税制，做到统一税法、公平税负、简化税制、合理分权。1994 年以前，中国的企业所得税制度，除外商投资企业和外国企业所得税外，内资企业所得税有国营企业所得税、集体企业所得税和私营企业所得税三个税种。这种三税并存的局面，存在诸多问题。根据建立社会主义市场经济体制的要求，为贯彻"公平税负、促进竞争"的原则，1993 年 12 月，国务院发布了《中华人民共和国企业所得税暂行条例》，将原来的国营企业所得税、集体企业所得税、私营企业所得税合并，统一了内资企业所得税制度，从 1994 年 1 月 1 日起施行。内资企业所得税制的统一，对完善社会主义市场经济体制，促进国民经济全面健康发展具有重要意义。2007 年 3 月 16 日，全国人民代表大会通过了《中华人民共和国企业所得税法》，并于 2008 年 1 月 1 日起实施。从此内外资企业实行统一的企业所得税法。

现行中国企业所得税的法律依据，主要是 2007 年 3 月 16 日全国人民代表大会通过的《中华人民共和国企业所得税法》（以下简称企业所得税法）和同年 11 月 28 日国务院通过的《中华人民共和国企业所得税法实施条例》（以下简称企业所得税条例）。

9.2　纳税义务人与征税范围

9.2.1　征税对象

企业所得税的征税对象是企业取得的各项所得，根据其业务来源和性质可划分为销售货物所得、提供劳务所得、转让财产所得、股息红利等权益性投资所得、利息所得、租金所得、特许权使用费所得、接受捐赠所得和其他所得九类所得。

（1）销售货物所得，是指企业销售商品、产品、原材料、包装物、低值易耗品以及其他存货取得的所得。

（2）提供劳务所得，是指企业从事建筑安装、修理修配、交通运输、仓储租赁、金融保险、邮电通信、咨询经纪、文化体育、科学研究、技术服务、教育培训、餐饮住宿、中介代理、卫生保健、社区服务、旅游、娱乐、加工以及其他劳务服务活动取得的所得。

（3）转让财产所得，是指企业转让固定资产、生物资产、无形资产、股权、债权等财产取得的所得。

（4）股息、红利等权益性投资所得，是指企业因权益性投资从被投资方取得的所得。

（5）利息所得，是指企业将资金提供他人使用但不构成权益性投资，或者因他人占用本企业资金取得的所得，包括存款利息、贷款利息、债券利息、欠款利息等。

（6）租金所得，是指企业提供固定资产、包装物或者其他有形资产的使用权取得的所得。

（7）特许权使用费所得，是指企业提供专利权、非专利技术、商标权、著作权以及其他特许权的使用权取得的所得。

（8）接受捐赠所得，是指企业接受的来自其他企业、组织或者个人无偿给予的货币性资产、非货币性资产应确认的所得。

（9）其他所得，是指上述各项所得以外的所得，包括企业资产溢余、逾期未退包装物押金、确实无法偿付的应付款项、已作坏账损失处理后又收回的应收款项、债务重组、补贴、违约金、汇兑收益等。

9.2.2　纳税义务人及其纳税义务范围

企业所得税的纳税人，是指在中华人民共和国境内，企业和其他取得收入的组织（以下统称企业），包括居民企业和非居民企业，但不包括个人独资企业、合伙企业。居民企业和非居民企业，分别承担不同范围的纳税义务。

所谓个人独资企业、合伙企业，是指依照中国法律、行政法规成立的个人独资企业、合伙企业。

1．居民企业及其纳税义务

（1）居民企业的界定。居民企业是指依照中国法律、行政法规在中国境内成立，或者依照外国（地区）法律成立但实际管理机构在中国境内的企业。

国际上，居民企业的判定标准有"登记注册地标准"、"生产经营地标准"、"实际管理机构地标准"和"总机构所在地标准"等，大多数国家都采用了多个标准相结合的办法。

居民企业的判定标准，中国采用了"登记注册地标准"和"实际管理机构地标准"相结合的办法。

实际管理机构，是指对企业的生产经营、人员、账务、财产等实施实质性全面管理和控制的机构。

（2）居民企业的纳税义务范围。居民企业承担全面纳税义务，应当就其来源于中国境内、境外的所得缴纳企业所得税。

2．非居民企业及其纳税义务

（1）非居民企业的界定。非居民企业，是指依照外国（地区）法律成立且实际管理机构不在中国境内，但在中国境内设立机构、场所的，或者在中国境内未设立机构、场所，但有来源于中国境内所得的企业。

所谓依照外国（地区）法律成立的企业，包括依照外国（地区）法律成立的企业和其他取得收入的组织。

所谓机构、场所，是指在中国境内从事生产经营活动的机构、场所，包括一般性的机构场所和视为设立的机构、场所。

① 一般性的机构场所包括管理机构、营业机构（商场等）、办事机构（代表处等）；工厂、农场、开采自然资源的场所；提供劳务的场所（酒店等）；从事建筑、安装、装配、修理、勘探等工程作业的场所（建筑工地等）；其他从事生产经营活动的机构、场所。

② 非居民企业委托营业代理人在中国境内从事生产经营活动的，包括委托单位或者个人经常代其签订合同，或者储存、交付货物等，该营业代理人视为非居民企业在中国境内设立的机构、场所。

（2）纳税义务范围。

① 非居民企业在中国境内设立机构、场所的，应当就其所设机构、场所取得的来源于中国境内的所得，以及发生在中国境外但与其所设机构、场所有实际联系的所得，缴纳企业所得税。

② 非居民企业在中国境内未设立机构、场所的，或者虽设立机构、场所但取得的所得与其所设机构、场所没有实际联系的[①]，应当就其来源于中国境内的所得缴纳企业所得税。

[①] 此两类非居民企业，本教材简称为其他非居民企业。

所谓实际联系，是指非居民企业在中国境内设立的机构、场所拥有据以取得所得的股权、债权，以及拥有、管理、控制据以取得所得的财产等。

非居民企业，通常而言，仅就其来源于中国境内的所得纳税，因此所得来源地的判定对确定其纳税义务至关重要。

（3）所得来源地的确定。

① 销售货物所得，按照交易活动发生地确定。

② 提供劳务所得，按照劳务发生地确定。

③ 转让财产所得，不动产转让所得按照不动产所在地确定，动产转让所得按照转让动产的企业或者机构、场所所在地确定，权益性投资资产转让所得按照被投资企业所在地确定。

④ 股息、红利等权益性投资所得，按照分配所得的企业所在地确定。

⑤ 利息所得、租金所得、特许权使用费所得，按照负担、支付所得的企业或者机构、场所所在地确定，或者按照负担、支付所得的个人的住所地确定。

⑥ 其他所得，由国务院财政、税务主管部门确定。

（4）扣缴义务人及其扣缴义务。

① 基本规定。对其他非居民企业，即在中国境内未设立机构、场所的，或者虽设立机构、场所但取得的所得与其所设机构、场所没有实际联系的非居民企业，其来源于中国境内的所得应缴纳的企业所得税，实行源泉扣缴，以支付人为扣缴义务人。

② 对非居民企业在中国境内取得工程作业和劳务所得应缴纳的所得税，县级以上税务机关可以指定工程价款或者劳务费的支付人为扣缴义务人。可以指定扣缴义务人的情形包括预计工程作业或者提供劳务期限不足 1 个纳税年度，且有证据表明不履行纳税义务的；没有办理税务登记或者临时税务登记，且未委托中国境内的代理人履行纳税义务的；未按照规定期限办理企业所得税纳税申报或者预缴申报的。

税款由扣缴义务人在每次支付或者到期应支付时，从支付或者到期应支付的款项中扣缴。

支付人，是指依照有关法律规定或者合同约定对非居民企业直接负有支付相关款项义务的单位或者个人。支付，包括现金支付、汇拨支付、转账支付和权益兑价支付等货币支付和非货币支付；到期应支付的款项，是指支付人按照权责发生制原则应当计入相关成本、费用的应付款项。

9.3　适用税率

9.3.1　居民企业和非居民企业在中国境内设立的机构、场所适用税率

1. 法定税率

居民企业和非居民企业在中国境内设立的机构、场所适用的法定税率为 25%。

2. 优惠税率

（1）符合条件的小型微利企业适用 20% 的税率。

符合条件的小型微利企业，是指从事国家非限制和禁止行业，其全部生产经营活动产生的所得均负有中国企业所得税纳税义务，并符合下列条件的企业。

① 工业企业，年度应纳税所得额不超过 30 万元，从业人数不超过 100 人，资产总额不超过 3 000 万元。

② 其他企业，年度应纳税所得额不超过 30 万元，从业人数不超过 80 人，资产总额不超过 1 000 万元。

从业人数[①]和资产总额指标，按企业全年月平均值确定，具体计算公式如下：

$$月平均值=(月初值+月末值)÷2$$
$$全年月平均值=全年各月平均值之和÷12$$

年度中间开业或者终止经营活动的，以其实际经营期作为一个纳税年度确定上述相关指标。

（2）国家需要重点扶持的高新技术企业适用 15% 的税率。高新技术企业，是指在《国家重点支持的高新技术领域》（包括电子信息技术、生物与新医药技术、航空航天技术、新材料技术、高技术服务业、新能源及节能技术、高新技术改造传统产业、资源与环境技术等八大领域）内，持续进行研究开发与技术成果转化，形成企业核心自主知识产权，并以此为基础开展经营活动，在中国境内（不包括港、澳、台地区）注册一年以上的居民企业。

高新技术企业认定须同时满足以下条件。

① 在中国境内（不含港、澳、台地区）注册的企业，近三年内通过自主研发、受让、受赠、并购等方式，或通过 5 年以上的独占许可方式，对其主要产品（服务）的核心技术拥有自主知识产权。

② 产品（服务）属于《国家重点支持的高新技术领域》规定的范围。

③ 具有大学专科以上学历的科技人员占企业当年职工总数的 30% 以上，其中研发人员占企业当年职工总数（不含劳务派遣工，可筹划因素）的 10% 以上。

④ 企业为获得科学技术（不包括人文、社会科学）新知识，创造性运用科学技术新知识，或实质性改进技术、产品（服务）而持续进行了研究开发活动，且近三个会计年度的研究开发费用总额占销售收入总额的比例符合如下要求：最近一年销售收入小于 5 000 万元的企业，比例不低于 6%；最近一年销售收入在 5 000 万元至 20 000 万元的企业，比例不低于 4%；最近一年销售收入在 20 000 万元以上的企业，比例不低于 3%。其中，企业在中国境内发生的研究开发费用总额占全部研究开发费用总额的比例不低于 60%。企业注册成

[①] 从业人数，是指与企业建立劳动关系的职工人数和企业接受的劳务派遣用工人数之和。

立时间不足三年的，按实际经营年限计算。

⑤ 高新技术产品（服务）收入占企业当年总收入的60%以上。

⑥ 企业研究开发组织管理水平、科技成果转化能力、自主知识产权数量、销售与总资产成长性等指标符合国科发火〔2008〕362号：《高新技术企业认定管理工作指引》的要求。

9.3.2 其他非居民企业适用税率

1. 法定税率

其他非居民企业，即在中国境内未设立机构、场所的，或者虽设立机构、场所但取得的所得与其所设机构、场所没有实际联系的非居民企业，其来源于中国境内的所得应缴纳的企业所得税，适用的法定税率为20%。

2. 优惠税率

实际执行中，对其他非居民企业，一般减按10%的税率征收企业所得税。同时，对下列所得可以免征企业所得税。

（1）外国政府向中国政府提供贷款取得的利息所得。

（2）国际金融组织向中国政府和居民企业提供优惠贷款取得的利息所得；经国务院批准的其他所得。

（3）经国务院批准的其他所得。

9.4 企业所得税的税基确定

企业所得税税基为企业取得的年度应纳税所得额。年度应纳税所得额是指企业每一纳税年度的收入总额，减除不征税收入、免税收入、各项扣除以及允许弥补的以前年度亏损后的余额。其基本计算公式如下：

应纳税所得额=收入总额-不征税收入-免税收入-各项扣除-允许弥补的以前年度亏损

除另有规定外，企业应纳税所得额的计算，以权责发生制为原则，即属于当期的收入和费用，不论款项是否收付，均作为当期的收入和费用；不属于当期的收入和费用，即使款项已经在当期收付，均不作为当期的收入和费用。

9.4.1 收入总额

企业的收入总额包括以货币形式和非货币形式从各种来源取得的收入。货币形式，包括现金、存款、应收账款、应收票据、准备持有至到期的债券投资以及债务的豁免等；非货币形式，包括固定资产、生物资产、无形资产、股权投资、存货、不准备持有至到期的债券投资、劳务以及有关权益等。企业以非货币形式取得的收入，应当按照公允价值确定收入额。公允价值，是指按照市场价格确定的价值。

1．一般规定

（1）销售货物收入。

销售货物收入，是指企业销售商品、产品、原材料、包装物、低值易耗品以及其他存货取得的收入。

① 企业销售商品收入应遵循权责发生制原则和实质重于形式原则进行确认，须同时满足以下四项条件。

- ▸ 商品销售合同已经签订，企业已将商品所有权相关的主要风险和报酬转移给购货方。
- ▸ 企业对已售出的商品既没有保留通常与所有权相联系的继续管理权，也没有实施有效控制。
- ▸ 收入的金额能够可靠地计量。
- ▸ 已发生或将发生的销售方的成本能够可靠地核算。

② 销售商品符合收入确认基本条件的，按以下规定确认收入实现时间。

- ▸ 采用托收承付方式的，在办妥托收手续时确认收入。
- ▸ 采取预收款方式的，在发出商品时确认收入。
- ▸ 销售商品需要安装和检验的，在购买方接受商品以及安装和检验完毕时确认收入；如果安装程序比较简单，可在发出商品时确认收入。
- ▸ 销售商品采用支付手续费方式委托代销的，在收到代销清单时确认收入。

③ 销售收入确认的几项具体规定。

一是以旧换新销售商品，应当按照销售商品收入确认条件确认收入，回收的商品作为购进商品处理。

二是企业以买一赠一等方式组合销售本企业商品的，不属于捐赠，应将总的销售金额按各项商品的公允价值的比例来分摊确认各项的销售收入。

三是企业为促进商品销售而在商品价格上给予的价格扣除属于商业折扣，商品销售涉及商业折扣的，应当按照扣除商业折扣后的金额确定销售商品收入金额。

四是债权人为鼓励债务人在规定的期限内付款而向债务人提供的债务扣除属于现金折扣，销售商品涉及现金折扣的，应当按扣除现金折扣前的金额确定销售商品收入金额，现金折扣在实际发生时作为财务费用扣除。

五是企业因售出商品的质量不合格等原因而在售价上给的减让属于销售折让；企业因售出商品质量、品种不符合要求等原因而发生的退货属于销售退回。企业已经确认销售收入的售出商品发生销售折让和销售退回，应当在发生当期冲减当期销售商品收入。

六是采用售后回购方式销售商品的，销售的商品按售价确认收入，回购的商品作为购进商品处理。有证据表明不符合销售收入确认条件的，如以销售商品方式进行融资，收到的款项应确认为负债，回购价格大于原售价的，差额应在回购期间确认为利息费用。

七是融资性售后回租业务[①]中，承租人出售资产的行为，不确认为销售收入，对融资性租赁的资产，仍按承租人出售前原账面价值作为计税基础计提折旧。租赁期间，承租人支付的属于融资利息的部分，作为企业财务费用在税前扣除。

（2）提供劳务收入。提供劳务收入，是指企业从事建筑安装、修理修配、交通运输、仓储租赁、金融保险、邮电通信、咨询经纪、文化体育、科学研究、技术服务、教育培训、餐饮住宿、中介代理、卫生保健、社区服务、旅游、娱乐、加工以及其他劳务服务活动取得的收入。

① 企业在各个纳税期末，提供劳务交易的结果能够可靠估计的，应采用完工进度法确认提供劳务收入。具体确认包括三个条件。

➡ 收入的金额能够可靠地计量。

➡ 交易的完工进度能够可靠地确定[②]。

➡ 交易中已发生和将发生的成本能够可靠地核算。

劳务收入总额按照从接受劳务方已收或应收的合同或协议价款确定，当期劳务收入和当期劳务成本按以下办法确认：

$$当期劳务收入=提供劳务收入总额×本年末止劳务的完工进度$$
$$-以前纳税期间累计已确认的劳务收入$$
$$当期劳务成本=提供劳务估计总成本×本年末止劳务的完工进度$$
$$-以前纳税期间累计已确认的劳务成本$$

② 劳务收入确定的几项具体规定。满足收入确认条件的下列劳务应按规定办法确认收入。

安装费。应根据安装完工进度确认收入。安装工作是商品销售附带条件的，安装费在确认商品销售实现时确认收入。

宣传媒介的收费。应在相关的广告或商业行为出现于公众面前时确认收入。广告的制作费，应根据制作广告的完工进度确认收入。

软件费。为特定客户开发软件的收费，应根据开发的完工进度确认收入。

服务费。包含在商品售价内可区分的服务费，在提供服务的期间分期确认收入。

艺术表演、招待宴会和其他特殊活动的收费。在相关活动发生时确认收入。收费涉及几项活动的，预收的款项应合理分配给每项活动，分别确认收入。

会员费。申请入会或加入会员，只允许取得会籍，所有其他服务或商品都要另行收费

[①] 融资性售后回租业务是指承租方以融资为目的将资产出售给经批准从事融资租赁业务的企业后，又将该项资产从该融资租赁企业租回的行为。融资性售后回租业务中承租方出售资产时，资产所有权以及与资产所有权有关的全部报酬和风险并未完全转移。

[②] 确定完工进度可选用的方法包括已完工作的测量；已提供劳务占劳务总量的比例；发生成本占总成本的比例。

的，在取得该会员费时确认收入。申请入会或加入会员后，会员在会员期内不再付费就可得到各种服务或商品，或者以低于非会员的价格销售商品或提供服务的，该会员费应在整个受益期内分期确认收入。

特许权费（劳务收费，区别于无形资产特许权使用费）。属于提供设备和其他有形资产的特许权费，在交付资产或转移资产所有权时确认收入；属于提供初始及后续服务的特许权费，在提供服务时确认收入。

劳务费。长期为客户提供重复的劳务收取的劳务费，在相关劳务活动发生时确认收入。

（3）转让财产收入。转让财产收入，是指企业转让固定资产、生物资产、无形资产、股权、债权等财产取得的收入。

企业转让股权收入，应于转让协议生效且完成股权变更手续时，确认收入的实现。

企业转让国债，应于转让合同、协议生效的日期，或者国债移交时确认转让收入的实现；企业投资购买国债，到期兑付的，应在国债发行时约定的应付利息的日期，确认国债转让收入的实现。

企业取得财产转让收入，除另有规定外，均应一次性计入确认收入的年度计算缴纳企业所得税。

（4）股息、红利等权益性投资收益。股息、红利等权益性投资收益，是指企业因权益性投资从被投资方取得的收入。

企业权益性投资取得股息、红利等收入，应以被投资企业股东会或股东大会作出利润分配或转股决定的日期，确定收入的实现。

被投资企业将股权（票）溢价所形成的资本公积转为股本的，不作为投资方企业的股息、红利收入，投资方企业也不得增加该项长期投资的计税基础。

企业在计算股权转让所得时，不得扣除被投资企业未分配利润等股东留存收益中按该项股权所可能分配的金额。被投资企业将股权（票）溢价所形成的资本公积转为股本的，不作为投资方企业的股息、红利收入，投资方企业也不得增加该项长期投资的计税基础。

投资企业从被投资企业撤回或减少投资，或者被投资企业清算时，其取得的资产中，相当于初始出资的部分，应确认为投资收回；相当于被投资企业累计未分配利润和累计盈余公积按减少实收资本比例计算的部分，应确认为股息所得；其余部分确认为投资资产转让所得。

（5）利息收入。利息收入，是指企业将资金提供他人使用但不构成权益性投资，或者因他人占用本企业资金取得的收入，包括存款利息、贷款利息、债券利息、欠款利息等收入。

利息收入，按照合同约定的债务人应付利息的日期确认收入的实现。

金融企业按规定发放的贷款，属于未逾期（含展期，下同）贷款，应根据先收利息后收本金的原则，按贷款合同确认的利率和结算利息的期限计算利息，并于债务人应付利息的日期确认收入的实现；属于逾期贷款，其逾期后发生的应收利息，应于实际收到的日期，或者虽未实际收到，但会计上确认为利息收入的日期，确认收入的实现。

金融企业已确认为利息收入的应收利息，逾期 90 天仍未收回，且会计上已冲减了当期利息收入的，准予抵扣当期应纳税所得额；金融企业已冲减了利息收入的应收未收利息，以后年度收回时，应计入当期应纳税所得额计算纳税。

（6）租金收入。租金收入，是指企业提供固定资产、包装物或者其他有形资产的使用权取得的收入。

租金收入，按照合同约定的承租人应付租金的日期确认收入的实现。

如果交易合同或协议中规定租赁期限跨年度，且租金提前一次性支付的，根据收入与费用配比原则，出租人可对上述已确认的收入，在租赁期内，分期均匀计入相关年度收入（满足条件，出租人可选择适用权责发生制确认租金收入）。此规定同时适用于在中国境内设有机构场所，且采取据实申报缴纳企业所得税的非居民企业出租方。

（7）特许权使用费收入。特许权使用费收入，是指企业提供专利权、非专利技术、商标权、著作权以及其他特许权的使用权取得的收入。

特许权使用费收入，按照合同约定的特许权使用人应付特许权使用费的日期确认收入的实现。

（8）接受捐赠收入。接受捐赠收入，是指企业接受的来自其他企业、组织或者个人无偿给予的货币性资产、非货币性资产。接受捐赠收入，按照实际收到捐赠资产的日期确认收入的实现。

（9）其他收入。其他收入，是指上述各项收入外的其他收入，包括企业资产溢余收入、逾期未退包装物押金收入、确实无法偿付的应付款项、已作坏账损失处理后又收回的应收款项、债务重组收入、补贴收入、违约金收入、汇兑收益等。

企业发生债务重组，应在债务重组合同或协议生效时确认收入的实现。

企业取得财产（包括各类资产、股权、债权等）转让收入、债务重组收入、接受捐赠收入、无法偿付的应付款收入等，不论是以货币形式，还是非货币形式体现，除另有规定外，均应一次性计入确认收入的年度计算缴纳企业所得税。

2．特别规定

（1）企业的下列生产经营业务可以分期确认收入的实现。

① 以分期收款方式销售货物的，按照合同约定的收款日期确认收入的实现。

② 企业受托加工制造大型机械设备、船舶、飞机，以及从事建筑、安装、装配工程业务或者提供其他劳务等，持续时间超过 12 个月的，按照纳税年度内完工进度或者完成的工作量确认收入的实现。

（2）采取产品分成方式取得收入的，按照企业分得产品的日期确认收入的实现，其收入额按照产品的公允价值确定。

（3）视同销售收入。企业发生非货币性资产交换，以及将货物、财产、劳务用于捐赠、偿债、赞助、集资、广告、样品、职工福利或者利润分配等用途的，应当视同销售货物、转让财产或者提供劳务，但国务院财政、税务主管部门另有规定的除外。

企业的货物和财产可统称为资产。对企业处置资产的税务处理办法如下。

① 企业发生下列情形的处置资产，除将资产转移至境外以外，由于资产所有权属在形式和实质上均不发生改变，可作为内部处置资产，不视同销售确认收入，相关资产的计税基础延续计算：将资产用于生产、制造、加工另一产品；改变资产形状、结构或性能；改变资产用途（如自建商品房转为自用或经营）；将资产在总机构及其分支机构之间转移；上述两种或两种以上情形的混合；其他不改变资产所有权属的用途。

② 企业将资产移送他人的下列情形，因资产所有权属已发生改变而不属于内部处置资产，应按规定视同销售确定收入：用于市场推广或销售；用于职工奖励或福利；用于股息分配；用于对外捐赠；其他改变资产所有权属的用途。

企业发生上述规定情形时，属于企业自制的资产，应按企业同类资产同期对外销售价格确定销售收入；属于外购的资产，可按购入时的价格确定销售收入。

③ 居民企业（以下简称企业）以非货币性资产对外投资确认的非货币性资产转让所得，可在不超过 5 年期限内，分期均匀计入相应年度的应纳税所得额，按规定计算缴纳企业所得税。所称非货币性资产投资，限于以非货币性资产出资设立新的居民企业，或将非货币性资产注入现存的居民企业。

企业以非货币性资产对外投资，应对非货币性资产进行评估并按评估后的公允价值扣除计税基础后的余额，计算确认非货币性资产转让所得。企业以非货币性资产对外投资，应于投资协议生效并办理股权登记手续时，确认非货币性资产转让收入的实现。

企业以非货币性资产对外投资而取得被投资企业的股权，应以非货币性资产的原计税成本为计税基础，加上每年确认的非货币性资产转让所得，逐年进行调整。被投资企业取得非货币性资产的计税基础，应按非货币性资产的公允价值确定。

企业在对外投资 5 年内转让上述股权或投资收回的，应停止执行递延纳税政策，并就递延期内尚未确认的非货币性资产转让所得，在转让股权或投资收回当年的企业所得税年度汇算清缴时，一次性计算缴纳企业所得税；企业在计算股权转让所得时，可按规定将股权的计税基础一次调整到位。

企业在对外投资 5 年内注销的，应停止执行递延纳税政策，并就递延期内尚未确认的非货币性资产转让所得，在注销当年的企业所得税年度汇算清缴时，一次性计算缴纳企业所得税。

9.4.2　不征税收入

1. 企业依法收取并纳入财政管理的行政事业性收费、政府性基金

行政事业性收费，是指依照法律法规等有关规定，按照国务院规定程序批准，在实施

社会公共管理，以及在向公民、法人或者其他组织提供特定公共服务过程中，向特定对象收取并纳入财政管理的费用。政府性基金，是指企业依照法律、行政法规等有关规定，代政府收取的具有专项用途的财政资金。

对企业依照法律、法规及国务院有关规定收取并上缴财政的政府性基金和行政事业性收费，准予作为不征税收入，于上缴财政的当年在计算应纳税所得额时从收入总额中减除；未上缴财政的部分，不得从收入总额中减除。

2．纳入预算管理的事业单位、社会团体等组织取得的财政拨款或财政补助收入

财政拨款，是指各级人民政府对纳入预算管理的事业单位、社会团体等组织拨付的财政资金，但国务院和国务院财政、税务主管部门另有规定的除外。

纳入预算管理的事业单位、社会团体等组织按照核定的预算和经费报领关系收到的由财政部门或上级单位拨入的财政补助收入，准予作为不征税收入，在计算应纳税所得额时从收入总额中减除，但国务院和国务院财政、税务主管部门另有规定的除外。

3．其他不征税收入

企业取得的除属于国家投资和资金使用后要求归还本金的以外各类财政性资金，包括企业取得的来源于政府及其有关部门的财政补助、补贴、贷款贴息，以及其他各类财政专项资金①，满足规定条件的，可确认为不征税收入。

（1）企业取得的由国务院财政、税务主管部门规定专项用途并经国务院批准的财政性资金。

（2）同时满足以下三个条件的财政性资金。

① 企业能够提供规定资金专项用途的资金拨付文件。

② 财政部门或其他拨付资金的政府部门对该资金有专门的资金管理办法或具体管理要求。

③ 企业对该资金以及以该资金发生的支出单独进行核算。

企业将符合规定条件的财政性资金作不征税收入处理后，在5年（60个月）内未发生支出且未缴回财政部门或其他拨付资金的政府部门的部分，应计入取得该资金第六年的应税收入总额；计入应税收入总额的财政性资金发生的支出，允许在计算应纳税所得额时扣除。

9.4.3 免税收入

1．国债利息收入

国债利息收入，是指企业持有国务院财政部门发行的国债取得的利息收入。国债利息

---

① 其他各类财政专项资金，包括直接减免的增值税和即征即退、先征后退、先征后返的各种税收，但不包括企业按规定取得的出口退税款。

收入按照以下规定确认。

（1）企业投资国债从国务院财政部门（以下简称发行者）取得的国债利息收入，应以国债发行时约定应付利息的日期，确认利息收入的实现。

（2）企业转让国债时，尚未兑付的国债利息收入应在确认国债转让收入时予以确认。

企业到期前转让国债，或者从非发行者投资购买的国债，尚未兑付的利息，按照下列公式计算确定：

$$国债利息收入=国债金额×(适用年利率÷365)×持有天数$$

"国债金额"，按国债发行面值或发行价格确定；"适用年利率"按国债票面年利率或折合年收益率确定；如企业不同时间多次购买同一品种国债的，"持有天数"可按平均持有天数计算确定。

2．符合规定的股息、红利等权益性投资收益

（1）符合条件的居民企业之间的股息、红利等权益性投资收益。

（2）在中国境内设立机构、场所的非居民企业从居民企业取得与该机构、场所有实际联系的股息、红利等权益性投资收益。

上述享有免税待遇的股息、红利等权益性投资收益，均不包括连续持有居民企业公开发行并上市流通的股票不足 12 个月取得的投资收益。

3．符合条件的非营利组织的收入

（1）符合条件的非营利组织，是指同时符合下列条件的组织。

① 依法履行非营利组织登记手续。

② 从事公益性或者非营利性活动。

③ 取得的收入除用于与该组织有关的、合理的支出外，全部用于登记核定或者章程规定的公益性或者非营利性事业。

④ 财产及其孳息不用于分配。

⑤ 按照登记核定或者章程规定，该组织注销后的剩余财产用于公益性或者非营利性目的，或者由登记管理机关转赠给与该组织性质、宗旨相同的组织，并向社会公告。

⑥ 投入人对投入该组织的财产不保留或者享有任何财产权利。

⑦ 工作人员工资福利开支控制在规定的比例内，不变相分配该组织的财产。

（2）非营利组织的收入，除另有规定外，不包括非营利组织从事营利性活动取得的收入，其免税范围如下。

① 接受其他单位或者个人捐赠的收入。

② 除财政拨款以外的其他政府补助收入，但不包括因政府购买服务取得的收入。

③ 按照省级以上民政、财政部门规定收取的会费。

④ 不征税收入和免税收入孳生的银行存款利息收入。

⑤ 财政部、国家税务总局规定的其他收入。

9.4.4　减计收入

企业综合利用资源，生产符合国家产业政策规定的产品所取得的收入，可以在计算应纳税所得额时减计收入。

减计收入，是指企业以《资源综合利用企业所得税优惠目录》规定的资源作为主要原材料，生产国家非限制和禁止并符合国家和行业相关标准的产品取得的收入，减按90%计入收入总额，减计10%的收入。

所称原材料占生产产品材料的比例不得低于《资源综合利用企业所得税优惠目录》规定的标准。

9.4.5　准予税前扣除的成本、费用、税金、损失和其他支出

企业实际发生的与取得收入有关的、合理的支出，包括成本、费用、税金、损失和其他支出，准予在计算应纳税所得额时扣除。

1．税前扣除基本项目

（1）成本，是指企业在生产经营活动中发生的销售成本、销货成本、业务支出以及其他耗费。

（2）费用，是指企业在生产经营活动中发生的销售费用、管理费用和财务费用，已经计入成本的有关费用除外。

（3）税金，是指企业发生的除企业所得税和允许抵扣的增值税以外的各项税金及其附加。

（4）损失，是指企业在生产经营活动中发生的固定资产和存货的盘亏、毁损、报废损失，转让财产损失，呆账损失，坏账损失，自然灾害等不可抗力因素造成的损失以及其他损失。

企业发生的损失，减除责任人赔偿和保险赔款后的余额，依照国务院财政、税务主管部门的规定扣除。企业已经作为损失处理的资产，在以后纳税年度又全部收回或者部分收回时，应当计入当期收入。

2．确定税前扣除的基本要求

（1）真实性。除另有规定外，准予在税前扣除的支出，必须是实际发生的支出。

（2）相关性。除另有规定外，准予在税前扣除的支出，必须是与取得收入直接相关的支出，即从性质和根源上与取得应税收入相关的支出，包括为产生、收取收入，或为管理、保护和维修用于产生收入的财产而发生的支出。

（3）合理性。准予在税前扣除的支出，必须是实际发生的与取得收入有关的、合理的支出。

合理的支出，是指符合生产经营活动常规，应计入当期损益或有关资产成本的必要和正常的支出。

除税收法规另有规定外，企业实际发生的成本、费用、税金、损失和其他支出，不得重复扣除。

企业的不征税收入用于支出所形成的费用或者财产，不得扣除或者计算对应的折旧、摊销扣除。

企业发生的支出应当区分收益性支出和资本性支出。收益性支出在发生当期直接扣除；资本性支出应当计入有关资产成本，分期扣除。

（4）以合法有效的凭证为扣除依据。税前扣除的凭证不合法的，相应的支出也不能在税前扣除。

企业当年度实际发生的相关成本、费用，由于各种原因未能及时取得该成本、费用的有效凭证，企业在预缴季度所得税时，可按账面发生金额进行核算；但在汇算清缴时，应补充提供该成本、费用的有效凭证。

3．税前扣除的具体规定

（1）工资薪金。企业发生的合理的工资薪金支出，准予扣除。

工资薪金，是指企业每一纳税年度支付给在本企业任职或者受雇的员工的所有现金形式或者非现金形式的劳动报酬，包括基本工资、奖金、津贴、补贴、年终加薪、加班工资，以及与员工任职或者受雇有关的其他支出。

合理工资薪金，是指企业按照股东大会、董事会、薪酬委员会或相关管理机构制定的工资薪金制度规定实际发放给员工的工资薪金，具体应按以下原则进行合理性确认。

① 企业制定了较为规范的员工工资薪金制度。

② 企业所制定的工资薪金制度符合行业及地区水平。

③ 企业在一定时期所发放的工资薪金是相对固定的，工资薪金的调整是有序进行的。

④ 企业对实际发放的工资薪金，已依法履行了代扣代缴个人所得税义务。

⑤ 有关工资薪金的安排，不以减少或逃避税款为目的。

对属于国有性质的企业，规定其可税前扣除的工资、薪金，不得超过政府有关部门给予的限定数额；超过部分，不得计入企业工资、薪金总额，也不得在计算企业应纳税所得时扣除。

（2）按规定为职工支付的保险、保障缴款。企业依照国务院有关主管部门或者省级人民政府规定的范围和标准为职工缴纳的基本养老保险费、基本医疗保险费、失业保险费、工伤保险费、生育保险费等基本社会保险费和住房公积金，准予扣除。

企业根据国家有关政策规定，为在本企业任职或者受雇的全体员工支付的补充养老保险费、补充医疗保险费，分别在不超过职工工资总额 5%标准内的部分，在计算应纳税所得额时准予扣除；超过的部分，不予扣除。

除企业依照国家有关规定为特殊工种职工支付的人身安全保险费和国务院财政、税务主管部门规定可以扣除的其他商业保险费外，企业为投资者或者职工支付的商业保险费，不得扣除。

（3）三项费用支出。企业发生的职工福利费①支出，不超过工资薪金总额14%的部分，准予扣除。企业拨缴的工会经费（依据工会经费拨缴凭据），不超过工资薪金总额2%的部分，准予扣除。

企业发生的职工教育经费支出，除国务院财政、税务主管部门另有规定外，不超过工资薪金总额2.5%的部分，准予扣除；超过部分，准予在以后纳税年度结转扣除。

（4）借款费用。企业在生产经营活动中发生的合理的不需要资本化的借款费用②，准予扣除。

企业为购置、建造固定资产、无形资产和经过12个月以上的建造才能达到预定可销售状态的存货发生借款的，在有关资产购置、建造期间发生的合理的借款费用，应当作为资本性支出计入有关资产的成本，并依照规定进行扣除。

企业在生产经营活动中发生的下列利息支出，准予扣除。

① 非金融企业向金融企业借款的利息支出、金融企业的各项存款利息支出和同业拆借利息支出、企业经批准发行债券的利息支出。

② 非金融企业向非金融企业借款的利息支出，不超过按照金融企业同期同类贷款利率③计算的数额的部分。

③ 企业向自然人借款的利息支出，同时符合以下条件的，不超过按照金融企业同期同类贷款利率计算的数额的部分，准予扣除：企业与个人之间的借贷是真实、合法、有效的，并且不具有非法集资目的或其他违反法律、法规的行为；企业与个人之间签订了借款合同。

④ 企业从其关联方接受的债权性投资与权益性投资的比例超过规定标准（金融企业为5:1；其他企业为2:1）而发生的利息支出，除下列情形外，在计算应纳税所得额时，不得在发生当期和以后年度扣除：能够按照规定提供相关资料，并证明相关交易活动符合独立交易原则的；该企业的实际税负不高于境内关联方的。

---

① 企业职工福利费包括下列内容：尚未实行分离办社会职能的企业，其内设福利部门所发生的设备、设施和人员费用，包括职工食堂、职工浴室、理发室、医务所、托儿所、疗养院等集体福利部门的设备、设施及维修保养费用和福利部门工作人员的工资薪金、社会保险费、住房公积金、劳务费等；为职工卫生保健、生活、住房、交通等所发放的各项补贴和非货币性福利，包括企业向职工发放的因公外地就医费用、未实行医疗统筹企业职工医疗费用、职工供养直系亲属医疗补贴、供暖费补贴、职工防暑降温费、职工困难补贴、救济费、职工食堂经费补贴、职工交通补贴等；按照其他规定发生的其他职工福利费，包括丧葬补助费、抚恤费、安家费、探亲假路费等。

② 借款费用，是指企业因借款而发生的利息及其他相关成本，包括借款利息、折价或者溢价的摊销、辅助费用以及因外币借款而发生的汇兑差额等。

③ 同期同类贷款利率，是指在贷款期限、贷款金额、贷款担保以及企业信誉等条件基本相同下，金融企业提供贷款的利率。既可以是金融企业公布的同期同类平均利率，也可以是金融企业对某些企业提供的实际贷款利率。

⑤ 企业由于投资者投资未到位而发生的利息支出，按照以下规定处理。

凡企业投资者在规定期限内未缴足其应缴资本额的，该企业对外借款所发生的利息，相当于投资者实缴资本额与在规定期限内应缴资本额的差额应付的利息，其不属于企业合理的支出，应由企业投资者负担，不得在计算应纳税所得额时扣除。

具体计算不得扣除的利息，应以企业一个年度内每一账面实收资本与借款余额保持不变的期间作为一个计算期，每一计算期内不得扣除的借款利息按该期间借款利息发生额乘以该期间企业未缴足的注册资本占借款总额的比例计算。公式如下：

企业每一计算期不得扣除的借款利息=该期间借款利息额×该期间未缴足注册资本额
÷该期间借款额

企业一个年度内不得扣除的借款利息总额，为该年度内每一计算期不得扣除的借款利息额之和。

（5）汇兑损失。企业在货币交易中，以及纳税年度终了时将人民币以外的货币性资产、负债按照期末即期人民币汇率中间价折算为人民币时产生的汇兑损失，除已经计入有关资产成本以及与向所有者进行利润分配相关的部分外，准予扣除。

（6）业务招待费。企业发生的与生产经营活动有关的业务招待费支出，按照发生额的60%扣除，但最高不得超过当年销售（营业）收入的5‰。

当年销售（营业）收入，是指企业根据国家统一会计制度确认的当年主营业务收入、其他业务收入，以及根据税法规定确认的视同销售收入。

（7）广告费和业务宣传费。企业发生的符合条件的广告费和业务宣传费支出，除国务院财政、税务主管部门另有规定外，不超过当年销售（营业）收入15%的部分，准予扣除；超过部分，准予在以后纳税年度结转扣除。

对化妆品制造与销售、医药制造和饮料制造（不含酒类制造，下同）企业发生的广告费和业务宣传费支出，不超过当年销售（营业）收入30%的部分，准予扣除；超过部分，准予在以后纳税年度结转扣除。

烟草企业的烟草广告费和业务宣传费支出，一律不得在计算应纳税所得额时扣除。

（8）环境保护、生态恢复等专项资金。企业依照法律、行政法规有关规定提取的用于环境保护、生态恢复等方面的专项资金（风险准备金性质），准予扣除。上述专项资金提取后改变用途的，不得扣除。

（9）固定资产租赁费。企业根据生产经营活动的需要租入固定资产支付的租赁费，按照以下方法扣除。

① 以经营租赁方式租入固定资产发生的租赁费支出，按照租赁期限均匀扣除。

② 以融资租赁方式租入固定资产发生的租赁费支出，按照规定构成融资租入固定资产价值的部分应当提取折旧费用，分期扣除。

（10）管理费支出。非居民企业在中国境内设立的机构、场所，就其中国境外总机构发生的与该机构、场所生产经营有关的费用，能够提供总机构出具的费用汇集范围、定额、分配依据和方法等证明文件，并合理分摊的，准予扣除。

企业之间支付的管理费、企业内营业机构之间支付的租金和特许权使用费，以及非银行企业内营业机构之间支付的利息，不得扣除。

（11）手续费及佣金支出。手续费及佣金，是指与具有合法经营资格中介服务企业或个人（不含交易双方及其雇员、代理人和代表人等）签订代办协议或合同，并按国家有关规定支付的。

下列两种情形下发生的手续费及佣金支出，不得在税前扣除：一是除委托个人代理外，企业以现金等非转账方式支付的手续费及佣金；二是企业为发行权益性证券支付给有关证券承销机构的手续费及佣金。

除上述两种情形外，企业发生与生产经营有关的手续费及佣金支出，不超过以下规定计算限额以内的部分，准予扣除；超过部分，不得扣除。

① 财产保险企业按当年全部保费收入扣除退保金等后余额的15%（含本数，下同）计算限额；人身保险企业按当年全部保费收入扣除退保金等后余额的10%计算限额。

② 电信企业在发展客户、拓展业务等过程中（如委托销售电话入网卡、电话充值卡等，区别于电信企业接受他人提供的售后服务、增值服务以及其他日常服务等劳务），须向经纪人、代办商支付手续费及佣金的，其实际发生的相关手续费及佣金支出，不超过企业当年收入总额5%的部分，准予在企业所得税前据实扣除。

③ 其他企业按企业与具有合法经营资格中介服务机构或个人所签订服务协议或合同确认的收入金额的5%计算限额。

收入金额的确定办法。合同或协议中并无收入约定的，应按合同或协议实际执行中实现的收入确定佣金扣除限额；按照销售数量支付定额佣金的，应换算为实际销售收入后，计算佣金扣除限额；按照权责发生制的原则，收到客户预存款项，凡不作为当期收入的，在计算佣金扣除限定时，不作为计算基数，待收入实现时再计入计算基数。

实际执行中，需要注意下列几个问题：从事代理服务、主营业务收入为手续费、佣金的企业，其为取得该类收入而实际发生的营业成本，准予在企业所得税前据实扣除；企业不得将手续费及佣金支出计入回扣、业务提成、返利、进场费等费用；企业已计入固定资产、无形资产等相关资产的手续费及佣金支出，应当通过折旧、摊销等方式分期扣除，不得在发生当期直接扣除；企业支付的手续费及佣金不得直接冲减服务协议或合同金额，并如实入账；企业应当如实向当地主管税务机关提供当年手续费及佣金计算分配表和其他相关资料，并依法取得合法真实凭证。

（12）公益性捐赠支出。企业发生的公益性捐赠支出，在年度利润总额12%以内的部分，准予在计算应纳税所得额时扣除。

公益性捐赠,是指企业通过公益性社会团体①或者县级以上人民政府及其部门,用于《中华人民共和国公益事业捐赠法》规定的公益事业②的捐赠。

年度利润总额,是指企业依照国家统一会计制度的规定计算的年度会计利润。

公益性社会团体和县级以上人民政府及其组成部门和直属机构在接受捐赠时,捐赠资产的价值,按以下原则确认:接受捐赠的货币性资产,应当按照实际收到的金额计算;接受捐赠的非货币性资产,应当以其公允价值计算。捐赠方在向公益性社会团体和县级以上人民政府及其组成部门和直属机构捐赠时,应当提供注明捐赠非货币性资产公允价值的证明,如果不能提供上述证明,公益性社会团体和县级以上人民政府及其组成部门和直属机构不得向其开具公益性捐赠票据。

（13）财产保险费。企业参加财产保险,按照规定缴纳的保险费,准予扣除。

（14）劳动保护支出。企业发生的合理的劳动保护支出,准予扣除。

企业根据其工作性质和特点,由企业统一制作并要求员工工作时统一着装所发生的工作服饰费用,可以作为企业合理的支出给予税前扣除。

（15）资产持有、使用期间的后续支出。包括固定资产折旧、无形资产摊销、长期待摊费用等,应按规定在税前扣除。

（16）转让资产的净值。企业转让资产,该项资产的净值,准予在计算应纳税所得额时扣除。

资产的净值,是指有关资产的计税基础（历史成本,是指企业取得该项资产时实际发生的支出）减除已经按照规定扣除的折旧、折耗、摊销、准备金等后的余额。

4．不得扣除项目

在计算应纳税所得额时,下列支出不得扣除。

（1）向投资者支付的股息、红利等权益性投资收益款项。

（2）企业所得税税款。

（3）税收滞纳金。

（4）罚金、罚款和被没收财物的损失。

（5）公益性捐赠以外的捐赠支出。

（6）赞助支出,即企业发生的与生产经营活动无关的各种非广告性质支出。

（7）未经核定的准备金支出,是指不符合国务院财政、税务主管部门规定的各项资产

---

① 公益性社会团体,是指同时符合下列条件的基金会、慈善组织等社会团体:依法登记,具有法人资格;以发展公益事业为宗旨,且不以盈利为目的;全部资产及其增值为该法人所有;收益和营运结余主要用于符合该法人设立目的的事业;终止后的剩余财产不归属任何个人或者营利组织;不经营与其设立目的无关的业务;有健全的财务会计制度;捐赠者不以任何形式参与社会团体财产的分配;国务院财政、税务主管部门会同国务院民政部门等登记管理部门规定的其他条件。

② 公益事业的基本范围包括四类:救助灾害、救济贫困、扶助残疾人等困难的社会群体和个人的活动;教育、科学、文化、卫生、体育事业;环境保护、社会公共设施建设;促进社会发展和进步的其他社会公共和福利事业。

减值准备、风险准备等准备金支出。

（8）与取得收入无关的其他支出。

9.4.6 亏损弥补

企业纳税年度发生的亏损，准予向以后年度结转，用以后年度的所得弥补，但结转年限最长不得超过 5 年。

亏损，是指企业依照税法规定将每一纳税年度的收入总额减除不征税收入、免税收入和各项扣除后小于零的数额。

企业自开始生产经营的年度，为开始计算企业损益的年度。企业从事生产经营之前进行筹办活动期间发生筹办费用支出，不得计算为当期的亏损。

企业在汇总计算缴纳企业所得税时，其境外营业机构的亏损不得抵减境内营业机构的盈利。但境外营业机构的盈利，可按税法规定弥补该境外营业机构以前年度的亏损和境内营业机构的亏损。

被投资企业发生的经营亏损，由被投资企业按规定结转弥补；投资企业不得调整减低其投资成本，也不得将其确认为投资损失。

9.4.7 年度应纳税所得额的实际计算

根据税法规定，在计算应纳税所得额时，企业财务、会计处理办法与税收法律、行政法规的规定不一致的，应当依照税收法律、行政法规的规定计算。在实际工作中，应纳税所得额的计算，以会计利润总额为基础，通过调整计算而得，即所谓的间接法，其计算公式如下：

年度应纳税所得额=利润总额-境外所得±纳税调整额-免税、减计收入及加计扣除
　　　　　　　　+境外应税所得抵减境内亏损-减免所得-抵扣应纳税所得额
　　　　　　　　-弥补的以前年度亏损

1. 利润总额

利润总额=营业收入-营业成本-营业税金及附加-管理费用-销售费用-财务费用
　　　　　-资产减值损失+公允价值变动收益+投资收益+营业外收入-营业外支出

2. 境外所得

纳税人发生的分国（地区）别取得的境外税后所得计入利润总额的金额。

3. 纳税调整额

纳税调整项目范围包括收入类、扣除类、资产类、特殊事项、特别纳税调整应税所得、其他六大类。

（1）收入类调整项目，主要包括纳税人会计上不作为销售核算、税收上应确认为应税

收入的视同销售收入金额；不符合税收规定的销售折扣和折让金额；会计上按照权责发生制原则但依据税收规定不按照权责发生制确认的收入；纳税人按权益法核算长期股权投资，对初始投资成本小于取得投资时应享有被投资单位可辨认净资产公允价值份额的差额在取得投资当期确认的营业外收入（调整确认收益）、长期股权投资持有期间应分担被投资单位发生的净亏损或者应分享被投资单位发生的净利润而确认的投资损益；应按照税收规定作为特殊重组或一般重组处理，所产生的税会处理差异调整金额；公允价值变动净收益；纳税人取得的按照国家统一会计制度确认为递延收益但税收上应予一次性确认收入计税的政府补助；纳税人境外投资除合并、撤销、依法清算外形成的损失为不允许扣除的境外投资损失，应调增所得额；不征税收入；其他因会计处理与税法规定有差异需纳税调整的收入类项目金额。

（2）扣除类调整项目，主要包括工资薪金支出、职工福利费支出、职工教育经费支出、工会经费支出、业务招待费支出、广告费与业务宣传费支出、捐赠支出、利息支出、住房公积金、罚金罚款被没收财物的损失、税收滞纳金、赞助支出、各类基本社会保障性缴款、补充养老保险补充医疗保险、与未实现融资收益相关在当期确认的财务费用、不征税收入用于支出所形成的费用、纳税人会计核算计入当期损益的跨期扣除项目（维简费、安全生产费用、预提费用、预计负债等）、与取得收入无关的支出、境外所得分摊的共同支出、其他因会计处理与税法规定有差异需纳税调整的扣除类项目金额。

（3）资产类调整项目，主要包括固定资产折旧、生产性生物资产折旧、长期待摊费用、无形资产摊销、不允许税前扣除的各类资产减值准备金（坏账准备、存货跌价准备、理赔费用准备金等）、资产损失、其他因会计处理与税法规定有差异需纳税调整的资产类项目金额。

（4）特殊事项调整项目，主要包括企业重组、政策性搬迁、特殊行业准备金、房地产开发企业特定业务计算的纳税调整额、其他因会计处理与税法规定有差异需纳税调整的特殊事项金额。

（5）特殊纳税调整所得项目，是指企业按特别纳税调整规定自行调增的当年应税所得，或依据双边预约定价安排或者转让定价相应调整磋商结果的通知，需要调减的当年应税所得。

（6）其他调整项目，是指除上述调整项目以外的其他会计处理与税法规定存在差异需纳税调整的项目金额。

4．境外应税所得弥补境内亏损

纳税人在计算缴纳企业所得税时，其境外营业机构的盈利可以弥补境内营业机构的亏损。具体而言，企业全部境外应税所得可依次用于弥补下列境内亏损："利润总额-境外所得±纳税调整额-免税、减计收入及加计扣除"小于零的金额；可予以弥补的以前年度亏损。

$$弥补亏损后的境外应纳税所得额 = 境外所得换算的应纳税所得额 - 可弥补的以前年$$
$$度境外亏损 - 免税的境外所得 - 可弥补的境内亏损$$

境外应纳税所得额弥补亏损后的余额单独进行税务处理，计算境外所得应纳税额和允许抵免税额。

5. 允许弥补的以前年度亏损

允许弥补的以前年度亏损，是指企业以前年度境内发生的在亏损弥补 5 年限期内的亏损。弥补顺序是，先用境外应税所得弥补，再由境内应税所得弥补。当年可弥补亏损以"利润总额-境外所得±纳税调整额-免税、减计收入及加计扣除+境外应税所得弥补境内亏损"的计算结果为限。

9.4.8　其他非居民企业应纳税所得额的计算

采取源泉扣缴方式征收的所得税，国际税收上称为预提所得税，其应纳税所得额按照下列方法确定。

（1）股息、红利等权益性投资收益和利息、租金、特许权使用费所得，以收入全额为应纳税所得额。收入全额，是指非居民企业向支付人收取的全部价款和价外费用，不得扣除税法规定之外的税费支出。

在中国境内未设立机构、场所的非居民企业，以融资租赁方式将设备、物件等租给中国境内企业使用，租赁期满后设备、物件所有权归中国境内企业（包括租赁期满后作价转让给中国境内企业），非居民企业按照合同约定的期限收取租金，应以租赁费（包括租赁期满后作价转让给中国境内企业的价款）扣除设备、物件价款后的余额，作为贷款利息所得计算缴纳企业所得税，由中国境内企业在支付时代扣代缴。

（2）转让财产所得，以收入全额减除财产净值后的余额为应纳税所得额。

（3）其他所得，参照前两项规定的方法计算应纳税所得额。

扣缴义务人对外支付或到期应支付的款项是人民币以外的其他货币的，在申报扣缴企业所得税时，按扣缴当日国家公布的人民币汇率中间价，折合成人民币计算应纳税所得额。

若合同约定由扣缴义务人负担应纳税款的，应将非居民企业取得的不含税所得换算为含税所得后计算税款。

9.5　资产的税务处理

企业的各项资产，包括固定资产、生物资产、无形资产、长期待摊费用、投资资产、存货等，以历史成本为计税基础。历史成本，是指企业取得该项资产时实际发生的支出。企业持有各项资产期间资产增值或者减值，除国务院财政、税务主管部门规定可以确认损益外，不得调整该资产的计税基础。

9.5.1 固定资产的税务处理

固定资产，是指企业为生产产品、提供劳务、出租或者经营管理而持有的、使用时间超过 12 个月的非货币性资产，包括房屋、建筑物、机器、机械、运输工具以及其他与生产经营活动有关的设备、器具、工具等。

1．固定资产的计税基础

固定资产按照以下方法确定计税基础。

（1）外购的固定资产，以购买价款和支付的相关税费以及直接归属于使该资产达到预定用途发生的其他支出为计税基础。

（2）自行建造的固定资产，以竣工结算前发生的支出为计税基础。

企业固定资产已投入使用，但由于工程款项尚未结清未取得全额发票，可暂按合同规定的金额计入固定资产计税基础计提折旧，待发票取得后进行调整。但该项调整应在固定资产投入使用后 12 个月内进行。

（3）融资租入的固定资产，以租赁合同约定的付款总额和承租人在签订租赁合同过程中发生的相关费用为计税基础，租赁合同未约定付款总额的，以该资产的公允价值和承租人在签订租赁合同过程中发生的相关费用为计税基础。

（4）盘盈的固定资产，以同类固定资产的重置完全价值为计税基础。

（5）通过捐赠、投资、非货币性资产交换、债务重组等方式取得的固定资产，以该资产的公允价值和支付的相关税费为计税基础。

（6）改建扩建的固定资产，除已足额提取折旧的固定资产和租入的固定资产外，以改建过程中发生的改建支出增加计税基础。具体处理办法如下。

① 如属推倒重置的，该资产原值减除提取折旧后的净值，应并入重置的固定资产计税成本，并重新按照税法规定的折旧年限，一并计提折旧。

② 如属提升功能、增加面积的，该固定资产改建支出并入该固定资产的计税基础，并从改扩建完工投入使用的次月起，按税法规定的折旧年限计算折旧额；如果该项固定资产尚可使用的年限低于税法规定的最低折旧年限，可按尚可使用年限计算折旧额。

2．固定资产的折旧范围

在计算应纳税所得额时，企业按照规定计算的固定资产折旧，准予扣除。但下列固定资产不得计算折旧扣除。

（1）房屋、建筑物以外未投入使用的固定资产。

（2）以经营租赁方式租入的固定资产。

（3）以融资租赁方式租出的固定资产。

（4）已足额提取折旧仍继续使用的固定资产。

（5）与经营活动无关的固定资产。

（6）单独估价作为固定资产入账的土地。

（7）其他不得计算折旧扣除的固定资产。

3．固定资产的折旧办法

固定资产按照直线法计算的折旧，准予扣除。企业应当自固定资产投入使用月份的次月起计算折旧；停止使用的固定资产，应当自停止使用月份的次月起停止计算折旧。企业应当根据固定资产的性质和使用情况，合理确定固定资产的预计净残值。固定资产的预计净残值一经确定，不得变更。

4．固定资产的折旧年限

除国务院财政、税务主管部门另有规定外，固定资产计算折旧的最低年限如下。

（1）房屋、建筑物，为20年。

（2）飞机、火车、轮船、机器、机械和其他生产设备，为10年。

（3）与生产经营活动有关的器具、工具、家具等，为5年。

（4）飞机、火车、轮船以外的运输工具，为4年。

（5）电子设备，为3年。

从事开采石油、天然气等矿产资源的企业，在开始商业性生产前发生的费用和有关固定资产的折耗、折旧方法，由国务院财政、税务主管部门另行规定。

9.5.2　生产性生物资产的税务处理

生产性生物资产，是指企业为生产农产品、提供劳务或者出租等而持有的生物资产，包括经济林、薪炭林、产畜和役畜等。

1．生产性生物资产的计税基础

生产性生物资产按照以下方法确定计税基础。

（1）外购的生产性生物资产，以购买价款和支付的相关税费为计税基础。

（2）通过捐赠、投资、非货币性资产交换、债务重组等方式取得的生产性生物资产，以该资产的公允价值和支付的相关税费为计税基础。

2．生产性生物资产的折旧

生产性生物资产按照直线法计算的折旧，准予扣除。

企业应当自生产性生物资产投入使用月份的次月起计算折旧；停止使用的生产性生物资产，应当自停止使用月份的次月起停止计算折旧。企业应当根据生产性生物资产的性质和使用情况，合理确定生产性生物资产的预计净残值。生产性生物资产的预计净残值一经确定，不得变更。

生产性生物资产计算折旧的最低年限如下。

（1）林木类生产性生物资产，为 10 年。

（2）畜类生产性生物资产，为 3 年。

9.5.3　无形资产的税务处理

无形资产，是指企业为生产产品、提供劳务、出租或者经营管理而持有的、没有实物形态的非货币性长期资产，包括专利权、商标权、著作权、土地使用权、非专利技术、商誉等。

1．无形资产的计税基础

无形资产按照以下方法确定计税基础。

（1）外购的无形资产，以购买价款和支付的相关税费以及直接归属于使该资产达到预定用途发生的其他支出为计税基础。

（2）自行开发的无形资产，以开发过程中该资产符合资本化条件后至达到预定用途前发生的支出为计税基础。

（3）通过捐赠、投资、非货币性资产交换、债务重组等方式取得的无形资产，以该资产的公允价值和支付的相关税费为计税基础。

2．无形资产的摊销范围

在计算应纳税所得额时，企业按照规定计算的无形资产摊销费用，准予扣除。

下列无形资产不得计算摊销费用扣除。

（1）自行开发的支出已在计算应纳税所得额时扣除的无形资产。

（2）自创商誉。

（3）与经营活动无关的无形资产。

（4）其他不得计算摊销费用扣除的无形资产。

外购商誉的支出，在企业整体转让或者清算时，准予扣除。

3．无形资产的摊销方法及年限

无形资产按照直线法计算的摊销费用，准予扣除。

无形资产的摊销年限不得低于 10 年。作为投资或者受让的无形资产，有关法律规定或者合同约定了使用年限的，可以按照规定或者约定的使用年限分期摊销。

9.5.4　长期待摊费用的税务处理

在计算应纳税所得额时，企业发生的下列支出作为长期待摊费用，按照规定摊销的，准予扣除。

1．已足额提取折旧的固定资产的改建支出

固定资产的改建支出，是指改变房屋或者建筑物结构、延长使用年限等发生的支出。

已足额提取折旧的固定资产的改建支出，按照固定资产预计尚可使用年限分期摊销。

2．租入固定资产的改建支出

租入固定资产的改建支出，按照合同约定的剩余租赁期限分期摊销。

改建的固定资产延长使用年限的，除已足额提取折旧的固定资产的改建支出和租入固定资产的改建支出外，其他固定资产发生改建支出，应当适当延长折旧年限。

3．固定资产的大修理支出

固定资产的大修理支出，是指同时符合下列条件的支出。

（1）修理支出达到取得固定资产时的计税基础50%以上。

（2）修理后固定资产的使用年限延长2年以上。

固定资产的大修理支出，按照固定资产尚可使用年限分期摊销。

4．其他应当作为长期待摊费用的支出

其他应当作为长期待摊费用的支出，自支出发生月份的次月起，分期摊销，摊销年限不得低于3年。

9.5.5 投资资产的税务处理

投资资产，是指企业对外进行权益性投资和债权性投资形成的资产。

1．投资资产的成本确定

投资资产按照以下方法确定成本。

（1）通过支付现金方式取得的投资资产，以购买价款为成本。

（2）通过支付现金以外的方式取得的投资资产，以该资产的公允价值和支付的相关税费为成本。

2．投资资产的成本扣除

企业对外投资期间，投资资产的成本在计算应纳税所得额时不得扣除。企业在转让或者处置投资资产时，投资资产的成本，准予扣除。

9.5.6 存货的税务处理

存货，是指企业持有以备出售的产品或者商品、处在生产过程中的在产品、在生产或者提供劳务过程中耗用的材料和物料等。

1．存货的成本确定

存货按照以下方法确定成本。

（1）通过支付现金方式取得的存货，以购买价款和支付的相关税费为成本。

（2）通过支付现金以外的方式取得的存货，以该存货的公允价值和支付的相关税费为成本。

（3）生产性生物资产收获的农产品，以产出或者采收过程中发生的材料费、人工费和分摊的间接费用等必要支出为成本。

2．存货的成本扣除

企业使用或者销售存货，按照规定计算的存货成本，准予在计算应纳税所得额时扣除。

企业使用或者销售的存货的成本计算方法，可以在先进先出法、加权平均法、个别计价法中选用一种。计价方法一经选用，不得随意变更。

9.6　特别纳税调整

特别纳税调整，是指税务机关出于实施反避税目的而对纳税人特定纳税事项所作的税务调整，包括针对企业转让定价、资本弱化、避税港避税及其他避税情况所进行的纳税调整。

企业与其关联方之间的业务往来，不符合独立交易原则，或者企业实施其他不具有合理商业目的的安排的，税务机关有权在该业务发生的纳税年度起 10 年内，进行纳税调整。

9.6.1　转让定价的纳税调整

转让定价，是指关联企业之间在进行销售货物、提供劳务、转让无形资产和融通资金等业务往来时制定的价格。

关联企业，是指与企业有下列关联关系之一的企业、其他组织或者个人：在资金、经营、购销等方面存在直接或者间接的控制关系；直接或者间接地同为第三者控制；在利益上具有相关联的其他关系。

1．转让定价的计价原则

企业与其关联方之间的业务往来，应按照独立交易原则[①]收取或支付价款、费用；企业与其关联方共同开发、受让无形资产，或者共同提供、接受劳务发生的成本，在计算应纳税所得额时应当按照独立交易原则进行分摊。

企业可以事前向税务机关提出与其关联方之间业务往来的定价原则和计算方法，税务机关与企业协商、确认后，达成预约定价安排。预约定价安排，是指企业就其未来年度关联交易的定价原则和计算方法，向税务机关提出申请，与税务机关按照独立交易原则协商、确认后达成的协议。

2．转让定价的纳税调整方法

企业与其关联方之间的业务往来，不符合独立交易原则而减少企业或者其关联方应纳

[①] 独立交易原则，是指没有关联关系的交易各方，按照公平成交价格和营业常规进行业务往来遵循的原则。

税收入或者所得额的，税务机关有权按照合理方法调整。

（1）可比非受控价格法，是指按照没有关联关系的交易各方进行相同或者类似业务往来的价格进行定价的方法。该方法适用于所有类型的关联交易。

（2）再销售价格法，是指按照从关联方购进商品再销售给没有关联关系的交易方的价格，减除相同或者类似业务的销售毛利进行定价的方法。其计算公式如下：

公平成交价格=再销售给非关联方的价格×(1-可比非关联交易毛利率)

可比非关联交易毛利率=可比非关联交易毛利/可比非关联交易收入净额×100%

再销售价格法通常适用于再销售者未对商品进行改变外型、性能、结构或更换商标等实质性增值加工的简单加工或单纯购销业务。

（3）成本加成法，是指按照成本加合理的费用和利润进行定价的方法。成本加成法以关联交易发生的合理成本加上可比非关联交易毛利作为关联交易的公平成交价格。其计算公式如下：

公平成交价格=关联交易的合理成本×(1+可比非关联交易成本加成率)

可比非关联交易成本加成率=可比非关联交易毛利/可比非关联交易成本×100%

成本加成法通常适用于有形资产的购销、转让和使用，劳务提供或资金融通的关联交易。

（4）交易净利润法，是指按照没有关联关系的交易各方进行相同或者类似业务往来取得的净利润水平确定利润的方法。交易净利润法以可比非关联交易的利润率指标确定关联交易的净利润。利润率指标包括资产收益率、销售利润率、完全成本加成率、贝里比率等。

交易净利润法通常适用于有形资产的购销、转让和使用，无形资产的转让和使用以及劳务提供等关联交易。

（5）利润分割法，是指将企业与其关联方的合并利润或者亏损在各方之间采用合理标准进行分配的方法。利润分割法根据企业与其关联方对关联交易合并利润的贡献计算各自应该分配的利润额。利润分割法分为一般利润分割法和剩余利润分割法。

利润分割法通常适用于各参与方关联交易高度整合且难以单独评估各方交易结果的情况。

（6）其他符合独立交易原则的方法。

3．应纳税所得额的核定

企业向税务机关报送年度企业所得税纳税申报表时，应当就其与关联方之间的业务往来，附送年度关联业务往来报告表。税务机关在进行关联业务调查时，企业及其关联方，以及与关联业务调查有关的其他企业，应当按照规定提供相关资料。

企业不提供与其关联方之间业务往来资料，或者提供虚假、不完整资料，未能真实反映其关联业务往来情况的，税务机关有权依法核定其应纳税所得额。

核定企业的应纳税所得额时，可以采用下列方法：

（1）参照同类或者类似企业的利润率水平核定。

（2）按照企业成本加合理的费用和利润的方法核定。

（3）按照关联企业集团整体利润的合理比例核定。

（4）按照其他合理方法核定。

企业对税务机关按上述方法核定的应纳税所得额有异议的，应当提供相关证据，经税务机关认定后，调整核定的应纳税所得额。

9.6.2　资本弱化的纳税调整

资本弱化，是指企业通过加大债权性投资而减少权益性投资比例的方式增加税前扣除，以降低企业税负的一种行为。根据中国税法规定，企业从其关联方接受的债权性投资与权益性投资的比例超过规定标准而发生的利息支出，不得在计算应纳税所得额时扣除。

债权性投资是指企业直接或者间接从关联方获得的，需要偿还本金和支付利息或者需要以其他具有支付利息性质的方式予以补偿的融资。企业间接从关联方获得的债权性投资，包括关联方通过无关联第三方提供的债权性投资；无关联第三方提供的，由关联方担保且负有连带责任的债权性投资；其他间接从关联方获得的具有负债实质的债权性投资。权益性投资，是指企业接受的不需要偿还本金和支付利息，投资人对企业净资产拥有所有权的投资。

1．税前扣除标准

企业从其关联方接受的债权性投资与权益性投资的比例超过规定标准（金融企业为 5:1；其他企业为 2:1）而发生的利息支出，除下列情形外，在计算应纳税所得额时，不得在发生当期和以后年度扣除：能够按照规定提供相关资料，并证明相关交易活动符合独立交易原则的；该企业的实际税负不高于境内关联方的。

企业同时从事金融业务和非金融业务，其实际支付给关联方的利息支出，应按照合理方法分开计算；没有按照合理方法分开计算的，一律按有关其他企业的比例计算准予税前扣除的利息支出。

2．调整方法

企业关联债资比例超过标准比例的利息支出，不得在计算应纳税所得额时扣除。不得扣除利息支出及关联债资比例的具体计算方法如下：

不得扣除利息支出=年度实际支付的全部关联方利息×(1-标准比例/关联债资比例)

关联债资比例=年度各月平均关联债权投资之和/年度各月平均权益投资之和

其中：

各月平均关联债权投资=(关联债权投资月初账面余额+月末账面余额)/2

各月平均权益投资=(权益投资月初账面余额+月末账面余额)/2

权益投资为企业资产负债表所列示的所有者权益金额。如果所有者权益小于实收资本（股本）与资本公积之和，则权益投资为实收资本（股本）与资本公积之和；如果实收资本（股本）与资本公积之和小于实收资本（股本）金额，则权益投资为实收资本（股本）金额。

在计算应纳税所得额时扣除的利息支出，不得结转到以后纳税年度；应按照实际支付给各关联方利息占关联方利息总额的比例，在各关联方之间进行分配，其中，分配给实际税负高于企业的境内关联方的利息准予扣除；直接或间接实际支付给境外关联方的利息应视同分配的股息，按照股息和利息分别适用的所得税税率差补征企业所得税，如已扣缴的所得税税款多于按股息计算应征所得税税款，多出的部分不予退税。

上述所称利息支出包括直接或间接关联债权投资实际支付的利息、担保费、抵押费和其他具有利息性质的费用。

9.6.3　受控外国企业的税务处理

由居民企业，或者由居民企业和中国居民控制的设立在实际税负明显低于 25% 的税率水平的国家（地区）的企业[①]，并非由于合理的经营需要而对利润不作分配或者减少分配的，上述利润中应归属于该居民企业的部分，应当计入该居民企业的当期收入。

所谓中国居民，是指根据个人所得税法的规定，就其从中国境内、境外取得的所得在中国缴纳个人所得税的个人。

所谓控制，包括居民企业或者中国居民直接或者间接单一持有外国企业 10% 以上有表决权股份，且由其共同持有该外国企业 50% 以上股份；居民企业，或者居民企业和中国居民持股比例没有达到规定的标准，但在股份、资金、经营、购销等方面对该外国企业构成实质控制。

所谓实际税负明显低于企业所得税法规定税率水平，是指低于企业所得税法规定税率（25%）的 50%。

9.6.4　一般性反避税调整

当企业的避税安排不能适用上述针对转让定价、资本弱化、成本分摊、受控外国企业等方面的反避税条款调整范畴时，需启用一般反避税条款。一般反避税条款是穷尽所有其他的反避税措施后的最后手段。

1. 一般性反避税条款的适用范围

一般性反避税条款，是指针对企业实施其他不具有合理商业目的而获取税收利益的避

[①] 由居民企业和中国居民控制的设立在外国（地区）的企业，简称为受控外国企业。

税安排，税务机关有权按照合理方法调整。但下列两种情况除外。

（1）与跨境交易或者支付无关的安排。

（2）涉嫌逃避缴纳税款、逃避追缴欠税、骗税、抗税以及虚开发票等税收违法行为。

税收利益，是指减少、免除或者推迟缴纳企业所得税应纳税额。避税安排具有以下两个特征。

① 以获取税收利益为唯一目的或者主要目的。

② 以形式符合税法规定，但与其经济实质不符的方式获取税收利益。

企业的安排属于受益所有人、利益限制等税收协定执行范围的，应当首先适用税收协定执行的相关规定。

2．调整方法

税务机关应当以具有合理商业目的和经济实质的类似安排为基准，按照实质重于形式的原则实施特别纳税调整。调整方法包括以下几点。

（1）对安排的全部或者部分交易重新定性。

（2）在税收上否定交易方的存在，或者将该交易方与其他交易方视为同一实体。

（3）对相关所得、扣除、税收优惠、境外税收抵免等重新定性或者在交易各方间重新分配。

（4）其他合理方法。

9.6.5　补税与加收利息

税务机关依照规定作出纳税调整，需要补征税款的，应当补征税款，并按照国务院规定按日加收利息。

计息期间自税款所属纳税年度的次年 6 月 1 日起至补缴（预缴）税款入库之日止。利息率按照税款所属纳税年度 12 月 31 日实行的与补税期间同期的中国人民银行人民币贷款基准利率（以下简称基准利率）加 5 个百分点计算，并按一年 365 天折算日利息率。

企业按照规定提供同期资料和其他相关资料的，或者企业符合免于准备同期资料的规定但根据税务机关要求提供其他相关资料的，可以只按基准利率计算加收利息。

企业按照规定被加收的利息，不得在计算应纳税所得额时扣除。

9.7　税　收　优　惠

基于注重效率、兼顾公平的税收原则，中国企业所得税税收优惠实施了以经济政策性为主，以社会政策性和区域政策性为辅的基本模式，优惠方式包括项目所得减免税、减计收入、加速折旧、加计扣除等税基式优惠和减低税率、定期减免税、税额抵免等税额式优惠。

企业同时从事适用不同企业所得税待遇的项目的，其优惠项目应当单独计算所得，并合理分摊企业的期间费用；没有单独计算的，不得享受企业所得税优惠。

9.7.1 经济政策性优惠

1. 鼓励农业发展的税收优惠

（1）企业从事下列项目的所得，免征企业所得税：蔬菜、谷物、薯类、油料、豆类、棉花、麻类、糖料、水果、坚果的种植；农作物新品种的选育；中药材的种植；林木的培育和种植；牲畜、家禽的饲养；林产品的采集；灌溉、农产品初加工、兽医、农技推广、农机作业和维修等农、林、牧、渔服务业项目；远洋捕捞。

以"公司＋农户"经营模式从事农、林、牧、渔业项目生产的企业，可以享受减免企业所得税优惠政策。

（2）企业从事下列项目的所得，减半征收企业所得税：花卉、茶以及其他饮料作物和香料作物的种植；海水养殖、内陆养殖。

企业从事国家限制和禁止发展的项目，不得享受上述规定的企业所得税优惠。

2. 鼓励公共基础设施建设的税收优惠

从事国家重点扶持的公共基础设施项目，包括港口码头、机场、铁路、公路、城市公共交通、电力、水利等项目的投资经营所得，自项目取得第一笔生产经营收入所属纳税年度起，第一年至第三年免征企业所得税，第四年至第六年减半征收企业所得税。上述享受减免税优惠的项目，在减免税期限内转让的，受让方自受让之日起，可以在剩余期限内享受规定的减免税优惠；减免税期限届满后转让的，受让方不得就该项目重复享受减免税优惠。企业承包经营、承包建设和内部自建自用以上项目，不得享受上述税收优惠。

3. 鼓励环境保护和节能节水、支持安全生产的税收优惠

（1）环保、节能节水项目所得的优惠。企业从事符合条件的环境保护、节能节水项目，包括公共污水处理、公共垃圾处理、沼气综合开发利用、节能减排技术改造、海水淡化等项目取得的所得，自项目取得第一笔生产经营收入所属纳税年度起，第一年至第三年免征企业所得税，第四年至第六年减半征收企业所得税。享受减免税优惠的项目，在减免税期限内转让的，受让方自受让之日起，可以在剩余期限内享受规定的减免税优惠；减免税期限届满后转让的，受让方不得就该项目重复享受减免税优惠。

（2）清洁发展机制项目（CDM项目）所得的减免税。对企业实施的将温室气体减排量转让收入的65%上缴给国家的HFC和PFC类CDM项目，以及将温室气体减排量转让收入的30%上缴给国家的N2O类CDM项目，其实施该类CDM项目的所得，自项目取得第一笔减排量转让收入所属纳税年度起，第一年至第三年免征企业所得税，第四年至第六年

减半征收企业所得税。

企业实施 CDM 项目的所得，是指企业实施 CDM 项目取得的温室气体减排量转让收入扣除上缴国家的部分，再扣除企业实施 CDM 项目发生的相关成本、费用后的净所得。

（3）购置使用专用设备的税收抵免优惠。企业购置并自身实际投入使用优惠目录规定的环境保护、节能节水、安全生产等专用设备的，该专用设备的投资额的 10% 可以从企业当年的应纳税额中抵免；当年不足抵免的，可以在以后 5 个纳税年度结转抵免。企业购置上述专用设备在 5 年内转让、出租的，应当停止享受企业所得税优惠，并补缴已经抵免的企业所得税税款。

转让的受让方可以按照该专用设备投资额的 10% 抵免当年企业所得税应纳税额，当年应纳税额不足抵免的，可以在以后 5 个纳税年度结转抵免。

执行中应注意以下问题。

① 专用设备投资额，是指购买专用设备发票价税合计价格，但不包括按有关规定退还的增值税税款以及设备运输、安装和调试等费用。

② 当年应纳税额，是指企业当年的应纳税所得额乘以适用税率，扣除依照企业所得税法、国务院有关税收优惠规定以及税收过渡优惠规定减征、免征税额后的余额。

4．促进技术进步的税收优惠

（1）国家需要重点扶持的高新技术企业，减按 15% 的税率征收企业所得税。

（2）鼓励软件产业和集成电路产业发展的所得税优惠政策。

① 集成电路线宽小于 0.25 微米或投资额超过 80 亿元的集成电路生产企业，经认定后，减按 15% 的税率征收企业所得税。

② 下列实行查账征收方式的企业，经国家规定的认定机构认定后，其优惠期在 2017 年 12 月 31 日前自获利年度起开始计算，并享受到期满为止：集成电路线宽小于 0.8 微米（含）的集成电路生产企业、中国境内新办的集成电路设计企业和符合条件的软件企业，第一年至第二年免征企业所得税，第三年至第五年按照 25% 的法定税率减半征收企业所得税；集成电路线宽小于 0.25 微米或投资额超过 80 亿元的集成电路生产企业，经营期在 15 年以上的，第一年至第五年免征企业所得税，第六年至第十年按照 25% 的法定税率减半征收企业所得税。国家规划布局内的重点软件企业和集成电路设计企业，如当年未享受免税优惠的，可减按 10% 的税率征收企业所得税。

③ 符合条件的软件企业按照规定取得的即征即退增值税款，由企业专项用于软件产品研发和扩大再生产并单独进行核算，可以作为不征税收入，在计算应纳税所得额时从收入总额中减除。

④ 集成电路设计企业和符合条件软件企业的职工培训费用，应单独进行核算并按实际发生额在计算应纳税所得额时扣除。

⑤ 企业外购的软件，凡符合固定资产或无形资产确认条件的，可以按照固定资产或无

形资产进行核算，其折旧或摊销年限可以适当缩短，最短可为 2 年（含）；集成电路生产企业的生产设备，其折旧年限可以适当缩短，最短可为 3 年（含）。

集成电路生产企业、集成电路设计企业、软件企业等依照上述规定可以享受的企业所得税优惠政策与企业所得税其他相同方式优惠政策存在交叉的，由企业选择一项最优惠政策执行，不叠加享受。

（3）一个纳税年度内，居民企业技术转让所得（其中不包括居民企业从直接或间接持有股权之和达到 100%的关联方取得的技术转让所得）不超过 500 万元的部分，免征企业所得税；超过 500 万元的部分，减半征收企业所得税。

减免企业所得税优惠的技术转让应符合以下五项条件：享受优惠的技术转让主体是企业所得税法规定的居民企业；技术转让属于财政部、国家税务总局规定的范围；境内技术转让经省级以上科技部门认定；向境外转让技术经省级以上商务部门认定；国务院税务主管部门规定的其他条件。符合条件的技术转让所得计算办法如下：

技术转让所得=技术转让收入-技术转让成本-相关税费

技术转让收入，是指当事人履行技术转让合同后获得的价款，不包括销售或转让设备、仪器、零部件、原材料等非技术性收入。不属于与技术转让项目密不可分的技术咨询、技术服务、技术培训等收入，不得计入技术转让收入。

技术转让成本，是指转让的无形资产的净值，即该无形资产的计税基础减除在资产使用期间按照规定计算的摊销扣除额后的余额。

相关税费，是指技术转让过程中实际发生的有关税费，包括除企业所得税和允许抵扣的增值税以外的各项税金及其附加、合同签订费用、律师费等相关费用及其他支出。

可以计入技术转让收入的技术咨询、技术服务、技术培训收入，是指转让方为使受让方掌握所转让的技术投入使用、实现产业化而提供的必要的技术咨询、技术服务、技术培训所产生的收入，并应同时符合以下两个条件：一是在技术转让合同中约定的与该技术转让相关的技术咨询、技术服务、技术培训；二是技术咨询、技术服务、技术培训收入与该技术转让项目收入一并收取价款。

（4）企业为开发新技术、新产品、新工艺发生的研究开发费用，未形成无形资产计入当期损益的，在按照规定据实扣除的基础上，按照研究开发费用的 50%加计扣除；形成无形资产的，按照无形资产成本的 150%摊销。

研发费列支范围，包括新产品设计费、新工艺规程制定费以及与研发活动直接相关的技术图书资料费、资料翻译费；从事研发活动直接消耗的材料、燃料和动力费用；在职直接从事研发活动人员的工资、薪金、奖金、津贴、补贴；专门用于研发活动的仪器、设备的折旧费或租赁费；专门用于研发活动的软件、专利权、非专利技术等无形资产的摊销费用；专门用于中间试验和产品试制的模具、工艺装备开发及制造费；勘探开发技术的现场试验费；研发成果的论证、评审、验收费用。

企业从事研发活动发生的下列费用支出，可纳入税前加计扣除的研究开发费用范围：企业依照国务院有关主管部门或者省级人民政府规定的范围和标准为在职直接从事研发活动人员缴纳的基本养老保险费、基本医疗保险费、失业保险费、工伤保险费、生育保险费和住房公积金；专门用于研发活动的仪器、设备的运行维护、调整、检验、维修等费用；不构成固定资产的样品、样机及一般测试手段购置费；新药研制的临床试验费；研发成果的鉴定费用。

企业实际发生的研究开发费，在年度中间预缴所得税时，允许据实计算扣除，在年度终了进行所得税年度申报和汇算清缴时，再依照规定计算加计扣除。

（5）固定资产的加速折旧。

企业拥有并用于生产经营的主要或关键的固定资产，由于以下原因确需加速折旧的，可以缩短折旧年限或者采取加速折旧的方法：由于技术进步，产品更新换代较快的；常年处于强震动、高腐蚀状态的。

对企业 2014 年 1 月 1 日后新购进的专门用于研发的仪器、设备，单位价值不超过 100 万元的，允许一次性计入当期成本费用在计算应纳税所得额时扣除，不再分年度计算折旧；单位价值超过 100 万元的，可缩短折旧年限或采取加速折旧的方法。

生物药品制造业，专用设备制造业，铁路、船舶、航空航天和其他运输设备制造业，计算机、通信和其他电子设备制造业，仪器仪表制造业，信息传输、软件和信息技术服务业等六大行业的企业，2014 年 1 月 1 日后新购置或自行建造的固定资产，可缩短折旧年限或采取加速折旧的方法。对其中的小型微利企业研发和生产经营共用的仪器、设备，单位价值不超过 100 万元的，允许一次性计入当期成本费用在计算应纳税所得额时扣除，不再分年度计算折旧；单位价值超过 100 万元的，可缩短折旧年限或采取加速折旧的方法。

企业采取缩短折旧年限方法的，对其购置或建造的新固定资产，最低折旧年限不得低于法定最低折旧年限的 60%；若为购置已使用过的固定资产，其最低折旧年限不得低于法定最低折旧年限减去已使用年限后剩余年限的 60%。最低折旧年限一经确定，一般不得变更。

允许采用的加速折旧方法，是指双倍余额递减法或者年数总和法。加速折旧方法一经确定，一般不得变更。

5. 鼓励综合利用资源的税收优惠

企业以优惠目录规定的资源作为主要原材料生产国家非限制和禁止并符合国家和行业相关标准的产品取得的收入，减按 90% 计入收入总额。

企业同时从事其他项目而取得的非资源综合利用收入，应与资源综合利用收入分开核算，没有分开核算的，不得享受优惠政策；企业从事不符合实施条例和《资源综合利用企业所得税优惠目录》规定范围、条件和技术标准的项目，不得享受资源综合利用企业所得税优惠政策。

6. 鼓励资本形成的税收优惠

创业投资企业采取股权投资方式投资于未上市的中小高新技术企业 2 年（24 个月）以上的，可以按照其投资额的 70%在股权持有满 2 年的当年抵扣该创业投资企业的应纳税所得额；当年不足抵扣的，可以在以后纳税年度结转抵扣。

创业投资企业，是指依照《创业投资企业管理暂行办法》和《外商投资创业投资企业管理规定》在中华人民共和国境内设立的专门从事创业投资活动的企业或其他经济组织，其经营范围应符合《创业投资企业管理暂行办法》规定，且工商登记为"创业投资有限责任公司""创业投资股份有限公司"等专业性法人创业投资企业。其经营范围限于创业投资业务；代理其他创业投资企业等机构或个人的创业投资业务；创业投资咨询业务；为创业企业提供创业管理服务业务；参与设立创业投资企业与创业投资管理顾问机构；创业投资企业不得从事担保业务和房地产业务，但是购买自用房地产除外。

9.7.2　区域性税收优惠

民族自治地方（依照《中华人民共和国民族区域自治法》实行民族区域自治的自治区、自治州、自治县）的自治机关对本民族自治地方的企业应缴纳的企业所得税中属于地方分享的部分，可以决定减征或者免征。自治州、自治县决定减征或者免征的，须报省、自治区、直辖市人民政府批准。但是，对民族自治地方内国家限制和禁止行业的企业，不得减征或免征企业所得税。

2010 年 1 月 1 日至 2020 年 12 月 31 日，对在新疆困难地区（包括南疆三地州、其他国家扶贫开发重点县和边境县市）新办的属于《新疆困难地区重点鼓励发展产业企业所得税优惠目录》（以下简称《目录》）范围内的企业（以《目录》中规定的产业项目为主营业务，其主营业务收入占企业收入总额 70%以上的企业），自（相关项目已建成并投入运营）取得第一笔生产经营收入所属纳税年度起，第一年至第二年免征企业所得税，第三年至第五年按照企业所得税 25%的法定税率减半征收企业所得税。

自 2011 年 1 月 1 日至 2020 年 12 月 31 日，对设在西部地区（包括重庆市、四川省、贵州省、云南省、西藏自治区、陕西省、甘肃省、宁夏回族自治区、青海省、新疆维吾尔自治区、新疆生产建设兵团、内蒙古自治区、广西壮族自治区、湖南省湘西土家族苗族自治州、湖北省恩施土家族苗族自治州、吉林省延边朝鲜族自治州，可以比照西部地区的税收政策执行）的以《西部地区鼓励类产业目录》中规定的产业项目为主营业务，且其主营业务收入占企业收入总额 70%以上的企业（鼓励类产业企业）减按 15%的税率征收企业所得税。

9.7.3 社会政策性优惠

自 2014 年 1 月 1 日至 2016 年 12 月 31 日，对年应纳税所得额低于 10 万元（含 10 万元）的小型微利企业，其所得减按 50%计入应纳税所得额（减半征税政策），按 20%的税率（低税率政策）缴纳企业所得税。

企业安置残疾人员的，在按照支付给残疾职工工资据实扣除的基础上，可以在计算年度应纳税所得额时按照支付给残疾职工工资的 100%加计扣除。残疾人员的范围适用《中华人民共和国残疾人保障法》的有关规定。企业享受安置残疾职工工资 100%加计扣除应同时具备如下四个条件。

（1）依法与安置的每位残疾人签订了 1 年以上（含 1 年）的劳动合同或服务协议，并且安置的每位残疾人在企业实际上岗工作。

（2）为安置的每位残疾人按月足额缴纳了企业所在区县人民政府根据国家政策规定的基本养老保险、基本医疗保险、失业保险和工伤保险等社会保险。

（3）定期通过银行等金融机构向安置的每位残疾人实际支付了不低于企业所在区县适用的经省级人民政府批准的最低工资标准的工资。

（4）具备安置残疾人上岗工作的基本设施。

9.8 企业所得税的计算与缴纳

9.8.1 税额计算办法

企业的应纳税所得额乘以适用税率，减除依照企业所得税法关于税收优惠的规定减免和抵免的税额后的余额，为应纳税额。应纳税额的计算公式如下：

本年应纳所得税额=应纳税所得额×适用税率-减免税额-抵免税额

+（境外所得应纳税额-境外所得抵免税额）

公式表明，应纳税所得额和适用税率是应纳所得税额计算的核心要素，具体内容如前所述。此外，减免税额、抵免税额、境外所得的税务处理也是企业税额计算的影响因素。

1．减免所得税额的主要内容

（1）从事国家非限制和禁止行业并符合规定条件的小型微利企业享受优惠税率减征的企业所得税税额。

（2）从事国家需要重点扶持拥有核心自主知识产权等条件的高新技术企业享受减征企业所得税税额。

（3）经民族自治地方所在省、自治区、直辖市人民政府批准，减征或者免征民族自治地方的企业缴纳的企业所得税中属于地方分享的企业所得税税额。

（4）符合国务院规定以及经国务院批准给予过渡期税收优惠政策的企业免缴的所得税额。

（5）国务院根据税法授权制定的其他减免税额。

2. 抵免所得税额

购置并实际使用《环境保护专用设备企业所得税优惠目录》《节能节水专用设备企业所得税优惠目录》《安全生产专用设备企业所得税优惠目录》规定的环境保护、节能节水、安全生产等专用设备的，允许从企业当年的应纳税额中抵免的投资额 10%的部分。当年不足抵免的，可以在以后 5 个纳税年度结转抵免。

3. 境外所得应纳税额与抵免税额

境外所得应纳税额是指境外应纳税所得额按境内税法规定税率计算的金额，也即境外所得税额的抵免限额。

企业实际缴纳的境外所得税额按抵免限额确定当年允许抵免额，超限额的部分可在以后 5 个纳税年度内用每年度抵免限额的余额进行抵补。

企业取得的下列所得已在境外缴纳的所得税税额，可以从其当期应纳税额中抵免，抵免限额为该项所得依照中国税法规定计算的应纳税额；超过抵免限额的部分，可以在以后 5 个纳税年度内，用每年度抵免限额抵免当年应抵税额后的余额进行抵补。

（1）居民企业来源于中国境外的应税所得。

（2）非居民企业在中国境内设立机构、场所，取得发生在中国境外但与该机构、场所有实际联系的应税所得。

居民企业从其直接或者间接控制的外国企业分得的来源于中国境外的股息、红利等权益性投资收益，外国企业在境外实际缴纳的所得税税额中属于该项所得负担的部分，可以作为该居民企业的可抵免境外所得税税额，在规定的抵免限额内抵免。

所谓直接控制，是指居民企业直接持有外国企业 20%以上股份；所谓间接控制，是指居民企业以间接持股方式持有外国企业 20%以上股份，具体认定办法由国务院财政、税务主管部门另行制定。

已在境外缴纳的所得税税额，是指企业来源于中国境外的所得依照中国境外税收法律以及相关规定应当缴纳并已经实际缴纳的企业所得税性质的税款。

抵免限额，是指企业来源于中国境外的所得，依照企业所得税法和本条例的规定计算的应纳税额。除国务院财政、税务主管部门另有规定外，该抵免额应当分国（地区）不分项计算，计算公式如下：

抵免限额=中国境内、境外所得依照企业所得税法和实施条例的规定计算的应纳税总额×来源于某国（地区）的应纳税所得额÷中国境内、境外应纳税所得总额所谓 5 个年度，是指从企业取得的来源于中国境外的所得，已经在中国境外缴纳的企业所得税性质的税额超过抵免限额的当年的次年起连续 5 个纳税年度。

4. 企业所得税以人民币计算

所得以人民币以外的货币计算的，应当折合成人民币计算并缴纳税款。企业所得以人民币以外的货币计算的，预缴企业所得税时，应当按照月度或者季度最后一日的人民币汇率中间价，折合成人民币计算应纳税所得额。年度终了汇算清缴时，对已经按照月度或者季度预缴税款的，不再重新折合计算，只就该纳税年度内未缴纳企业所得税的部分，按照纳税年度最后一日的人民币汇率中间价，折合成人民币计算应纳税所得额。

经税务机关检查确认，企业少计或者多计外币所得的，应当按照检查确认补税或者退税时的上一个月最后一日的人民币汇率中间价，将少计或者多计的所得折合成人民币计算应纳税所得额，再计算应补缴或者应退的税款。

【例 9-1】某电器生产企业为居民企业，2014 年度有关生产经营资料如下：

（1）营业收入 8 800 万元，营业成本 3 900 万元，营业税金及附加 52 万元。

（2）销售费用 1 800 万元，其中包含符合税法规定条件的广告费和业务宣传费 1 400 万元。

（3）管理费用 320 万元，其中包含业务招待费 80 万元和新技术研究开发费 120 万元。

（4）财务费用账户借方余额 20 万元。该账户贷方记载：存款利息收入 5 万元；借方记载：手续费支出 1 万元，借款利息支出 24 万元。企业本年借款的情况如下：向银行借款 200 万元，年利率为 6%；向无关联关系的某非金融企业借款 120 万元，年利率为 10%。两项借款均于本年年初借入，用于日常生产经营，借款期限均为一年。

（5）投资收益 3 万元，系国库券利息收入。

（6）营业外收入 50 万元，营业外支出 15 万元，其中包含向环保部门支付的罚款 5.4 万元。

其他资料：本年度实际发生的工资支出为 200 万元，实际发生的职工福利费、职工教育经费以及实际拨缴的工会经费分别为 32 万元、4.5 万元、4 万元，上述支出均已计入成本费用中；本年度实际缴纳的增值税为 485 万元。

该企业会计核算无误，各项支出均附有合法有效凭据。

要求：按步骤分析计算该企业 2014 年度实际应纳的企业所得税额。

解：

（1）利润总额=8 800+3+50-（3 900+52+1 800+320+20+15）=2 746（万元）

（2）计算应纳税所得额。

① 广告费和业务宣传费扣除限额=8 800×15%=1 320（万元）

应调增额=1 400-1 320=80（万元）

② 业务招待费最高扣除额=8 800×5‰=44（万元）

实际发生额的 60%=80×60%=48（万元）>44 万元

应调增额=80-44=36（万元）

③ 技术开发费加计扣除额=120×50%=60（万元），应调减额 60 万元。

④ 借款利息支出应调增额=120×(10%-6%)=4.8（万元）。

⑤ 环保罚款不得在税前扣除，应调增额 5.40 万元。

⑥ 国债利息收入免税，应调减额 3 万元。

⑦ 职工福利费扣除限额=200×14%=28（万元），应调增额=32-28=4（万元）。

⑧ 工会经费扣除限额=200×2%=4（万元），实际拨缴额 4 万元未超标准，准予据实扣除。

⑨ 教育经费扣除限额=200×2.5%=5（万元），实际发生额 4.50 万元未超标准，准予据实扣除。

应纳税所得额=2 746+80+36-60+4.8+5.4-3+4=2 813.2（万元）

（3）应纳税额=2 813.2×25%=703.3（万元）

【例 9-2】某市化工产品生产有限公司 2014 年全年损益类项目相关资料如下：主营业务收入 2 500 万元，其他业务收入 1 300 万元，营业外收入 240 万元，主营业务成本 600 万元，其他业务成本 460 万元，营业外支出 210 万元，营业税金及附加 240 万元，销售费用 120 万元，管理费用 130 万元，财务费用 105 万元；取得投资收益 282 万元，其中来自境内非上市居民企业分得的股息收入 100.5 万元。

当年该公司发生的部分业务如下：

（1）签订一份委托贷款合同，合同约定两年后合同到期时一次收取利息。2014 年已将其中 40 万元利息收入计入投资收益。

（2）年初签订一项专利技术使用权合同，合同约定专利技术使用期限为 4 年，使用费总额为 240 万元，每两年收费一次；按合同约定的专利技术使用期限，每年提供一次技术指导。2013 年第一次收取使用费，实际收取 120 万元，公司计入其他业务收入的为 60 万元。

（3）将自发行者购进的一笔三年期国债售出，取得收入 117 万元。售出时持有该国债恰满两年，该笔国债的买入价为 100 万元，年利率 5%，利息到期一次支付。该公司已将 17 万元计入投资收益。

（4）撤回对某公司的股权投资取得 85 万元，原投资成本 50 万元，该公司已将 35 万元计入投资收益。已知该公司撤回的投资相当于被投资公司累计未分配利润和累计盈余公积按减少实收资本比例计算的部分 15 万元。

（5）当年发生广告支出 480 万元，以前年度累计结转广告费扣除额 65 万元。当年发生业务招待费 30 万元，其中 20 万元未取得合法票据。当年实际发放职工工资 300 万元，其中含福利部门人员工资 20 万元；除福利部门人员工资外的职工福利费总额为 44.7 万元，拨缴工会经费 5 万元，职工教育经费支出 9 万元。上述支出均已纳入当年度的成本、费用计算中。

（6）通过民政局向贫困山区捐款 120 万元，该项捐款已计入营业外支出。

（7）当年自境内关联企业借款 1 500 万元，年利率 7%（金融企业同期同类贷款利率为 5%），支付利息 105 万元。关联企业在该公司的权益性投资金额为 500 万元。该公司不能证明此笔交易符合独立交易原则，也不能证明实际税负不高于关联企业。

（8）当年转让一项账面价值为 300 万元的专利技术，取得转让净收益为 900 万元，该项转让已经省科技部门认定登记，企业已将该项转让收益纳入会计损益核算中。

（9）该企业是当地污水排放大户，为治理排放，当年购置 500 万元的污水处理设备投入使用，同时为其他排污企业处理污水，当年取得的污水处理项目所得为 17 万元。该设备属于《环境保护专用设备企业所得税优惠目录》所列设备，为其他企业处理污水属于公共污水处理。

其他相关资料：该公司注册资本为 800 万元。除非特别说明，该企业会计核算无误，各扣除项目均已取得有效凭证，相关优惠已办理必要手续。

要求计算：

（1）该公司当年利润总额。

（2）该公司当年应纳税所得额。

（3）该公司 2014 年应纳企业所得税额。

解：

（1）计算利润总额。

会计利润=2 500+1 300+240-600-460-210-240-120-130-105+282=2 457（万元）

（2）计算应纳税所得额。

① 来自境内非上市居民企业分得的股息收入 100.5 万元，免征所得税，应调减额 100.5 万元。

② 利息收入应按照合同约定的债务人应付利息的日期确认收入，据此会计上确认的 40 万元税法上不需确认，应调减额 40 万元。

③ 特许权使用费收入应按照合同约定的特许权使用人应付特许权使用费的日期确认收入，据此需调增额=120-60=60（万元）。

④ 企业到期前转让国债计算的国债利息收入，免征企业所得税。

免税的国债利息收入=国债金额×(适用年利率÷365)×持有天数=100×(5%÷365)×365×2=10（万元），应调减额 10 万元。

⑤ 投资企业从被投资企业撤回或减少投资，其取得的资产中，相当于初始出资的部分，应确认为投资收回；相当于被投资企业累计未分配利润和累计盈余公积按减少实收资本比例计算的部分，应确认为股息所得；其余部分确认为投资资产转让所得。由于符合条件的居民企业之间的股息、红利等权益性投资收益为免税收入，因此应调减额 15 万元。

⑥ 企业当年营业收入=2 500+1 300=3 800（万元），据此计算的广告费税前扣除限

额=3 800×15%=570（万元），由于 570-480=90（万元）＞以前年度结转的广告费 65 万元，因此，应调减额 65 万元。

⑦ 业务招待费税前扣除限额=3 800×5‰=19（万元），取得合法票据可税前扣除的业务招待费=(30-20)×60%=6（万元），应调增额=30-6=24（万元）。

⑧ 由于企业当年实际发生的工资总额=300-20=280（万元），福利费税前扣除限额=280×14%=39.2（万元），当年实际发生的职工福利费支出=20+44.7=64.7（万元），福利费应调增额=64.7-39.2=25.5（万元）；工会经费税前扣除限额=280×2%=5.6（万元），实际拨缴 5 万元可全额扣除；教育经费税前扣除限额=280×2.5%=7（万元），实际支出 9 万元，应调增所得额=9-7=2（万元）。

⑨ 公益性捐赠税前扣除限额=2 457×12%=294.84（万元），实际发生额 120 万元小于扣除限额，无须调整。

⑩ 由于公司自关联企业借款金额超过了两倍的权益性投资且不能证明该交易符合独立交易原则，也不能证明其实际税负不高于关联企业，又由于金融企业同期同类贷款利率为 5%，因此可允许扣除的借款利息=500×2×5%=50（万元），应调增额=105-50=55（万元）。

⑪ 经省科技部门认定登记技术转让所得 900 万元可依法享受减免税待遇，应调减额=500+(900-500)÷2=500+200=700（万元）。

⑫ 企业当年取得的污水处理项目所得可以享受免征企业所得税的待遇，应调减所得额 17 万元。

应纳税所得额=2 457-100.5-40+60-10-15-65+24+25.5+2+55-700-17=1 676（万元）

（3）公司当年购置并投入使用的 500 万元污水处理设备，可以抵扣所得税额=500×10%=50（万元）。

（4）企业当年应纳所得税额=1 676×25%-50=369（万元）。

9.8.2　税款的缴纳

1. 纳税期限及税款缴纳办法

企业所得税按年计税，实行分期缴纳，年终汇算清缴的税款缴纳办法。

（1）按纳税年度。纳税年度自公历 1 月 1 日起至 12 月 31 日止。企业在一个纳税年度中间开业，或者终止经营活动，使该纳税年度的实际经营期不足 12 个月的，应当以其实际经营期为一个纳税年度。企业依法清算时，应当以清算期间作为一个纳税年度。

具体而言，正常经营的纳税人，纳税年度为公历当年 1 月 1 日至 12 月 31 日；纳税人年度中间开业的，为实际生产经营之日的当月 1 日至同年 12 月 31 日；纳税人年度中间发生合并、分立、破产、停业等情况的，纳税年度为公历当年 1 月 1 日至实际停业或法院裁定并宣告破产之日的当月月末；纳税人年度中间开业且年度中间又发生合并、分立、破产、停业等情况的，纳税年度为实际生产经营之日的当月 1 日至实际停业或法院裁定并宣告破产之日的当月月末。

（2）预缴与汇算清缴。

① 分期预缴。企业所得税分月或者分季预缴（由税务机关具体核定）。企业应当自月份或者季度终了之日起 15 日内，向税务机关报送预缴企业所得税纳税申报表，预缴税款。企业分月或者分季预缴企业所得税时，应当按照月度或者季度的实际利润额预缴；按照月度或者季度的实际利润额预缴有困难的，可以按照上一纳税年度应纳税所得额的月度或者季度平均额预缴，或者按照经税务机关认可的其他方法预缴。预缴方法一经确定，该纳税年度内不得随意变更。

② 汇算清缴。企业应当自年度终了之日起 5 个月内，向税务机关报送年度企业所得税纳税申报表，并汇算清缴，结清应缴应退税款。企业在报送企业所得税纳税申报表时，应当按照规定附送财务会计报告和其他有关资料；企业在年度中间终止经营活动的，应当自实际经营终止之日起 60 日内，向税务机关办理当期企业所得税汇算清缴。

依照外国（地区）法律成立且实际管理机构不在中国境内，但在中国境内设立机构、场所的非居民企业（以下称为企业），除下列情形外，无论盈利或者亏损，均应按照规定参加所得税汇算清缴。

企业具有下列情形之一的，可不参加当年度的所得税汇算清缴：临时来华承包工程和提供劳务不足 1 年，在年度中间终止经营活动，且已经结清税款；汇算清缴期内已办理注销；其他经主管税务机关批准可不参加当年度所得税汇算清缴。

企业在纳税年度内无论盈利或者亏损，都应当依照税法规定的期限，向税务机关报送预缴企业所得税纳税申报表、年度企业所得税纳税申报表、财务会计报告和税务机关规定应当报送的其他有关资料。

③ 企业发生清算的，应在办理注销登记前，就其清算所得向税务机关申报并依法缴纳企业所得税。清算所得，是指企业的全部资产可变现价值或者交易价格减除资产净值、清算费用、相关税费、加上债务清偿损益等后的余额。

2．纳税地点

（1）居民企业纳税地点。除税收法律、行政法规另有规定外，居民企业以企业登记注册地为纳税地点；但登记注册地在境外的，以实际管理机构所在地为纳税地点。

所谓企业登记注册地，是指企业依照国家有关规定登记注册的住所地。

居民企业在中国境内设立不具有法人资格的营业机构的，应当汇总计算并缴纳企业所得税。

除国务院另有规定外，母子公司不得合并缴纳企业所得税。

（2）非居民企业纳税地点。非居民企业在中国境内设立机构、场所的，应当就其所设机构、场所取得的来源于中国境内的所得，以及发生在中国境外但与其所设机构、场所有实际联系的所得，以机构、场所所在地为纳税地点。

非居民企业在中国境内设立两个或者两个以上机构、场所的，经税务机关审核批准，可以选择由其主要机构、场所汇总缴纳企业所得税。所谓主要机构、场所，应当同时符合下列条件。

① 对其他各机构、场所的生产经营活动负有监督管理责任。

② 设有完整的账簿、凭证，能够准确反映各机构、场所的收入、成本、费用和盈亏情况。

所谓经税务机关审核批准，是指经各机构、场所所在地税务机关的共同上级税务机关审核批准。

非居民企业经批准汇总缴纳企业所得税后，需要增设、合并、迁移、关闭机构、场所或者停止机构、场所业务的，应当事先由负责汇总申报缴纳企业所得税的主要机构、场所向其所在地税务机关报告；需要变更汇总缴纳企业所得税的主要机构、场所的，依照前款规定办理。

非居民企业在中国境内未设立机构、场所的，或者虽设立机构、场所但取得的所得与其所设机构、场所没有实际联系的，以扣缴义务人所在地为纳税地点。

3．源泉扣缴

（1）扣缴义务人。对非居民企业在中国境内未设立机构、场所的，或者虽设立机构、场所但取得的所得与其所设机构、场所没有实际联系的所得应缴纳的所得税，实行源泉扣缴，以支付人为扣缴义务人。税款由扣缴义务人在每次支付或者到期应支付时，从支付或者到期应支付的款项中扣缴。

所谓支付人，是指依照有关法律规定或者合同约定对非居民企业直接负有支付相关款项义务的单位或者个人。

所谓支付，包括现金支付、汇拨支付、转账支付和权益兑价支付等货币支付和非货币支付。

所谓到期应支付的款项，是指支付人按照权责发生制原则应当计入相关成本、费用的应付款项。

对非居民企业在中国境内取得工程作业和劳务所得应缴纳的所得税，税务机关可以指定工程价款或者劳务费的支付人为扣缴义务人。扣缴义务人由县级以上税务机关指定，并同时告知扣缴义务人所扣税款的计算依据、计算方法、扣缴期限和扣缴方式。

（2）扣缴方法。

① 依照企业所得税法对非居民企业应当缴纳的企业所得税实行源泉扣缴的，应当依照企业所得税法的规定计算应纳税所得额。

② 应当扣缴的所得税，扣缴义务人未依法扣缴或者无法履行扣缴义务的，由纳税人在所得发生地缴纳。纳税人未依法缴纳的，税务机关可以从该纳税人在中国境内其他收入项

目的支付人应付的款项中，追缴该纳税人的应纳税款。

在中国境内存在多处所得发生地的，由纳税人选择其中之一申报缴纳企业所得税。

所谓该纳税人在中国境内其他收入，是指该纳税人在中国境内取得的其他各种来源的收入。

③ 税务机关在追缴该纳税人应纳税款时，应当将追缴理由、追缴数额、缴纳期限和缴纳方式等告知该纳税人。

④ 扣缴义务人每次代扣的税款，应当自代扣之日起 7 日内缴入国库，并向所在地的税务机关报送扣缴企业所得税报告表。

本章小结

▸ 企业所得税是以企业所得为课税对象征收的一种税。在中华人民共和国境内，企业和其他取得收入的组织（统称企业）为企业所得税的纳税人，依照规定缴纳企业所得税。企业包括居民企业和非居民企业，但不包括个人独资企业、合伙企业。

▸ 居民企业，是指依法在中国境内成立，或者依照外国（地区）法律成立但实际管理机构在中国境内的企业。非居民企业，是指依照外国（地区）法律成立且实际管理机构不在中国境内，但在中国境内设立机构、场所的，或者在中国境内未设立机构、场所，但有来源于中国境内所得的企业。

▸ 企业所得税的征税对象是企业取得的各项应税所得，包括销售货物所得、提供劳务所得、转让财产所得、股息红利等权益性投资所得、利息所得、租金所得、特许权使用费所得、接受捐赠所得和其他所得。

▸ 企业所得税的税基是企业的应纳税所得额。应纳税所得额是企业每一纳税年度的收入总额，减除不征税收入、免税收入、各项扣除以及允许弥补的以前年度亏损后的余额。企业所得税的基本税率为 25%。

综合练习

1. 现行企业所得税的征税范围和纳税人是如何规定的？

2. 现行企业所得税的居民纳税人和非居民纳税人是如何界定的？它们分别负有何种纳税义务？

3. 现行企业所得税对所得来源地是如何规定的？

4. 现行企业所得税税前扣除项目的确定原则有哪些？

5．现行企业所得税的税收优惠主要包括哪些方面？

 推荐阅读材料

1．中国注册会计师协会．税法．北京：经济科学出版社，2014
2．马国强．中国税收．大连：东北财经大学出版社，2014
3．杨斌．税收学．北京：科学出版社，2011
4．刘佐．中国税制概览．北京：经济科学出版社，2010
5．胡怡建．税收学．上海：上海财经大学出版社，2009
6．刘颖，孟芳娥．中国税制．北京：电子工业出版社，2008

 网上资源

1．财政部，http://www.mof.gov.cn/mof/
2．国家税务总局，http://www.chinatax.gov.cn/n8136506/index.html
3．中国税务网，http://www.ctax.org.cn/

第 10 章　个人所得税

▸▸ 了解个人所得税的概念和类型
▸▸ 掌握个人所得税的基本制度
▸▸ 掌握个人所得税应纳税额的计算

10.1　税　种　概　述

10.1.1　个人所得税的概念

个人所得税是对个人取得的所得征收的一种税。从理论上看，对"所得"存在两种理解。狭义上，所得被定义为在一定期间内运用资本或劳力取得的货币收益或报酬；广义上，所得被解释为在一定期间内所获得的一切经济利益，而不管其来源怎样，方式如何，属于货币收益还是实物收益。目前，税收学界较为流行的解释是，所得是指财富的增加额，它等于一年内的消费支出额加上财富净值的变动额。按照这种解释，凡是能够增加一个人享用商品和劳务能力的东西，都应当视为所得。但在征收实践中，个人所得的范围则要狭窄得多，一般主要由工资、薪金、股息、利息、租金、特许权使用费以及资本利得等构成。

个人是指区别于法人的自然人，不仅包括作为要素所有者的个人，如财产所有者个人、投资者个人和劳动者个人，而且包括作为经营者的个人，如个体工商业户、合伙企业的合伙人及独资企业的业主等。个人所得税，实际上就是对财产所有者个人、投资者个人、劳动者个人、个体工商业户、合伙企业合伙人及独资企业业主等自然人征的所得税。

10.1.2　个人所得税的类型

从征收模式上看，个人所得税可以分为三种类型，即分类所得税、综合所得税和分类综合所得税。

1. 分类所得税

分类所得税是将纳税人的所得按来源划分为若干种类，对不同种类的所得分别按照不同的税率计算征收个人所得税。分类所得税的优点在于可以灵活选择课税对象，征收相对简便，易于进行源泉控制，减少逃税；而且可以按照所得性质的不同采用差别税率，有利于实现特定的政策目标。其缺点是对所得分类课征，无法根据纳税人的总体负担能力实行量能课税，因而难以体现公平税负、合理负担的原则。

2. 综合所得税

综合所得税是将纳税人在一定时期取得的各类所得综合在一起，按照统一的税率（通常采用累进税率）计算征收个人所得税。综合所得税的优点是有利于体现纳税人的实际负担水平，比较符合按能力负担的公平原则，发挥调节个人收入的作用。缺点是征收手续较为复杂，要求纳税人有较高的纳税法制意识，较为健全的财务会计和先进的税收管理制度。

3. 分类综合所得税

分类综合所得税是分类所得税和综合所得税相结合的一种个人所得税。在采用分类综合所得税的情况下，既要将不同来源的所得按照性质分为不同项目，对不同项目的所得先进行费用扣除，并对其余额从源扣缴；然后再将全部或部分所得项目加总，进行个人宽免，运用累进税率征税。分类综合所得税的目的是对上述两种征税模式的优点兼容并蓄。其优点是既便于对不同来源、不同性质的所得采取不同税率，有利于实现政府既定的政策目标，也易于实行从源扣缴，防止逃税；同时，要求全部或部分所得项目合并申报，按累进税率征税，符合按能力负担税收的公平要求。尽管从理论上看，这是一种理想的征税模式，但也难免会使税制更加复杂，管理上的要求也相应提高。

目前，世界各国的个人所得税多数采用综合所得税模式，只有少数国家实行分类所得税。中国是实行分类所得税的少数几个国家之一。

10.1.3 个人所得税的产生与发展

个人所得税最早由英国于英法战争期间开征。当时作为主要税收收入来源的消费税和关税都无法解决战争引起的财政吃紧问题，而个人所得税开征后为政府提供了 20%的财政收入。第二次世界大战后，许多西方国家纷纷以直接税代替间接税，个人所得税得到了充分的发展，其组织财政收入的功能也日趋明显。到了 20 世纪 70 年代，个人所得税已经成为许多发达国家最主要的税收收入来源。个人所得税在调节收入分配、增加财政收入方面的作用也得到了公认。由于个人所得税在稳定社会经济方面也发挥着重要作用，因此还被称为调节经济的"内在稳定器"。

中国个人所得税始于清朝末年。宣统年间起草的《所得税章程》中包括对个人所得征税的内容。中华民国时期，北洋政府曾经制定过《所得税条例》，后经南京政府修订，但未真正实行。1936 年 7 月，民国政府制定并正式发布了《所得税暂行条例》，开征了属于个人所得税的薪给报酬所得税和证券存款所得税。中华人民共和国成立后，在 1950 年颁布的《全国税政实施要则》中列有薪给报酬所得税（未开征）和存款利息所得税。为了适应对外开放的要求，1980 年 9 月 10 日第五届全国人大三次会议审议通过了《中华人民共和国个人所得税法》，正式确立了个人所得税，主要适用于中国境内的外籍人员。同年 12 月 14 日，经国务院批准，财政部公布了个人所得税法实施细则。1986 年，国务院根据改革和发展的经济形势，发布了《中华人民共和国城乡个体工商业户所得税暂行条例》和《中华人民共和国个人收入调节税暂行条例》，对国内公民和个体工商业户征收所得税，从而形成了个人所得税、城乡个体工商业户所得税和个人收入调节税三税并存的格局。

为了规范和完善个人所得税的征税制度，适应建立社会主义市场经济体制的需要，1993 年 10 月 31 日第八届全国人民代表大会常务委员会第四次会议通过了《关于修改〈中华人民共和国个人所得税法〉的决定》，同时公布了修改后的《个人所得税法》，将主要适用于中国境内外籍人员的个人所得税与个体工商业户所得税、个人收入调节税合并，设置了统一的个人所得税。

中国现行个人所得税的法律依据，主要是 2011 年 6 月第十一届全国人大常委会第二十一次会议修正的《中华人民共和国个人所得税法》和 2011 年 7 月国务院修正的《中华人民共和国个人所得税法实施条例》。

10.2　纳税义务人与征税范围

10.2.1　征税对象

个人所得税以个人取得的所得为征税对象。中国现行个人所得税法规定的应税所得项目包括工资、薪金所得，个体工商户生产、经营所得，对企事业单位承包经营、承租经营所得，劳务报酬所得，稿酬所得，特许权使用费所得，财产转让所得，财产租赁所得，利息、股息、红利所得，偶然所得和其他所得。

1. 工资、薪金所得

工资、薪金所得，是指个人因任职或者受雇而取得的工资、薪金、奖金、年终加薪、劳动分红、津贴、补贴以及与任职或者受雇有关的其他所得。

下列不属于工资、薪金性质的补贴、津贴或者不属于纳税人本人工资，薪金所得项目的收入，不征收个人所得税。

（1）独生子女补贴。

（2）执行公务员工资制度未纳入基本工资总额的补贴，津贴差额和家属成员的副食品补贴。

（3）托儿补助费。

（4）差旅费津贴，误餐补助。

2．个体工商户的生产、经营所得

个体工商户的生产、经营所得，是指以下内容。

（1）个体工商户从事工业、手工业、建筑业、交通运输业、商业、饮食业、服务业、修理业以及其他行业生产、经营取得的所得。

（2）个人经政府有关部门批准，取得执照，从事办学、医疗、咨询以及其他有偿服务活动取得的所得。

（3）其他个人从事个体工商业生产、经营取得的所得。

（4）上述个体工商户和个人取得的与生产、经营有关的各项应纳税所得。

个人独资企业和合伙企业每一纳税年度的收入总额减除成本、费用以下损失后的余额，作为投资者个人的生产经营所得，比照个人所得税法的"个体工商户的生产经营所得"应税项目，计算征收个人所得税。

3．对企事业单位的承包经营、承租经营所得

对企事业单位的承包经营、承租经营所得，是指个人承包经营、承租经营以及转包、转租取得的所得，包括个人按月或者按次取得的工资、薪金性质的所得。

4．劳务报酬所得

劳务报酬所得，是指个人从事设计、装潢、安装、制图、化验、测试、医疗、法律、会计、咨询、讲学、新闻、广播、翻译、审稿、书画、雕刻、影视、录音、录像、演出、表演、广告、展览、技术服务、介绍服务、经纪服务、代办服务以及其他劳务取得的所得。

工资、薪金所得与劳务报酬所得的区别在于，工资、薪金所得是属于非独立个人劳务活动，即在机关、团体、学校、部队、企事业单位及其他组织中任职、受雇而得到的报酬；劳务报酬所得则是个人独立从事各种技艺、提供各项劳务取得的报酬。二者的主要区别在于，前者存在雇佣与被雇佣关系，后者则不存在这种关系。

对个人兼职取得的收入，应按照"劳务报酬所得"项目征收个人所得税；对退休人员再任职取得的收入，在减除个人所得税法规定的费用扣除标准后，按"工资、薪金所得"项目征收个人所得税。

5．稿酬所得

稿酬所得，是指个人因其作品以图书、报刊形式出版、发表而取得的所得。对不以图书、报刊形式出版、发表的翻译、审稿、书画等所得，不属于稿酬所得，而划归劳务报酬所得。

作者去世后，对取得其遗作稿酬的个人，按稿酬所得征收个人所得税。

任职、受雇于报刊、杂志等单位的记者、编辑等专业人员，因在本单位的报刊、杂志上发表作品取得的所得，属于因任职、受雇而取得的所得，应与其当月工资收入合并，按"工资、薪金所得"项目征收个人所得税。除上述专业人员以外，其他人员在本单位的报刊、杂志上发表作品取得的所得，应按"稿酬所得"项目征收个人所得税

出版社的专业作者撰写、编写或翻译的作品，由本社以图书形式出版而取得的稿费收入，应按"稿酬所得"项目计算交纳个人所得税。

6．特许权使用费所得

特许权使用费所得，是指个人提供专利权、商标权、著作权、非专利技术以及其他特许权的使用权取得的所得；提供著作权的使用权取得的所得，不包括稿酬所得。

作者将自己的文字作品手稿原件或复印件公开拍卖（竞价）取得的所得，应按特许权使用费所得项目征收个人所得税。

对于剧本作者从电影、电视剧的制作单位取得的剧本使用费，按特许权使用费所得项目计征个人所得税。

7．利息、股息、红利所得

利息、股息、红利所得，是指个人拥有债权、股权而取得的利息、股息、红利所得。

8．财产租赁所得

财产租赁所得，是指个人出租建筑物、土地使用权、机器设备、车船以及其他财产取得的所得。

个人将承租房屋转租取得的租金收入，应按"财产租赁所得"项目计算交纳个人所得税。

9．财产转让所得

财产转让所得，是指个人转让有价证券、股权、建筑物、土地使用权、机器设备、车船以及其他财产取得的所得。

10．偶然所得

偶然所得，是指个人得奖、中奖、中彩以及其他偶然性质的所得。个人取得的所得，难以界定应纳税所得项目的，由主管税务机关确定。

企业在销售商品（产品）和提供服务过程中，向个人赠送的礼品属于下列情形之一的，不征收个人所得税：企业通过价格折扣、折让方式向个人销售商品（产品）和提供服务；企业在向个人销售商品（产品）和提供服务的同时给予赠品，如通信企业对个人购买手机赠话费、入网费，或者购话费赠手机等；企业对累积消费达到一定额度的个人按消费积分反馈礼品。

11．其他所得

除上述列举的各项个人应税所得外，其他确有必要征税的个人所得，由国务院财政部门确定。目前主要包括下列所得。

（1）个人因任职单位缴纳有关保险费用而取得的无赔款优待收入。

（2）大户股民个人从证券公司取得的回扣收入或交易手续费返还收入。一些证券公司为了招揽大户股民在本公司开户交易，通常从证券公司取得的交易手续费中支付部分金额给大户股民。

（3）个人为单位或他人提供担保获得的报酬。

（4）购房个人因下述原因从房地产公司取得的违约金收入。商品房买卖过程中，有的房地产公司因未协调好与按揭银行的合作关系，造成购房人不能按合同约定办妥按揭贷款手续，从而无法缴纳后续房屋价款，致使房屋买卖合同难以继续履行，房地产公司因双方协商解除商品房买卖合同而向购房人支付违约金。

（5）除以下情形外，个人无偿受赠的房屋按其他所得缴税：房屋产权所有人将房屋产权无偿赠与配偶、父母、子女、祖父母、外祖父母、孙子女、外孙子女、兄弟姐妹；房屋产权所有人将房屋产权无偿赠与对其承担直接抚养或者赡养义务的抚养人或者赡养人；房屋产权所有人死亡，依法取得房屋产权的法定继承人、遗嘱继承人或者受遗赠人。

通过离婚析产方式分割的房屋产权是夫妻双方的共有财产，个人因离婚办理房屋产权过户手续，不征收个人所得税。

（6）保险公司按投保金额，以银行同期储蓄存款利率支付给在保期内未出险的人寿保险保户的利息（或以其他名义支付的类似收入）。

（7）银行部门以超过国家规定利率和保值贴补率支付给储户的揽储奖金。

（8）个人取得的礼品所得，包括企业在业务宣传、广告等活动中，随机向本单位以外的个人赠送的礼品和企业在年会、座谈会、庆典以及其他活动中向本单位以外的个人赠送的礼品。

10.2.2　纳税义务人及其纳税义务范围

个人所得税的纳税义务人包括中国公民、个体工商业户以及在中国有所得的外籍人员（包括无国籍人员）和香港、澳门、台湾同胞。根据住所和居住时间标准，纳税义务人被划分为居民和非居民，分别承担不同的纳税义务。

1. 居民纳税人及其纳税义务

居民纳税人是指在中国境内有住所，或者无住所而在境内居住满一年的个人。

在中国境内有住所的个人，是指因户籍、家庭、经济利益关系而在中国境内习惯性居住的个人。所谓习惯性居住，是指判定纳税义务人是居民或非居民的一个法律意义上的标准，不是指实际居住或在某一个特定时期内的居住地。譬如，因学习、工作、探亲、旅游等而在中国境外居住的，在其原因消除之后，必须回到中国境内居住的个人，则中国即为该纳税人习惯性居住地。

在境内居住满一年，是指在一个纳税年度中在中国境内居住365日。临时离境的，不扣减日数。临时离境，是指在一个纳税年度中一次不超过 30 日或者多次累计不超过 90 日的离境。

居民纳税人负有全面纳税义务，应就其来源于中国境内、境外的全部所得交纳个人所得税。

2．非居民纳税人及其纳税义务

非居民纳税人，是指在中国境内无住所又不居住或者无住所而在境内居住不满一年的个人。

非居民纳税人负有有限纳税义务，仅就其从中国境内取得的所得交纳个人所得税。

3．所得来源地的确定标准

所得来源地的判断决定着某项所得是否应当征收个人所得税。由于居民纳税人需承担无限纳税义务，因此判断其所得来源地问题相对而言不那么重要；但非居民纳税人只就其来源于中国境内的所得征税，因此判断其所得来源地就十分重要。

（1）工资、薪金所得，以纳税人任职、受雇的公司、企业、事业单位、机关、团体、部队、学校等单位的所在地为所得来源地。

（2）生产、经营所得，以生产、经营活动实现地为所得来源地。

（3）劳务报酬所得，以纳税人实际提供劳务的地点为所得来源地。

（4）不动产转让所得，以不动产坐落地为所得来源地；动产转让所得，以实现转让的地点为所得来源地。

（5）财产租赁所得，以被租赁财产的使用地为所得来源地。

（6）利息、股息、红利所得，以支付利息、股息、红利的企业、机构、组织的所在地为所得来源地。

（7）特许权使用费所得，以特许权的使用地为所得来源地。

10.3　税基与税率

中国现行个人所得税实行分类征收制，对不同类别的所得分别规定相应的税基确定办法和适用税率，分别计税。

10.3.1　税基的确定

个人所得税实行分类征收制，不同类别所得税基的确定办法有所不同，工资、薪金所得按月确定，以月应纳税所得额为税基，对当月从境内两处或两处以上取得的工资薪金合并计算应纳税所得额；个体工商户生产经营所得按年确定，以年度应纳税所得额为税基；其余各项所得按次计税，以每次应纳税所得额为税基。

个人所得税以自然人为纳税人，对自然人与他人的合作、合伙所得，实行先分后税的办法。

个人取得所得的形式，包括现金、实物、有价证券和其他形式的经济利益。所得为实物的，应当按照取得的凭证上所注明的价格计算应纳税所得额；无凭证的实物或者凭证上所注明的价格明显偏低的，参照市场价格核定应纳税所得额。所得为有价证券的，根据票面价格和市场价格核定应纳税所得额。所得为其他形式的经济利益的，参照市场价格核定应纳税所得额。

1. 工资、薪金所得

工资、薪金所得，以每月应税工资、薪金收入额减去费用减除标准后的余额，为应纳税所得额。基本计算公式如下：

应纳税所得额=月工资薪金收入-不征税收入-免税收入-费用减除标准

公式中可税前扣减的不征税收入和免税收入，是指已包含在月工资薪金收入中的收入。

（1）不征税收入。不征税收入，是指虽计入纳税人月工资、薪金收入中，但不属于工资、薪金性质的补贴、津贴，或者不属于纳税人本人工资、薪金所得项目的收入，主要包括下列四类项目：执行公务员工资制度未纳入基本工资总额的补贴、津贴差额和家属成员的副食品补贴；差旅费津贴、误餐补助；独生子女补贴；托儿补助费。

（2）免税收入。

① 单位按规定为职工个人缴纳的"三费一金"。企事业单位按照国家或省（自治区、直辖市）人民政府规定的缴费比例或办法实际缴付的基本养老保险费、基本医疗保险费和失业保险费；在不超过职工本人上一年度月平均工资12%的幅度内，为职工实际缴存的住房公积金（单位和职工个人缴存住房公积金的月平均工资不得超过职工工作地所在设区城市上一年度职工月平均工资的3倍，具体标准按照各地有关规定执行）。

企业和事业单位（统称单位）根据国家有关政策规定的办法和标准，为在本单位任职或者受雇的全体职工缴付的企业年金或职业年金（统称年金）单位缴费部分，在计入个人账户时，个人暂不交纳个人所得税。

年金基金投资运营收益分配计入个人账户时，个人暂不交纳个人所得税。

② 个人按规定缴付的基本养老保险费、基本医疗保险费、失业保险费、住房公积金，准予从纳税人的应纳税所得额中扣除。

个人根据国家有关政策规定缴付的年金个人缴费部分，在不超过本人缴费工资计税基数的4%标准内的部分，暂从个人当期的应纳税所得额中扣除。企业年金个人缴费工资计税基数为本人上一年度月平均工资。月平均工资按国家统计局规定列入工资总额统计的项目计算。月平均工资超过职工工作地所在设区城市上一年度职工月平均工资 300%以上的部分，不计入个人缴费工资计税基数；职业年金个人缴费工资计税基数为职工岗位工资和薪级工资之和。职工岗位工资和薪级工资之和超过职工工作地所在设区城市上一年度职工月平均工资 300% 以上的部分，不计入个人缴费工资计税基数。

③ 个人实际领（支）取的"三费一金"。个人实际领（支）取的原提存的基本养老保险金、基本医疗保险金、失业保险金和住房公积金。

④ 个人按规定享有的工伤、生育保险、补贴待遇。

⑤ 按照国家统一规定发给干部、职工的安家费、退职费、退休工资、离休工资、离休生活补助费。

⑥ 个人按规定从所在单位取得的廉租住房货币补贴。

⑦ 按照国家统一规定发给的补贴、津贴。即按照国务院规定发给的政府特殊津贴、院士津贴、资深院士津贴，以及国务院规定免纳个人所得税的其他补贴、津贴。

⑧ 达到离休、退休年龄，但确因工作需要，适当延长离休退休年龄的高级专家（指享受国家发放的政府特殊津贴的专家、学者；中国工程院、中国科学院院士），其在延长离休退休期间从其劳动人事关系所在单位取得的，单位按国家有关规定向职工统一发放的工资、薪金、奖金、津贴、补贴等收入的工资、薪金所得，视同退休工资、离休工资免征个人所得税。

⑨ 福利费、抚恤金、救济金。福利费，是指根据国家有关规定，从企业、事业单位、国家机关、社会团体提留的福利费或者工会经费中支付给个人的生活补助费；所说的救济金，是指国家民政部门支付给个人的生活困难补助费。

下列收入不属于免税的福利费范围，应当并入纳税人的工资薪金收入计征个人所得税：从超出国家规定的比例或基数计提的福利费、工会经费中支付给个人的各种补贴、补助；从福利费和工会经费中支付给单位职工的人人有份的补贴、补助；单位为个人购买汽车、住房、电子计算机等不属于临时性生活困难补助性质的支出。

⑩ 军人的转业费、复员费。

⑪ 企业依照国家有关法律规定宣告破产，企业职工从该破产企业取得的一次性安置费收入。

⑫ 外籍个人取得的下列所得：以非现金形式或实报实销形式取得的住房补贴、伙食补贴、搬迁费、洗衣费；外籍个人按合理标准取得的境内、外出差补贴；外籍个人取得的探亲费（仅限于外籍个人在中国的受雇地与其家庭所在地，包括配偶或父母居住地之间搭乘交通工具且每年不超过 2 次的费用）、语言训练费、子女教育费等，经当地税务机关审核为合理的部分。

⑬ 凡符合下列条件之一的外籍专家取得的工资、薪金所得：根据世界银行专项贷款协议由世界银行直接派往中国工作的外国专家；联合国组织直接派往中国工作的专家；为联合国援助项目来华工作的专家；援助国派往中国专为该国无偿援助项目工作的专家；根据两国政府签订文化交流项目来华工作两年以内的文教专家，其工资、薪金所得由该国负担的；根据中国大专院校国际交流项目来华工作两年以内的文教专家，其工资、薪金所得由

该国负担的；通过民间科研协定来华工作的专家，其工资、薪金所得由该国政府机构负担的。

⑭ 对在中国境内无住所纳税人的免税优惠[1]：在一个纳税年度中在中国境内连续或者累计居住不超过 90 日（或 183 天）的个人，其来源于中国境内的所得，由境外雇主支付并且不由该雇主在中国境内的机构、场所负担的部分；居住 1 年以上 5 年（在中国境内居住满 5 年，是指个人在中国境内连续居住满 5 年，即在连续 5 年中的每一纳税年度内均居住满 1 年）以下的个人，其来源于中国境外的所得，经主管税务机关批准，可以只就由中国境内公司、企业以及其他经济组织或者个人支付的部分交纳个人所得税。个人在中国境内居住满 5 年后，从第 6 年起的以后各年度中，凡在境内居住满 1 年的，应当就其来源于境内、境外的所得申报纳税；凡在境内居住不满 1 年的，则仅就该年内来源于境内的所得申报纳税。如该个人在第 6 年起以后的某一纳税年度内在境内居住不足 90 天，可以按规定确定纳税义务。

⑮ 遵守国际条约应予免税的[2]：依照中国有关法律规定（《中华人民共和国外交特权与豁免条例》和《中华人民共和国领事特权与豁免条例》）应予免税的各国驻华使馆、领事馆的外交代表、领事官员和其他人员的所得；中国政府参加的国际公约、签订的协议中规定免税的所得。

⑯ 符合下列情形之一的纳税人，可按省、自治区、直辖市人民政府批准的幅度和期限减征个人所得税[3]：残疾、孤老人员和烈属的所得（具体免税所得项目为工资、薪金所得；个体工商户的生产经营所得；对企事业单位的承包经营、承租经营所得；劳务报酬所得；稿酬所得；特许权使用费所得。其他各项所得，不属减征照顾的范围，国税函[1999]329 号）；因严重自然灾害造成重大损失的；其他经国务院财政部门批准减税的。

（3）费用减除标准。

费用减除标准，包括基本减除费用标准 3 500 元和附加减除费用标准 1 300 元。

附加减除费用标准是基于费用减除标准 3 500 元之上的额外扣除，即合计的费用减除标准为 4 800 元，适用于在中国境内无住所而在中国境内取得工资、薪金所得的纳税义务人和在中国境内有住所而在中国境外取得工资、薪金所得的纳税义务人，其范围具体包括以下方面。

① 在中国境内的外商投资企业和外国企业中工作的外籍人员。

② 应聘在中国境内的企业、事业单位、社会团体、国家机关中工作的外籍专家。

③ 在中国境内有住所而在中国境外任职或者受雇取得工资、薪金所得的个人。

④ 财政部确定的其他人员，如远洋运输船员。

---

[1] 该项优惠同样适用于其他类别所得。

[2] 该项优惠同样适用于其他类别所得。

[3] 该项优惠同样适用于其他类别所得。

华侨[①]和香港、澳门、台湾同胞（非外籍人员），参照上述规定执行。

2. 个体工商户的生产、经营所得

个体工商户[②]的生产、经营所得，以每一纳税年度的收入总额，减除成本、费用、税金、损失、其他支出以及允许弥补的以前年度亏损后的余额，为应纳税所得额。

个体工商户应纳税所得额的计算，除财政部、国家税务总局另有规定外以权责发生制为原则，属于当期的收入和费用，不论款项是否收付，均作为当期的收入和费用；不属于当期的收入和费用，即使款项已经在当期收付，均不作为当期收入和费用。

在计算应纳税所得额时，个体工商户会计处理办法与本办法和财政部、国家税务总局相关规定不一致的，应当依照本办法和财政部、国家税务总局的相关规定计算。

（1）收入总额，是指个体工商户从事生产经营以及与生产经营有关的活动（以下简称生产经营）取得的货币形式和非货币形式的各项收入，包括销售货物收入、提供劳务收入、转让财产收入、利息收入、租金收入、接受捐赠收入、其他收入。

其他收入包括个体工商户资产溢余收入、逾期一年以上的未退包装物押金收入、确实无法偿付的应付款项、已作坏账损失处理后又收回的应收款项、债务重组收入、补贴收入、违约金收入、汇兑收益等。

（2）成本，是指个体工商户在生产经营活动中发生的销售成本、销货成本、业务支出以及其他耗费。

费用，是指个体工商户在生产经营活动中发生的销售费用、管理费用和财务费用，已经计入成本的有关费用除外。个体工商户生产经营活动中，应当分别核算生产经营费用和个人、家庭费用。

税金，是指个体工商户在生产经营活动中发生的除个人所得税和允许抵扣的增值税以外的各项税金及其附加。

损失，是指个体工商户在生产经营活动中发生的固定资产和存货的盘亏、毁损、报废损失，转让财产损失，坏账损失，自然灾害等不可抗力因素造成的损失以及其他损失。个体工商户发生的损失，减除责任人赔偿和保险赔款后的余额，参照财政部、国家税务总局有关企业资产损失税前扣除的规定扣除，个体工商户已经作为损失处理的资产，在以后纳税年度又全部收回或者部分收回时，应当计入收回当期的收入。

其他支出，是指除成本、费用、税金、损失外，个体工商户在生产经营活动中发生的

[①] 华侨身份按以下规定进行界定：① 华侨是指定居在国外的中国公民。"定居"是指中国公民已取得住在国长期或者永久居留权，并已在住在国连续居留两年，两年内累计居留不少于 18 个月；② 中国公民虽未取得住在国长期或者永久居留权，但已取得住在国连续 5 年以上（含 5 年）合法居留资格，5 年内在住在国累计居留不少于 30 个月，视为华侨。但中国公民出国留学（包括公派和自费）在外学习期间，或因公务出国（包括外派劳务人员）在外工作期间，均不视为华侨。

[②] 个体工商户包括：① 依法取得个体工商户营业执照，从事生产经营的个体工商户；② 经政府有关部门批准，从事办学、医疗、咨询等有偿服务活动的个人；③ 其他从事个体生产、经营的个人。个体工商户以业主为个人所得税纳税义务人。

与生产经营活动有关的、合理的支出。除税收法律法规另有规定外，个体工商户实际发生的成本、费用、税金、损失和其他支出，不得重复扣除。

个体工商户发生的支出应当区分收益性支出和资本性支出。收益性支出在发生当期直接扣除；资本性支出应当分期扣除或者计入有关资产成本，不得在发生当期直接扣除。所谓支出，是指与取得收入直接相关的支出。

对于生产经营与个人、家庭生活混用难以分清的费用，其40%视为与生产经营有关费用，准予扣除；个体工商户使用或者销售存货，按照规定计算的存货成本，准予在计算应纳税所得额时扣除；个体工商户转让资产，该项资产的净值，准予在计算应纳税所得额时扣除。

个体工商户下列支出不得扣除：

① 个人所得税税款。

② 税收滞纳金。

③ 罚金、罚款和被没收财物的损失。

④ 不符合扣除规定的捐赠支出。

⑤ 赞助支出，即个体工商户发生的与生产经营活动无关的各种非广告性质支出。

⑥ 用于个人和家庭的支出。

⑦ 与取得生产经营收入无关的其他支出。

⑧ 国家税务总局规定不准扣除的支出。

部分成本、费用税前扣除的具体规定如下。

① 工资薪金支出。个体工商户实际支付给从业人员的、合理的工资薪金支出，准予扣除。个体工商户业主的工资薪金支出不得税前扣除。个体工商户业主的费用扣除标准为每月3 500元，即42 000元/年。

② 社会保障性缴款。个体工商户按照国务院有关主管部门或者省级人民政府规定的范围和标准为其业主和从业人员缴纳的基本养老保险费、基本医疗保险费、失业保险费、生育保险费、工伤保险费和住房公积金，准予扣除。

个体工商户为从业人员缴纳的补充养老保险费、补充医疗保险费，分别在不超过从业人员工资总额5%标准内的部分据实扣除；超过部分，不得扣除。

个体工商户业主本人缴纳的补充养老保险费、补充医疗保险费，以当地（地级市）上年度社会平均工资的3倍为计算基数，分别在不超过该计算基数5%标准内的部分据实扣除；超过部分，不得扣除。

③ 商业保险费。除个体工商户依照国家有关规定为特殊工种从业人员支付的人身安全保险费和财政部、国家税务总局规定可以扣除的其他商业保险费外，个体工商户业主本人或者为从业人员支付的商业保险费，不得扣除。

④ 借款费用。个体工商户在生产经营活动中发生的合理的不需要资本化的借款费用，

准予扣除。

个体工商户为购置、建造固定资产、无形资产和经过 12 个月以上的建造才能达到预定可销售状态的存货发生借款的，在有关资产购置、建造期间发生的合理的借款费用，应当作为资本性支出计入有关资产的成本，并依照规定扣除。

个体工商户在生产经营活动中发生的下列利息支出，准予扣除：向金融企业借款的利息支出；向非金融企业和个人借款的利息支出，不超过按照金融企业同期同类贷款利率计算的数额的部分。

⑤ 汇兑损失。个体工商户在货币交易中，以及纳税年度终了时将人民币以外的货币性资产、负债按照期末即期人民币汇率中间价折算为人民币时产生的汇兑损失，除已经计入有关资产成本部分外，准予扣除。

⑥ 三项经费支出。个体工商户向当地工会组织拨缴的工会经费、实际发生的职工福利费支出、职工教育经费支出分别在工资薪金总额的 2%、14%、2.5% 的标准内据实扣除。

工资薪金总额，是指允许在当期税前扣除的工资薪金支出数额；职工教育经费的实际发生数额超出规定比例当期不能扣除的数额，准予在以后纳税年度结转扣除；个体工商户业主本人向当地工会组织缴纳的工会经费、实际发生的职工福利费支出、职工教育经费支出，以当地（地级市）上年度社会平均工资的 3 倍为计算基数，在规定比例内据实扣除。

⑦ 业务招待费。个体工商户发生的与生产经营活动有关的业务招待费，按照实际发生额的 60% 扣除，但最高不得超过当年销售（营业）收入的 5‰。

业主自申请营业执照之日起至开始生产经营之日止所发生的业务招待费，按照实际发生额的 60% 计入个体工商户的开办费①。

⑧ 广告费和业务宣传费。个体工商户每一纳税年度发生的与其生产经营活动直接相关的广告费和业务宣传费不超过当年销售（营业）收入 15% 的部分，可以据实扣除；超过部分，准予在以后纳税年度结转扣除。

⑨ 个体工商户根据生产经营活动的需要租入固定资产支付的租赁费，按照以下方法扣除：以经营租赁方式租入固定资产发生的租赁费支出，按照租赁期限均匀扣除；以融资租赁方式租入固定资产发生的租赁费支出，按照规定构成融资租入固定资产价值的部分应当提取折旧费用，分期扣除。

⑩ 个体工商户研究开发新产品、新技术、新工艺所发生的开发费用，以及研究开发新产品、新技术而购置单台价值在 10 万元以下的测试仪器和试验性装置的购置费准予直接扣

---

① 个体工商户自申请营业执照之日起至开始生产经营之日止所发生符合规定的费用，除为取得固定资产、无形资产的支出，以及应计入资产价值的汇兑损益、利息支出外，作为开办费，个体工商户可以选择在开始生产经营的当年一次性扣除，也可自生产经营月份起在不短于 3 年期限内摊销扣除，但一经选定，不得改变。开始生产经营之日为个体工商户取得第一笔销售（营业）收入的日期。

除；单台价值在 10 万元以上（含 10 万元）的测试仪器和试验性装置，按固定资产管理，不得在当期直接扣除。

⑪ 其他扣除规定。个体工商户代其从业人员或者他人负担的税款，不得税前扣除；个体工商户按照规定缴纳的摊位费、行政性收费、协会会费等，按实际发生数额扣除；个体工商户参加财产保险，按照规定缴纳的保险费，准予扣除；个体工商户发生的合理的劳动保护支出，准予扣除；

（3）亏损弥补。个体工商户纳税年度发生的亏损，准予向以后年度结转，用以后年度的生产经营所得弥补，但结转年限最长不得超过五年。

个人独资企业和合伙企业每一纳税年度的收入总额减除成本、费用以及损失后的余额，其中，作为投资者个人的生产经营所得，比照个人所得税法的"个体工商户的生产经营所得"应税项目计算征收个人所得税。具体而言，个人独资企业的投资者，以其全部生产经营所得减除费用减除标准后的余额为应纳税所得额；对合伙企业的全部生产经营所得按照先分后税的原则①确定个人投资者的生产经营所得。个人投资者，以其分得的生产经营所得减除费用减除标准后的余额为应纳税所得额。

（4）减免税优惠。

① 自 2000 年 1 月 1 日起，对从事个体经营的随军家属，自领取税务登记证之日起，3 年内免征个人所得税。

② 自 2003 年 5 月 1 日起，从事个体经营的军队转业干部，经主管税务机关批准，自领取税务登记证之日起，3 年内免征个人所得税。自主择业的军队转业干部必须持有师以上部队颁发的转业证件。

③ 自 2004 年 1 月 1 日起，对自谋职业的城镇退役士兵从事个体经营（除建筑业、娱乐业以及广告业、桑拿、按摩、网吧、氧吧外）的，自领取税务登记证之日起，3 年内免征个人所得税。

④ 自 2006 年 1 月 1 日起，对持《再就业优惠证》人员从事个体经营的（除建筑业、娱乐业以及销售不动产、转让土地使用权、广告业、房屋中介、桑拿、按摩、网吧、氧吧外），按每户每年 8 000 元为限额依次扣减其当年实际应缴纳的营业税、城市维护建设税、教育费附加和个人所得税。纳税人年度应缴纳税款小于上述扣减限额的以其实际缴纳的税款为限；大于上述扣减限额的应以上述扣减限额为限。

---

① 全部生产经营所得，包括企业分配给投资者个人的所得和企业当年留存的所得（利润）。合伙企业的合伙人按照下列原则确定应纳税所得额：合伙企业的合伙人以合伙企业的生产经营所得和其他所得，按照合伙协议约定的分配比例确定应纳税所得额；合伙协议未约定或者约定不明确的，以全部生产经营所得和其他所得，按照合伙人协商决定的分配比例确定应纳税所得额；协商不成的，以全部生产经营所得和其他所得，按照合伙人实缴出资比例确定应纳税所得额；无法确定出资比例的，以全部生产经营所得和其他所得，按照合伙人数量平均计算每个合伙人的应纳税所得额。合伙协议不得约定将全部利润分配给部分合伙人。

3．对企事业单位的承包经营、承租经营所得

对企事业单位的承包经营、承租经营所得，以每一纳税年度的收入总额，减除必要费用后的余额，为应纳税所得额。

每一纳税年度的收入总额，是指纳税义务人按照承包经营、承租经营合同规定分得的经营利润和工资、薪金性质的所得；减除必要费用，是指按月减除 3 500 元。

在一个纳税年度内，承包、承租经营不足 12 个月的，以实际承包、承租经营的月份数为一个纳税年度计算应纳税所得额。

4．劳务报酬所得

劳务报酬所得，每次收入不超过 4 000 元的，减除费用 800 元；4 000 元以上的，减除 20%的费用，其余额为应纳税所得额。

劳务报酬所得，属于一次性收入的，以取得该项收入为一次；属于同一县（含县级市、区）域同一项目连续性收入的，以一个月内取得的收入为一次；当月跨县地域的同一项目连续性收入，则应分别计算。

对个人办理代扣代缴税款手续，按规定取得的扣缴手续费，暂免征收个人所得税。

5．稿酬所得

稿酬所得，每次收入不超过 4 000 元的，减除费用 800 元；4 000 元以上的，减除 20%的，其余额为应纳税所得额。

稿酬所得，以每次出版、发表取得的收入为一次。具体规定如下。

（1）个人每次以图书、报刊方式出版、发表同一作品（文字作品、书画作品、摄影作品以及其他作品），不论出版单位是预付还是分笔支付稿酬，或者加印该作品后再付稿酬，均应合并其稿酬所得按一次计征个人所得税。

（2）在两处或两处以上出版、发生或再版同一作品而取得稿酬所得，则可分别各处取得的所得或再版所得按分次所得计征个人所得税。

（3）个人的同一作品在报刊上连载，应合并其因连载而取得的所有稿酬所得为一次，按税法规定计征个人所得税。在其连载之后又出书取得稿酬所得，或先出书后连载取得稿酬所得，应视同再版稿酬分次计征个人所得税。

6．特许权使用费所得

特许权使用费所得，每次收入不超过 4 000 元的，减除费用 800 元；4 000 元以上的，减除 20%的费用，其余额为应纳税所得额。

特许权使用费所得，以一项特许权的一次许可使用所取得的收入为一次。

7．财产租赁所得

财产租赁所得，每次收入不超过 4 000 元的，减除费用 800 元；4 000 元以上的，减除 20%的费用，其余额为应纳税所得额。

财产租赁所得，以一个月内取得的收入为一次。在确定每次财产租赁收入时，可按规

定依次扣除下列税费。

（1）纳税义务人在出租财产过程中缴纳的税金和教育费附加，可持完税（缴款）凭证，从其财产租赁收入中扣除。

（2）个人将承租房屋转租的，取得转租收入的个人向房屋出租方支付的租金，凭房屋租赁合同和合法支付凭据允许在计算个人所得税时，从该项转租收入中扣除。

（3）纳税人出租财产实际开支的修缮费用，能够提供有效、准确凭证，证明由纳税义务人负担的，准予从其租赁收入中扣除。允许扣除的修缮费用，以每次800元为限，一次扣除不完的，准予在下一次继续扣除，直至扣完为止。

8．财产转让所得

财产转让所得，以转让财产的收入额减除财产原值和合理费用后的余额，为应纳税所得额。

财产原值，是指以下内容。

（1）有价证券，为买入价以及买入时按照规定交纳的有关费用。

（2）建筑物，为建造费或者购进价格以及其他有关费用。

（3）土地使用权，为取得土地使用权所支付的金额、开发土地的费用以及其他有关费用。

（4）机器设备、车船，为购进价格、运输费、安装费以及其他有关费用。

（5）其他财产，参照以上方法确定。

纳税义务人未提供完整、准确的财产原值凭证，不能正确计算财产原值的，由主管税务机关核定其财产原值。

合理费用，是指卖出财产时按照规定支付的有关费用。

下列所得暂免征税。

（1）对个人转让自用5年以上，并且是家庭唯一生活用房取得的所得，免征个人所得税。

（2）个人转让上市公司公开发行并上市流通的股票取得的所得，暂免征收个人所得税。

（3）对职工个人以股份形式取得的拥有所有权的企业量化资产，暂缓征收个人所得税。待个人将股份转让时，就其转让收入额，减除个人取得该股份时实际支付的费用和合理转让费用后的余额，按照"财产转让所得"项目征收个人所得税；

（4）个人取得的保险赔款，免征个人所得税。[①]

9．利息、股息、红利所得，偶然所得和其他所得

利息、股息、红利所得，偶然所得和其他所得，以每次收入额为应纳税所得额。

利息、股息、红利所得，以支付利息、股息、红利时取得的收入为一次；偶然所得，

---

① 该政策同样适用于其他各类所得。

以每次取得该项收入为一次。

对个人投资者从上市公司取得的股息红利所得，暂减按 50%计入个人应纳税所得额。

对个人从公开发行和转让市场取得的上市公司股票，实行差别化个人所得税政策：持股期限在 1 个月以内（含 1 个月）的，其股息红利所得全额计入应纳税所得额；持股期限在 1 个月以上至 1 年（含 1 年）的，暂减按 50%计入应纳税所得额；持股期限超过 1 年的，暂减按 25%计入应纳税所得额。

下列所得暂免征税。

（1）国债和国家发行的金融债券利息，免征个人所得税。国债利息，是指个人持有财政部发行的债券而取得的利息所得；国家发行的金融债券利息，是指个人持有经国务院批准发行的金融债券而取得的利息所得。

（2）外籍个人从外商投资企业取得的股息、红利所得免征个人所得税。

（3）对持有 B 股或海外股（包括 H 股）的外籍个人，从发行该 B 股或海外股的中国境内企业所取得的股息（红利）所得。

（4）储蓄存款利息所得（自 2008 年 10 月 9 日起）。

（5）省级人民政府、国务院部委和中国人民解放军军以上单位，以及外国组织、国际组织颁发的科学、教育、技术、文化、卫生、体育、环境保护等方面的奖金。

（6）对乡、镇（含乡、镇）以上人民政府或经县（含县）以上人民政府主管部门批准成立的有机构、有章程的见义勇为（注：具有公益性）基金或者类似性质组织，奖励见义勇为者的奖金或奖品，经主管税务机关核准。

（7）个人举报、协查各种违法、犯罪行为（注：具有公益性）而获得的奖金。

（8）对个人购买社会福利有奖募捐奖券和体育彩票（注：具有公益性），一次中奖收入不超过 1 万元的，暂免征收个人所得税；对一次中奖收入超过 1 万元的，应按税法规定全额征收个人所得税。

10. 公益救济性捐赠支出与赞助支出的税务处理

（1）公益救济性捐赠支出的税前扣除。个人将其所得对教育事业和其他公益事业的捐赠，是指个人将其所得通过中国境内的社会团体、国家机关向教育和其他社会公益事业以及遭受严重自然灾害地区、贫困地区的捐赠。捐赠额未超过纳税义务人申报的应纳税所得额 30%的部分，可以从其应纳税所得额中扣除。

个人将其所得通过非营利性的社会团体和国家机关向红十字事业、公益性青少年活动场所、福利性、非营利性的老年服务机构、农村义务教育的捐赠，准予在交纳个人所得税前全额扣除。

（2）科技经费资助支出的税前扣除。个人将其所得（不含偶然所得，经国务院财政部门确定征税的其他所得）通过中国境内非营利的社会团体、国家机关，用于非关联的科研机构和高等学校研究开发经费资助的，可以全额在下月（工资、薪金所得）或下次（按次计征的所得）或当年（按年计征的所得）计征个人所得税时，从应纳税所得额中扣除，不足抵扣的，不得结转抵扣。

纳税人直接向科研机构和高等学校的资助不允许在税前扣除。

11. 个人所得税减征优惠

有下列情形之一的，经批准可以减征个人所得税。

（1）残疾、孤老人员和烈属的所得。

（2）因严重自然灾害造成重大损失的。

（3）其他经国务院财政部门批准减税的。

减征个人所得税，其减征的幅度和期限由省、自治区、直辖市人民政府规定。

10.3.2　适用税率

1. 工资、薪金所得

工资、薪金所得，适用七级超额累进税率，税率为3%～45%，如表10-1所示。

表10-1　工资、薪金所得适用税率和速算扣除数

级　　数	全月应纳税所得额	税率（%）	速算扣除数（元）
1	不超过1 500元的	3	0
2	超过1 500元至4 500元的部分	10	105
3	超过4 500元至9 000元的部分	20	555
4	超过9 000元至35 000元的部分	25	1 005
5	超过35 000元至55 000元的部分	30	2 755
6	超过55 000元至80 000元的部分	35	5 505
7	超过80 000元的部分	45	13 505

2. 个体工商户的生产、经营所得和对企事业单位的承包经营、承租经营所得

个体工商户的生产、经营所得和对企事业单位的承包经营、承租经营所得，适用5%～35%的超额累进税率，如表10-2所示。

表10-2　个体工商户的生产、经营所得和对企事业单位的承包经营、承租经营所得适用税率和速算扣除数

级　　数	全年应纳税所得额	税率（%）	速算扣除数（元）
1	不超过15 000元的	5	0
2	超过15 000元至30 000元的部分	10	750
3	超过30 000元至60 000元的部分	20	3 750
4	超过60 000元至100 000元的部分	30	9 750
5	超过100 000元的部分	35	14 750

个人独资企业合伙企业投资者的所得,比照个体工商户的生产经营所得适用上述税率。

3. 稿酬所得

稿酬所得,适用比例税率,税率为 20%,并按应纳税额减征 30%。

4. 劳务报酬所得

劳务报酬所得,适用比例税率,税率为 20%。对劳务报酬所得一次收入畸高的,可以实行加成征收。劳务报酬所得一次收入畸高,是指个人一次取得劳务报酬,其应纳税所得额超过 2 万元。对应纳税所得额超过 2 万元至 5 万元的部分,依照税法规定计算应纳税额后再按照应纳税额加征五成;超过 5 万元的部分,加征十成。也就是说,劳务报酬所得实际上适用 3 级超额累进税率,税率为 20%、30%、40%,如表 10-3 所示。

表 10-3　劳务报酬所得适用税率和速算扣除数

级　　数	每次应纳税所得额	税率（%）	速算扣除数（元）
1	不超过 20 000 元的	20	0
2	超过 20 000 元至 50 000 元的部分	30	2 000
3	超过 50 000 元的部分	40	7 000

5. 特许权使用费所得,利息、股息、红利所得,财产租赁所得,财产转让所得,偶然所得和其他所得

特许权使用费所得,利息、股息、红利所得,财产租赁所得,财产转让所得,偶然所得和其他所得,适用比例税率,税率为 20%。

从 2007 年 8 月 15 日起,居民储蓄利息税率调为 5%;自 2008 年 10 月 9 日起暂免征收储蓄存款利息的个人所得税。

对个人出租住房取得的所得减按 10%的税率征收个人所得税。

10.4　税额的计算

实施分类征收制的个人所得税,除另有规定外,其应纳税额计算的总体办法是,纳税人取得的不同类别所得分别计算;纳税人从境内、境外取得的所得分别计算。

10.4.1　基本公式

（1）适用比例税率的应税所得项目,应纳税额的基本计算公式如下:

$$应纳税额=应纳税所得额×适用税率$$

对稿酬所得,减征 30%的税款,其应纳税额的计算公式如下:

$$应纳税额=应纳税所得额×适用税率×(1-30\%)$$

（2）适用超额累进税率的应税所得项目，其应纳税额可以采用按最高适用税率计算并减除速算扣除数的速算方法。计算公式如下：

$$应纳税额=应纳税所得额×适用税率-速算扣除数$$

【例 10-1】张某（中国公民）系国内某剧团演员，2014 年度收入情况如下：

（1）1~12 月份，每月工资、奖金收入（不含按规定缴纳的基本养老保险费、基本医疗保险费、失业保险金和住房公积金）均为 8 000 元。

（2）自 1 月 1 日起，将自有面积为 130 平方米的住房按照市场价格出租给宋某居住，每月租金 5 500 元，租期为 1 年，全年租金收入 66 000 元。其中 11 月份因墙面开裂发生维修费用 3 200 元，取得装修公司出具的正式发票（不考虑租金收入应缴纳的其他税收及附加）。

（3）3 月份，利用业余时间为某演出公司进行艺术辅导，取得报酬 3 000 元。

（4）5 月份，取得省政府颁发的文化奖 6 000 元。

（5）7 月份，出版一部音乐专著，取得稿酬 15 000 元。

（6）8 月份，因购房领取原提存的住房公积金 85 000 元。

（7）9 月份，发表一篇学术论文，取得稿酬 600 元。

（8）11 月份，取得购买国债的利息收入 3 000 元。

（9）年底，参加商场有奖销售活动，取得奖金 1 000 元。

要求：

（1）说明上述收入中，哪些需交纳个人所得税，哪些不需交纳个人所得税。

（2）计算刘某应交纳的个人所得税税额。

解：

（1）在上述收入中，第 1、2、3、5、9 项收入需交纳个人所得税，第 4、6、7、8 项收入不需交纳个人所得税。

（2）各支付人应代扣代缴的个人所得税额如下：

① 全年工资薪金所得应纳个人所得税=[(8 000-35 00)×10%-105]×12=4 140（元）

② 出租住房应纳个人所得税=5 500×(1-20%)×10%×10+(5 500-800)×(1-20%)×10%×2=5 152（元）

③ 提供艺术辅导应纳个人所得税=(3 000-800)×20%=440（元）

④ 稿酬所得应纳个人所得税=15 000×(1-20%)×20%×(1-30%)=1 680（元）

⑤ 中奖所得应纳个人所得税=1 000×20%=200（元）

10.4.2 应纳税额计算的具体规定

1. 全年一次性奖金

全年一次性奖金，是指行政机关、企事业单位等扣缴义务人根据其全年经济效益和对雇员全年工作业绩的综合考核情况，向雇员发放的一次性奖金。一次性奖金也包括年终加薪、实行年薪制和绩效工资办法的单位根据考核情况兑现的年薪和绩效工资。

纳税人取得全年一次性奖金，单独作为一个月工资、薪金所得计算纳税，并按以下计税办法，由扣缴义务人发放时代扣代缴。

（1）先将雇员当月内取得的全年一次性奖金，除以 12 个月，按其商数确定适用税率和速算扣除数。

如果在发放年终一次性奖金的当月，雇员当月工资薪金所得低于税法规定的费用扣除额，应将全年一次性奖金减除"雇员当月工资薪金所得与费用扣除额的差额"后的余额，按上述办法确定全年一次性奖金的适用税率和速算扣除数。

（2）将雇员个人当月内取得的全年一次性奖金，按上述第 1 条确定的适用税率和速算扣除数计算征税，计算公式如下。

如果雇员当月工资薪金所得高于（或等于）税法规定的费用扣除额的，适用公式如下：

应纳税额=雇员当月取得全年一次性奖金×适用税率-速算扣除数

如果雇员当月工资薪金所得低于税法规定的费用扣除额的，适用公式如下：

应纳税额=（雇员当月取得全年一次性奖金-雇员当月工资薪金所得与费用扣除额的差额）×适用税率-速算扣除数

在一个纳税年度内，对每一个纳税人，该计税办法只允许采用一次。雇员取得除全年一次性奖金以外的其他各种名目奖金，如半年奖、季度奖、加班奖、先进奖、考勤奖等，一律与当月工资、薪金收入合并，按税法规定交纳个人所得税。

【例 10-2】王先生（中国公民）系某单位职工，2013 年 1 月份应税工资收入 5 000 元；全年一次性奖金 36 000 元。则王先生 1 月份应纳个人所得税计算如下：

（1）1 月份工资收入应纳税额：(5 000-3 500)×3%=45（元）

（2）计算全年一次性奖金应纳税额。

月应纳税所得额=36 000÷12=3 000（元），故税率为 10%，速算扣除数为 105。

应纳税额=36 000×10%-105=3 495（元）

（3）王先生 1 月份应纳税额合计：45+3 495=3 540（元）

【例 10-3】接上例，假设王先生当月份应税工资收入为 3 300 元。

（1）1 月份工资不纳税。

（2）计算全年一次性奖金应纳税额。

月应纳税所得额=[36 000-(3 500-3 300)]÷12=2 400（元），故税率为 10%，速算扣除数为 105。

应纳税额=[29 000-(3 500-3 300)]×10%-105=2 775（元）

2．在中国境内无住所个人一次取得的数月奖金

对在中国境内无住所的个人一次取得数月奖金或年终加薪、劳动分红（以下简称奖金，不包括应按月支付的奖金），可单独作为一个月的工资、薪金所得计算纳税。

由于对每月的工资、薪金所得计税时已按月扣除了费用，因此对上述奖金不再减除费用，全额作为应纳税所得额直接按适用税率计算应纳税款，并且不再按居住天数进行划分计算。

上述个人应在取得奖金月份的次月7日内申报纳税。

需要注意的是，在中国境内无住所的个人在担任境外企业职务的同时，兼任该外国企业在华机构的职务，但并不实际或并不经常到华履行该在华机构职务，对其一次取得的数月奖金中属于全月未在华工作的月份奖金，依照劳动发生地原则，可不作为来源于中国境内的奖金收入计算纳税。

3．个人领取的年金

个人达到国家规定的退休年龄，按月领取的年金，全额按照"工资、薪金所得"项目适用的税率，计征个人所得税；按年或按季领取的年金，平均分摊计入各月，每月领取额全额按照"工资、薪金所得"项目适用的税率，计征个人所得税。

对个人因出境定居而一次性领取的年金个人账户资金，或个人死亡后，其指定的受益人或法定继承人一次性领取的年金个人账户余额，允许领取人将一次性领取的年金个人账户资金或余额按12个月分摊到各月，就其每月分摊额，按照规定计算交纳个人所得税。对个人除上述特殊原因外一次性领取年金个人账户资金或余额的，则不允许采取分摊的方法，而是就其一次性领取的总额，单独作为一个月的工资薪金所得，按照规定计算交纳个人所得税。

个人领取年金时，其应纳税款由受托人代表委托人委托托管人代扣代缴。

4．特定行业职工工资薪金所得

采掘业、远洋运输业、远洋捕捞业以及国务院财政、税务主管部门确定的其他行业，其职工的工资、薪金所得应纳的个人所得税款，实行按年计算，分月预缴，年度终了后30日内，合计其全年工资、薪金所得，再按12个月平均并计算实际应纳税款，多退少补。计算公式如下：

应纳所得税额=[(全年工资、薪金收入÷12-费用扣除标准)×税率-速算扣除数]×12

5．在外商投资企业、外国企业和外国驻华机构工作的中方人员取得的工资、薪金所得

在外商投资企业、外国企业和外国驻华机构工作的中方人员取得的工资、薪金收入，凡是由雇佣单位和派遣单位分别支付的，支付单位应依照税法规定代扣代缴个人所得税。具体办法是，雇佣单位在支付工资薪金时，按税法规定减除费用，计算扣缴个人所得税；派遣单位支付的工资薪金不再减除费用，以支付全额直接确定适用税率，计算扣缴个人所得税。

纳税人应持两处支付单位提供的原始明细工资、薪金单（书）和完税凭证原件，选择并固定到一地税务机关申报每月工资、薪金收入，汇算清缴其工资薪金收入的个人所得税，

多退少补。

对外商投资企业、外国企业和外国驻华机构发放给中方工作人员的工资、薪金所得，应当全额征税。但对可以提供有效合同或有关凭证，能够证明其工资、薪金所得的一部分按照有关规定上交派遣（介绍）单位的，可扣除其实际上交的部分，按其余额计征个人所得税。

【例 10-4】李先生是某外商投资企业雇用的中方人员。2014 年 6 月，该外商投资企业支付给李先生的薪金为 8 000 元。当月李先生还收到其所在的派遣单位发放的工资 1 900 元。李先生 2014 年 6 月应纳个人所得税如下。

$$外商投资企业代扣税款=(8\ 000-3\ 500)\times10\%-105=345（元）$$

$$派遣单位代扣税款=1\ 900\times10\%-105=85（元）$$

$$李先生应申报的税额=(8\ 000+1\ 900-3\ 500)\times20\%-555=725（元）$$

$$应补税额=725-345-85=295（元）$$

6．在中国境内无住所个人取得的工资薪金所得

（1）工资、薪金所得来源地的确定。属于来源于中国境内的工资薪金所得，应为个人实际在中国境内工作期间①取得的工资薪金，即个人实际在中国境内工作期间取得的工资薪金，不论是由中国境内还是境外企业或个人雇主支付，均属于来源于中国境内的所得；个人实际在中国境外工作期间取得的工资薪金，不论是由中国境内还是境外企业或个人雇主支付，均属于来源于中国境外的所得。

（2）在中国境内无住所而在一个纳税年度中在中国境内连续或累计居住②不超过 90日，或在税收协定规定的期间中在中国境内连续或累计居住不超过 183 日的个人纳税义务的确定。

在中国境内无住所而在一个纳税年度中在中国境内连续或累计居住不超过 90 日，或在税收协定规定的期间中在中国境内连续或累计居住不超过 183 日的个人，由中国境外雇主支付并且不是由该雇主的中国境内机构负担的工资薪金，免予申报交纳个人所得税；对上

---

① 在中国境内企业、机构任职（包括兼职）、受雇的个人，其在中国"境内工作期间"，应包括在中国境内工作期间在境内、外享受的公休假日、个人休假以及接受培训的天数。在境外营业机构中任职并在境外履行该项职务或境外营业场所中提供劳务的个人，其在中国"境外工作期间"应包括该期间的公休假日。不在中国境内企业、机构中任职、受雇的个人，其受派到中国境内工作期间的实际工作天数应包括来中国工作期间在中国境内所享受的休假日。对在中国境内、境外机构同时担任职务或仅在境外机构任职的外籍人员，对其入境、离境、往返或多次往返境内外的当日，均按半天计算为在华实际工作天数；对仅在中国境内机构担任职务的外籍人员，对其入境、离境、往返或多次往返境内外的当日，则按一天计算为在中国境内实际工作天数。

② 对在中国境内无住所的个人，需要计算确定其在中国境内居住天数，以便依照税法和协定或安排的规定判定其在华负有何种纳税义务时，均应以该个人实际在华逗留天数计算。上述个人入境、离境、往返或多次返境内外的当日，均按 1 天计算其在华实际逗留天数。

述个人仅就其实际在中国境内工作期间由中国境内企业或个人雇主支付，或者由中国境内机构负担的工资薪金所得申报纳税。计算公式如下：

应纳税额=（当月境内外工资薪金应纳税所得额×适用税率−速算扣除数）×（当月境内支付工资÷当月境内外支付工资总额）×（当月境内工作天数÷当月天数）

（3）在中国境内无住所而在一个纳税年度中在中国境内连续或累计居住超过 90 日，或在税收协定规定的期间中在中国境内连续或累计居住超过 183 日，但不满 1 年的个人纳税义务的确定。

在中国境内无住所而在一个纳税年度中，在中国境内连续或累计居住超过 90 日，或在税收协定规定的期间中在中国境内连续或累计居住超过 183 日，但不满 1 年的个人，实际在中国境内工作期间取得的由中国境内企业或个人雇主支付和由境外企业或个人雇主支付的工资薪金所得，均应申报交纳个人所得税；其在中国境外工作期间取得的工资薪金所得，除担任中国境内企业董事或高层管理职务的个人外，不予征收个人所得税。计算公式如下：

应纳税额=（当月境内外工资薪金应纳税所得额×适用税率−速算扣除数）×（当月境内工作天数÷当月天数）

（4）在中国境内无住所但在境内居住满 1 年而不超过 5 年的个人，在中国境内工作期间取得的由中国境内企业或个人雇主支付和由中国境外企业或个人雇主支付的工资薪金。

在中国境内无住所但在境内居住满 1 年而不超过 5 年的个人，在中国境内工作期间取得的由中国境内企业或个人雇主支付和由中国境外企业或个人雇主支付的工资薪金，均应申报交纳个人所得税；其在临时离境工作期间的工资薪金所得，仅就由中国境内企业或个人雇主支付的部分申报纳税。

在一个月中既有在中国境内工作期间的工资薪金所得，也有在临时离境期间由境内企业或个人雇主支付的工资薪金所得的，应合并计算当月应纳税款。

应纳税额=（当月境内外工资薪金应纳税所得额×适用税率−速算扣除数）×[1−（当月境外支付工资÷当月境内外支付工资总额）×（当月境外工作天数÷当月天数）]

如果上述各类个人取得的是日工资薪金或者不满 1 个月工资薪金，应以日工资薪金乘以当月天数换算成月工资薪金后，按上述公式计算应纳税额。

（5）中国境内企业董事、高层管理人员纳税义务的确定。担任中国境内企业董事或高层管理职务的个人（指公司正、副（总）经理、各职能技师、总监及其他类似公司管理层的职务），其取得的由该中国境内企业支付的董事费或工资薪金，应自其担任该中国境内企业董事或高层管理职务起，至其解除上述职务止的期间，不论其是否在中国境外履行职务，均应申报交纳个人所得税；其取得的由中国境外企业支付的工资薪金，应依照上述规定确定纳税义务。

10.4.3 境外取得所得的税额计算及税额抵免

1. 境外取得所得的应纳税额

境外所得依照税法规定计算的应纳税额，是指纳税人从中国境外取得的所得，区别不同国家或者地区和不同应税项目，依照中国税法规定的费用减除标准和适用税率计算的应纳税额；同一国家或者地区内不同应税项目的应纳税额之和，为该国家或者地区的扣除限额。

2. 境外取得所得的税额抵免

为了避免对同一所得双重征税，对纳税人从中国境外取得的所得、准予其在应纳税额中抵免已在境外交纳的个人所得税额。但抵免额不得超过该纳税人境外所得依照中国税法规定计算的应纳税额。

（1）已在境外交纳的所得税额。

境外所得已在境外交纳的个人所得税额，是指纳税人从中国境外取得的所得，依照该所得来源国家或者地区的法律应当缴纳并且实际已经缴纳的税额。

（2）依照税法规定计算的应纳税额为抵免限额确定允许抵免的税额。

纳税人在中国境外一个国家或者地区实际已经交纳的个人所得税额，低于依照税法规定计算出的该国家或者地区扣除限额的，应当在中国缴纳差额部分的税款；超过该国家或者地区扣除限额的，其超过部分不得在本纳税年度的应纳税额中扣除，但是可以在以后纳税年度的该国家或者地区扣除限额的余额中补扣。补扣期限最长不得超过 5 年。

纳税人依照税法规定申请扣除已在境外交纳的个人所得税额时，应当提供境外税务机关填发的完税凭证原件。

【例 10-5】刘先生（中国公民）2014 年在 A 国出版一部著作，稿酬 50 000 元；持有 A 国某公司股权，取得股息收入 6 000 元。两项所得缴纳所得税 3 500 元；在 B 国提供一项专利技术使用权，收入 45 000 元，已纳所得税 6 800 元。

解：

（1）在 A 国取得所得的税额扣除。

稿酬所得税款扣除限额=50 000×(1−20%)×20%×(1−30%)=5 200（元）

利息所得税款扣除限额=6 000×20%=1 200（元）

扣除限额合计：2 240+1 200=3 440（元）

因刘先生在 A 国已纳所得税 3 500 元，超过税款扣除限额 60 元，不得在本纳税年度应纳税额中扣除，但可在以后纳税年度的 A 国扣除限额的余额中补扣，补扣期限最长不得超过 5 年。

（2）在 B 国取得所得的税额扣除。

特许权使用费所得税款扣除限额=45 000×(1-20%)×20%=7 200（元）

因刘先生在 B 国已纳所得税 6 800 元，低于税款扣除限额，故应在国内补缴个人所得税。

应补税额=7 200-6 800=400（元）

10.5　税款的缴纳

10.5.1　申报缴纳方式

个人所得税的缴纳方式有两种：一是全员全额扣缴申报；二是自行申报纳税。

1．全员全额扣缴申报

个人所得税，以所得人为纳税义务人，以支付所得的单位或者个人为扣缴义务人。扣缴义务人应当按照国家规定办理全员全额扣缴申报。

全员全额扣缴申报，是指扣缴义务人向个人支付应税所得时，不论其是否属于本单位人员、支付的应税所得是否达到纳税标准，扣缴义务人应当在代扣税款的次月内，向主管税务机关报送其支付应税所得个人（以下简称个人）的基本信息、支付所得项目和数额、扣缴税款数额以及其他相关涉税信息。

扣缴义务人在向个人支付应税款项时，应当依照税法规定代扣税款，按时缴库，并专项记载备查。

支付，包括现金支付、汇拨支付、转账支付和以有价证券、实物以及其他形式的支付。

2．自行申报

个人所得超过国务院规定数额的，在两处以上取得工资、薪金所得或者没有扣缴义务人的，以及具有国务院规定的其他情形的，纳税义务人应当按照国家规定自行办理纳税申报。具体包括以下情形：① 年所得 12 万元以上的；② 从中国境内两处或者两处以上取得工资、薪金所得的；③ 从中国境外取得所得的；④ 取得应纳税所得，没有扣缴义务人的；⑤ 国务院规定的其他情形。

10.5.2　纳税期限

扣缴义务人每月所扣的税款，自行申报纳税人每月应纳的税款，都应当在次月 7 日内缴入国库，并向税务机关报送纳税申报表。

工资、薪金所得应纳的税款，按月计征，由扣缴义务人或者纳税义务人在次月 7 日内缴入国库，并向税务机关报送纳税申报表。特定行业的工资、薪金所得应纳的税款，可以实行按年计算、分月预缴的方式计征，具体办法由国务院规定。

个体工商户的生产、经营所得应纳的税款，按年计算，分月预缴，由纳税义务人在次月7日内预缴，年度终了后3个月内汇算清缴，多退少补。

对企事业单位的承包经营、承租经营所得应纳的税款，按年计算，由纳税义务人在年度终了后 30 日内缴入国库，并向税务机关报送纳税申报表。纳税义务人在一年内分次取得承包经营、承租经营所得的，应当在取得每次所得后的 7 日内预缴，年度终了后 3 个月内汇算清缴，多退少补。

从中国境外取得所得的纳税义务人，应当在年度终了后 30 日内，将应纳的税款缴入国库，并向税务机关报送纳税申报表。

年所得 12 万元以上的纳税义务人，在年度终了后 3 个月内到主管税务机关办理纳税申报。

10.5.3　纳税地点

（1）年所得 12 万元以上的纳税人，纳税申报地点分别如下。

① 在中国境内有任职、受雇单位的，向任职、受雇单位所在地主管税务机关申报。

② 在中国境内有两处或者两处以上任职、受雇单位的，选择并固定向其中一处单位所在地主管税务机关申报。

③ 在中国境内无任职、受雇单位，年所得项目中有个体工商户的生产、经营所得或者对企事业单位的承包经营、承租经营所得（以下统称生产、经营所得）的，向其中一处实际经营所在地主管税务机关申报。

④ 在中国境内无任职、受雇单位，年所得项目中无生产、经营所得的，向户籍所在地主管税务机关申报。在中国境内有户籍，但户籍所在地与中国境内经常居住地不一致的，选择并固定向其中一地主管税务机关申报。在中国境内没有户籍的，向中国境内经常居住地主管税务机关申报。

（2）从两处或者两处以上取得工资、薪金所得的，选择并固定向其中一处单位所在地主管税务机关申报。

（3） 从中国境外取得所得的，向中国境内户籍所在地主管税务机关申报。在中国境内有户籍，但户籍所在地与中国境内经常居住地不一致的，选择并固定向其中一地主管税务机关申报。在中国境内没有户籍的，向中国境内经常居住地主管税务机关申报。

（4）个体工商户向实际经营所在地主管税务机关申报。

（5）个人独资、合伙企业投资者兴办两个或两个以上企业的，区分不同情形确定纳税申报地点。

① 兴办的企业全部是个人独资性质的，分别向各企业的实际经营管理所在地主管税务

机关申报。

② 兴办的企业中含有合伙性质的，向经常居住地主管税务机关申报。

③ 兴办的企业中含有合伙性质，个人投资者经常居住地与其兴办企业的经营管理所在地不一致的，选择并固定向其参与兴办的某一合伙企业的经营管理所在地主管税务机关申报。

（6）除以上情形外，纳税人应当向取得所得所在地主管税务机关申报。

纳税人不得随意变更纳税申报地点，因特殊情况变更纳税申报地点的，需报原主管税务机关备案。

 本章小结

- 个人所得税是对个人取得的所得征收的一种税。从征收模式上看，可以分为分类所得税、综合所得税和分类综合所得税三种类型，中国是实行分类所得税的少数几个国家之一。

- 个人所得税的纳税义务人包括中国公民、个体工商业户以及在中国有所得的外籍人员（包括无国籍人员）和香港、澳门、台湾同胞。根据住所和居住时间标准，纳税义务人被划分为居民和非居民。

- 居民纳税人是指在中国境内有住所，或者无住所而在境内居住满一年的个人。居民纳税人负有全面纳税义务，应就其来源于中国境内、境外的全部所得交纳个人所得税。非居民纳税人是指在中国境内无住所又不居住或者无住所而在境内居住不满一年的个人。非居民纳税人负有有限纳税义务，仅就其从中国境内取得的所得交纳个人所得税。

- 中国现行个人所得税的征税对象包括工资、薪金所得，个体工商户的生产、经营所得，对企事业单位的承包经营、承租经营所得，劳务报酬所得，稿酬所得，特许权使用费所得，利息、股息、红利所得，财产租赁所得，财产转让所得，偶然所得和其他所得。

- 个人所得税的税基为个人的应纳税所得额，即从取得的收入中扣除规定费用后的余额。由于个人所得税的应税项目不同，取得某项所得所需费用也不相同，因此应纳税所得额需按不同应税项目分项计算，税率也因应税所得的种类而不同。

- 个人所得税以所得人为纳税义务人，以支付所得的单位或者个人为扣缴义务人。扣缴义务人应当按照国家规定办理全员全额扣缴申报。个人所得超过国务院规定数额的，在两处以上取得工资、薪金所得或者没有扣缴义务人的，以及具有国务院规定的其他情形的，纳税义务人应当按照国家规定办理纳税申报。

 **综合练习**

1．现行个人所得税的征税对象和纳税人是如何规定的？

2．现行个人所得税的居民纳税人和非居民纳税人是如何界定的？他们分别负有何种纳税义务？

3．现行个人所得税对所得来源地是如何规定的？

4．现行个人所得税对应纳税所得额和税率是如何规定的？

5．现行个人所得税的税收优惠主要包括哪些方面？

6．现行个人所得税的申报缴纳方式有哪几种？在什么情况下纳税义务人应当自行办理纳税申报？

 **推荐阅读材料**

1．中国注册会计师协会．税法．北京：经济科学出版社，2014

2．马国强．中国税收．大连：东北财经大学出版社，2014

3．杨斌．税收学．北京：科学出版社，2011

4．刘佐．中国税制概览．北京：经济科学出版社，2010

5．胡怡建．税收学．上海：上海财经大学出版社，2009

6．刘颖，孟芳娥．中国税制．北京：电子工业出版社，2008

 网上资源

1．财政部，http://www.mof.gov.cn/mof/

2．国家税务总局，http://www.chinatax.gov.cn/n8136506/index.html

3．中国税务网，http://www.ctax.org.cn/

第11章 资源税

学习目标

▸ 了解资源税的概念
▸ 掌握资源税的基本制度
▸ 掌握资源税应纳税额的计算

11.1 税 种 概 述

资源税是以单位和个人开采与使用的资源为征税对象征收的一种税。自然资源，一般指自然形成、可被开发利用并具有某种稀缺性的实物资源，包括土地资源、矿藏资源、森林资源、水流资源等。资源税就是对这类自然形成的可作为劳动对象或劳动手段使用的实物资源征的税。

自然资源归国家或全社会所有。在自然资源归国家所有的情况下，政府通常要以租金的形式向从事资源开发与利用的单位与个人收取一部分收入，如地租、矿租等。对从事资源开发与利用的单位及个人，由政府征收一定的租金，是国家自然资源所有权的经济体现，也是实现国家自然资源所有者经济权益的正当要求。中国现行资源税就具有租金的属性。此外，自然资源的结构和开发、利用条件往往存在很大差异，从而形成资源的级差收入。征收资源税，对不同等级的资源规定不同的税额，可以调节不同等级自然资源开发者或利用者的利润水平，平衡不同等级自然资源开发者或利用者之间的税收负担。

中国早在春秋时期就将山林川泽收归国有，由政府坐收山林川泽之利。此后历代政府一直延续了对矿冶资源、盐业资源等自然资源开发利用的课税制度。新中国成立后，在1950年发布了《全国税政实施要则》，明确规定对盐的生产、运销征收盐税。1984年10月，国务院发布《中华人民共和国资源税条例（草案）》，开始正式对自然资源课税。1994年，为充分发挥资源税的作用，进一步扩大资源税的征税范围，对所有的矿产品及盐征收资源税。

中国现行资源税的法律依据，主要是国务院1993年12月发布、2011年9月30日修订的《中华人民共和国资源税暂行条例》（以下简称《资源税条例》）和同年12月由财政部颁发、2011 年 10 月修订的《中华人民共和国资源税暂行条例实施细则》（以下简称《资源税实施细则》）。

11.2 征税范围和纳税人

11.2.1 征税对象

中国现行资源税以在中国境内开采或者生产的应税资源品（简称为应税产品）为征税对象，应税产品包括原油、天然气、煤炭、其他非金属矿原矿、金属矿原矿和盐。

（1）原油，是指开采的天然原油，不包括人造石油。凝析油视同原油，征收资源税。

（2）天然气，是指专门开采或与原油同时开采的天然气。

（3）煤矿，是指原煤，不包括洗煤、选煤及其他煤炭制品。

（4）其他非金属矿原矿，是指上列产品和井矿盐以外的非金属矿原矿。包括宝石、宝石级金刚石；玉石、膨润土；石墨、石英砂、萤石、重晶石、蛭石、长石、沸石、润石、白云石、硅灰石、凸凹棒石黏土、高岭土（瓷土）、耐火黏土、云母；大理石、花岗石、石灰石、菱镁矿、天然碱、石膏、硅线石；工业用金刚石；石棉；流铁矿、自然硫、磷铁矿等；地下水、二氧化碳气、硫化氢气、氦气、氡气等水气矿产。耐火黏土是指耐火度大于 1 580℃的黏土，矿物成分以高岭土或水白云母—高岭土类为主。石英砂主要用于玻璃、耐火材料、陶瓷、铸造、石油、化工、环保、研磨等行业。它是一种具有矽氧或二氧化矽的化合物，其主要成分是二氧化硅，呈各种颜色，为透明与半透明的晶体，形态各异。本税目的征收范围包括石英砂、石英岩、石英砂岩、脉石英或石英石等。耐火黏土呈土状，其铝硅比小于 26，含铝量一般大于 30%。依其理化性能、矿石特征和用途，在工业上一般分为软质黏土、半软质黏土、硬质黏土和高铝黏土等四种。耐火黏土主要用于冶金、机械、轻工、建材等部门。高铝黏土不同于一般的耐火粘土，其有用成分的含量、矿石特征等均与铝土矿相同。高铝黏土既可用于生产耐火材料，又可用于提炼金属铝。本税目的征收范围是除高铝黏土以外的耐火黏土。矿泉水是含有符合国家标准的矿物质元素的一种水气矿产，可供饮用或医用等。

未列举名称的其他非金属矿原矿，由省、自治区、直辖市人民政府决定征收或暂缓征收资源税，并报财政部和国家税务总局备案。

（5）金属矿原矿，可分为黑色金属矿原矿和有色金属矿原矿。黑色金属矿原矿包括铁矿石、锰矿石和铬矿石。有色金属矿原矿包括铜矿石、铅锌矿石、铝土矿石、钨矿石、锡矿石、锑矿石、钼矿石、镍矿石、黄金矿石、矾矿石。铝土矿一般是指包括三水铝石、一水硬铝石、一水软铝石、高岭石、蛋白石等多种矿物的混合体。它是用于提炼铝氧的一种矿石，通常呈致密块状、豆状、鲕状等集合体，质地比较坚硬，其铝硅比为 3:12，含铝量（指三氧化二铝，下同）一般在 40%～75%。铝土矿主要用于冶炼金属铝、制造高铝水泥、耐火材料、磨料等。本税目的征收范围包括高铝黏土在内的所有铝土矿。

（6）盐，包括固体盐和液体盐。固体盐，是指海盐原盐、湖盐原盐和井矿盐。液体盐，是指卤水，即氯化钠含量达到一定浓度的溶液，是用于生产碱和其他产品的原料。

海盐可以划分为北方海盐和南方海盐。北方海盐，是指辽宁、河北、天津、山东四省、市所产的海盐；南方海盐，是指浙江、福建、广东、海南、广西五省、自治区所产的海盐。江苏省所产海盐比照南方海盐征税。

11.2.2　征税范围

中国现行资源税包括在境内销售应税产品和视同销售应税产品两个方面的征税范围。

1．在境内销售应税产品

在境内销售应税产品，是指纳税人将开采或者生产的应税产品直接对外销售。

2．视同销售应税产品

纳税人将开采或者生产的应税产品自用于其他方面的，应视同销售按规定计算缴纳资源税。自用于其他方面，是指自用于连续生产应税产品以外的方面，包括用于非生产项目和生产非应税产品两部分。

应税的黑色金属矿原矿、有色金属矿原矿，是指纳税人开采后自用、销售的，用于直接入炉冶炼或作为主产品先入选精矿、制造人工矿，再最终入炉冶炼的金属矿石原矿。

金属矿产品自用原矿，是指入选精矿、直接入炉冶炼或制造烧结矿、球团矿等所用原矿。铁矿石直接入炉用的原矿，是指粉矿、高炉原矿、高炉块矿、平炉块矿等。

11.2.3　纳税人

资源税的纳税人，是指在中华人民共和国领域及管辖海域开采规定的矿产品或者生产盐（以下称开采或者生产应税产品）的单位和个人。单位，是指国有企业、集体企业、私有企业、股份制企业、其他企业和行政单位、事业单位、军事单位、社会团体及其他单位；个人，是指个体工商户及其他个人。

资源税的纳税人包括开采海洋或陆上油气资源的中外合作油气田、开采海洋油气资源的自营油气田。开采海洋石油、天然气资源的企业，是指在中华人民共和国内海、领海、大陆架及其他属于中华人民共和国行使管辖权的海域内依法从事开采海洋石油、天然气资源的企业。

收购未税矿产品的单位为资源税的扣缴义务人。扣缴义务人，包括独立矿山、联合矿山企业及其他收购未税产品的单位。

独立矿山，是指只有采矿或只有采矿和选矿，独立核算、自负盈亏的单位，其生产的原矿和精矿主要用于对外销售。联合企业指采矿、选矿、冶炼（或加工）连续生产的企业或采矿、冶炼（或加工）连续生产的企业，其采矿单位，一般是该企业的二级或二级以下核算单位。其他收购未税产品的单位，包括收购未税产品的个体工商户。

把收购未税产品的单位规定为资源税的扣缴义务人，是为了加强资源税的征管。主要适应税源小、零散、不定期开采、易漏税等情况，税务机关认为不易控管，由扣缴义务人在收购时代扣代缴未税产品为宜的情况。

11.3　税基与税率

11.3.1　税基

资源税包括从量定额和从价定率两种计税办法，相应地，其税基的基本形式为应税资源产品的销售数量和销售额。目前，采用从价定率计税法的应税产品包括原油（除另有规定外）、天然气和煤炭，其他应税产品适用从量定额计税方法。

1. 销售额的确定

（1）一般规定。销售额为纳税人销售应税产品向购买方收取的全部价款和价外费用，但不包括收取的增值税销项税额。价外费用，包括价外向购买方收取的手续费、补贴、基金、集资费、返还利润、奖励费、违约金、滞纳金、延期付款利息、赔偿金、代收款项、代垫款项、包装费、包装物租金、储备费、优质费、运输装卸费以及其他各种性质的价外收费。但下列项目不包括在内：

① 同时符合以下条件的代垫运输费用：承运部门的运输费用发票开具给购买方的；纳税人将该项发票转交给购买方的。

② 同时符合以下条件代为收取的政府性基金或者行政事业性收费：由国务院或者财政部批准设立的政府性基金，由国务院或者省级人民政府及其财政、价格主管部门批准设立的行政事业性收费；收取时开具省级以上财政部门印制的财政票据；所收款项全额上缴财政。

纳税人开采原煤直接对外销售的，以原煤销售额作为应税煤炭销售额计算缴纳资源税。原煤销售额不含从坑口到车站、码头等的运输费用。

纳税人以人民币以外的货币结算销售额的，应当折合成人民币计算。其销售额的人民币折合率可以选择销售额发生的当天或者当月 1 日的人民币汇率中间价。纳税人应在事先确定采用何种折合率计算方法，确定后 1 年内不得变更。

（2）特别规定。

① 纳税人开采应税产品关联单位对外销售的，按其关联单位的销售额征收资源税。

② 纳税人既有对外销售应税产品，又有将应税产品自用于除连续生产应税产品以外的其他方面的，则自用的这部分应税产品，按纳税人对外销售应税产品的平均价格计算销售额征收资源税。

③ 纳税人将其开采的应税产品直接出口的，按其离岸价格（不含增值税）计算销售额征收资源税。

④ 纳税人将其开采的原煤加工为洗选煤销售的，以洗选煤销售额乘以折算率作为应税煤炭销售额计算缴纳资源税；纳税人将其开采的原煤加工为洗选煤自用的，视同销售洗选煤。

$$应税销售额=洗选煤销售额×折算率$$

洗选煤销售额包括洗选副产品的销售额，不包括洗选煤从洗选煤厂到车站、码头等的运输费用。

折算率可通过洗选煤销售额扣除洗选环节成本、利润计算，也可通过洗选煤市场价格与其所用同类原煤市场价格的差额及综合回收率计算。折算率由省、自治区、直辖市财税部门或其授权地市级财税部门确定。

⑤ 纳税人申报的应税产品销售额明显偏低并且无正当理由的，有视同销售应税产品行为而无销售额的，除财政部、国家税务总局另有规定外，按下列顺序确定销售额：按纳税人最近时期同类产品的平均销售价格确定；按其他纳税人最近时期同类产品的平均销售价格确定；按组成计税价格确定。组成计税价格如下：

$$组成计税价格=成本×(1+成本利润率)÷(1-税率)$$

公式中的成本是指应税产品的实际生产成本。公式中的成本利润率由省、自治区、直辖市税务机关确定。

纳税人将其开采的原煤，自用于连续生产洗选煤的，在原煤移送使用环节不缴纳资源税；用于其他方面的，视同销售原煤，按上述规定办法确定销售额。

2．销售数量的确定

销售数量，包括纳税人开采或者生产应税产品的实际销售数量和视同销售的自用数量。纳税人不能准确提供应税产品销售数量的，以应税产品的产量或主管税务机关确定的折算比换算成的数量为计征资源税的销售数量。

资源税纳税人自产自用应税产品，因无法准确提供移送使用量而采取折算比换算课税数量办法的，具体规定如下：煤炭，对于连续加工前无法正确计算原煤移送使用量的，可按加工产品的综合回收率，将加工产品实际销量和自用量折算成的原煤数量作为课税数量。金属和非金属矿产品原矿，因无法准确掌握纳税人移送使用原矿数量的，可将其精矿按选矿比折算成的原矿数量作为课税数量。开采海洋或陆上油气资源的中外合作油气田，按实物量计算缴纳资源税，以该油气田开采的原油、天然气扣除作业用量和损耗量之后的原油、天然气产量作为课税数量。中外合作油气田的资源税由作业者负责代扣，申报缴纳事宜由参与合作的中国石油公司负责办理。计征的原油、天然气资源税实物随同中外合作油气田的原油、天然气一并销售，按实际销售额（不含增值税）扣除其本身所发生的实际销售费用后入库。海上自营油气田比照上述规定执行。

11.3.2　税率

资源税采用定额税率和比例税率两种形式，如表 11-1 所示。

表 11-1　资源税税目税率表

税　　目		税　　率
一、原油		销售额的 5%～10%
二、天然气		销售额的 5%～10%
三、煤炭		销售额的 2%～10%
四、其他非金属矿原矿	普通非金属矿原矿	每吨或者每立方米 0.5～20 元
	贵重非金属矿原矿	每千克或者每克拉 0.5～20 元
五、黑色金属矿原矿		每吨 2～30 元
六、有色金属矿原矿	稀土矿	每吨 0.4～60 元
	其他有色金属矿原矿	每吨 0.4～30 元
七、盐	固体盐	每吨 10～60 元
	液体盐	每吨 2～10 元

同一应税产品，由于资源品位、开采条件等不同，由国家同一划分了资源等级并分别规定了不同的适用税率。具体适用税率，按《资源税税目税率明细表》执行，如表 11-2 所示。

表 11-2　资源税税目税率明细表

税　　目		税　　率	计税单位
一、原油		6%	
二、天然气		6%	
三、煤炭		2%～10%	
四、其他非金属矿原矿			吨、立方米、千克、克拉
（一）玉石、硅藻土、高铝黏土（包括耐火级矾土、研磨级矾土等）、焦宝石、萤石		20 元	吨
（二）磷矿石		15 元	吨
（三）膨润土、沸石、珍珠岩		10 元	吨
（四）宝石、宝石级金刚石		10 元	克拉

227

续表

税　目		税　率	计税单位
（五）耐火黏土（不含高铝黏土）		6 元	吨
（六）石墨、石英砂、重晶石、毒重石、蛭石、长石、滑石、白云石、硅灰石、凹凸棒石黏土、高岭土（瓷土）、云母		3 元	吨
（七）菱镁矿、天然碱、石膏、硅线石		2 元	吨
（八）工业用金刚石		2 元	克拉
（九）石棉	一等	2 元	吨
	二等	1.7 元	吨
	三等	1.4 元	吨
	四等	1.1 元	吨
	五等	0.8 元	吨
	六等	0.5 元	吨
（十）硫铁矿、自然硫		1 元	吨
（十一）磷铁矿		4 元	吨
（十二）未列举名称的其他非金属矿原矿		0.5～20 元	吨、立方米、千克、克拉
五、黑色金属矿原矿			吨
（一）铁矿石	入选露天矿（重点矿山）一等	16.5 元	吨
	二等	16 元	吨
	三等	15.5 元	吨
	四等	15 元	吨
	五等	14.5 元	吨
	六等	14 元	吨
	入选地下矿（重点矿山）二等	15 元	吨
	三等	14.5 元	吨
	四等	14 元	吨
	五等	13.5 元	吨
	六等	13 元	吨
	入炉露天矿（重点矿山）一等	25 元	吨
	二等	24 元	吨
	三等	23 元	吨
	四等	22 元	吨
	入炉地下矿（重点矿山）二等	23 元	吨
	三等	22 元	吨

续表

税　　目		税　　率	计 税 单 位
（一）铁矿石	四等	21 元	吨
	入选露天矿（非重点矿山）二等	16 元	吨
	四等	15 元	吨
	五等	14.5 元	吨
	六等	14 元	吨
	入选地下矿（非重点矿山）三等	11.5 元	吨
	四等	11 元	吨
	五等	10.5 元	吨
	六等	10 元	吨
	入炉露天矿（非重点矿山）二等	23 元	吨
	三等	22 元	吨
	四等	21 元	吨
	入炉地下矿（非重点矿山）三等	21 元	吨
	四等	20 元	吨
（二）锰矿石		6 元	吨
（三）铬矿石		3 元	吨
六、有色金属矿原矿			吨、50 立方米挖出量
（一）稀土矿			
1. 轻稀土矿（包括氟碳铈矿、独居石矿）		60 元	吨
2. 中重稀土矿（包括磷钇矿、离子型稀土矿）		30 元	吨
（二）铜矿石	一等	7 元	吨
	二等	6.5 元	吨
	三等	6 元	吨
	四等	5.5 元	吨
	五等	5 元	吨
（三）铅锌矿石	一等	20 元	吨
	二等	18 元	吨
	三等	16 元	吨
	四等	13 元	吨
	五等	10 元	吨
（四）铝土矿	三等	20 元	吨
（五）钨矿石	三等	9 元	吨

续表

税　　目		税　率	计税单位
（五）钨矿石	四等	8 元	吨
	五等	7 元	吨
（六）锡矿石	一等	1 元	吨
	二等	0.9 元	吨
	三等	0.8 元	吨
	四等	0.7 元	吨
	五等	0.6 元	吨
（七）锑矿石	一等	1 元	吨
	二等	0.9 元	吨
	三等	0.8 元	吨
	四等	0.7 元	吨
	五等	0.6 元	吨
（八）钼矿石	一等	8 元	吨
	二等	7 元	吨
	三等	6 元	吨
	四等	5 元	吨
	五等	4 元	吨
（九）镍矿石	二等	12 元	吨
	三等	11 元	吨
	四等	10 元	吨
	五等	9 元	吨
（十）黄金矿			
1. 岩金矿石	一等	10 元	吨
	二等	8 元	吨
	三等	7 元	吨
	四等	6 元	吨
	五等	5 元	吨
	六等	4 元	吨
	七等	3 元	吨
2. 砂金矿	一等	2 元	50 立方米挖出量
	二等	1.8 元	50 立方米挖出量
	三等	1.6 元	50 立方米挖出量

续表

税　　目		税　　率	计 税 单 位
2. 砂金矿	四等	1.4 元	50 立方米挖出量
	五等	1.2 元	50 立方米挖出量
（十一）钒矿石		12 元	吨
（十二）未列举名称的其他有色金属矿原矿		0.4～30 元	吨
七、盐			吨
（一）北方海盐		25 元	吨
（二）南方海盐、井矿盐、湖盐		12 元	吨
（三）液体盐			

注：① 煤炭资源税税率幅度为 2%～10%，具体适用税率由省级财税部门在上述幅度内，根据本地区清理收费基金、企业承受能力、煤炭资源条件等因素提出建议，报省级人民政府拟定。省级人民政府须将拟定的适用税率在公布前报财政部、国家税务总局审批；跨省煤田的适用税率由财政部、国家税务总局确定；未列举名称的其他非金属矿原矿和其他有色金属矿原矿，由省、自治区、直辖市人民政府决定征收或暂缓征收资源税，并报财政部和国家税务总局备案。

② 矿产品等级的划分，按《资源税实施细则》所附《几个主要品种的矿山资源等级表》执行；对于划分资源等级的应税产品，其《几个主要品种的矿山资源等级表》中未列举名称的纳税人适用的税额，由省、自治区、直辖市人民政府根据纳税人的资源状况，参照《资源税税目税额明细表》和《几个主要品种的矿山资源等级表》中确定的邻近矿山的税额标准，在浮动 30%的幅度内核定，并报财政部和国家税务总局备案。

资源税扣缴义务人适用的税率标准规定如下：独立矿山、联合企业收购未税资源税应税产品的单位，按照本单位应税产品税率标准，依据收购的数量（金额）代扣代缴资源税；其他收购单位收购的未税资源税应税产品，按主管税务机关核定的应税产品税率标准，依据收购的数量（金额）代扣代缴资源税。

纳税人开采或者生产不同税目应税产品的，应当分别核算不同税目应税产品的销售额或者销售数量；为分别核算或者不能准确提供不同应税产品的销售额或者销售数量的，从高适用税率。

11.4　税 收 减 免

中国现行资源税对从量计税的应税产品按资源等级分别规定了不同的适用税额，对资源赋存条件差、等级低的应税产品适用较低税额，因此资源税中对此类应税产品规定的税收优惠项目较少。目前，资源税的税收减免优惠主要针对从价计税的应税产品进行设计，具体包括下列内容。

1．原油、天然气适用的减免税优惠政策

（1）开采原油过程中用于加热、修井的原油，免税；对油田范围内运输稠油过程中用于加热的原油、天然气，免税。

（2）对稠油、高凝油和高含硫天然气资源税减征 40%。

稠油，是指地层原油黏度大于或等于 50 毫帕/秒或原油密度大于或等于 0.92 克/立方厘米的原油。高凝油，是指凝固点大于 40℃的原油。高含硫天然气，是指硫化氢含量大于或等于 30 克/立方米的天然气。

（3）对三次采油资源税减征 30%。

三次采油，是指二次采油后继续以聚合物驱、复合驱、泡沫驱、气水交替驱、二氧化碳驱、微生物驱等方式进行采油。

（4）对低丰度油气田资源税暂减征 20%。

陆上低丰度油田，是指每平方公里原油可采储量丰度在 25 万立方米（不含）以下的油田；陆上低丰度气田，是指每平方公里天然气可采储量丰度在 2.5 亿立方米（不含）以下的气田。海上低丰度油田，是指每平方公里原油可采储量丰度在 60 万立方米（不含）以下的油田；海上低丰度气田，是指每平方公里天然气可采储量丰度在 6 亿立方米（不含）以下的气田。

（5）对深水油气田资源税减征 30%。

深水油气田，是指水深超过 300 米（不含）的油气田。

符合上述减免税规定的原油、天然气划分不清的，一律不予减免资源税；同时符合上述两项及两项以上减税规定的，只能选择其中一项执行，不能叠加适用。

财政部和国家税务总局根据国家有关规定及实际情况的变化适时对上述政策进行调整。

2．煤炭适用的减免税优惠政策

（1）对衰竭期煤矿开采的煤炭，资源税减征 30%。

衰竭期煤矿，是指剩余可采储量下降到原设计可采储量的 20%（含）以下，或者剩余服务年限不超过 5 年的煤矿。

（2）对充填开采置换出来的煤炭，资源税减征 50%。

纳税人开采的煤炭，同时符合上述减税情形的，纳税人只能选择其中一项执行，不能叠加适用。

3．其他减免税政策

（1）北方海盐资源税暂减按每吨 15 元征收；南方海盐、湖盐、井矿盐资源税暂减按 10 元/吨；液体盐资源税暂减按 2 元/吨；通过提取地下天然卤水晒制的海盐和生产的井矿盐，分别按每吨 20 元和 12 元征收。

（2）纳税人开采或者生产应税产品过程中，因意外事故或者自然灾害等原因遭受重大损失的，由省、自治区、直辖市人民政府酌情决定减税或者免税。

（3）国务院规定的其他减税、免税项目。

纳税人的减税、免税项目，应当单独核算课税数量；未单独核算或者不能准确提供课税数量的，不予减税或者免税。

11.5 税额计算与缴纳

11.5.1 税额计算方法

1. 一般计税方法

资源税实行从价定率和从量定额两种计征方法。

从价定率计征资源税的，计算公式如下：

$$应纳税额=应税销售额×比例税率$$

从量定额计征资源税的，计算公式如下：

$$应纳税额=销售数量×定额税率$$

2. 核定计税方法

为便于征管，对开采稠油、高凝油、高含硫天然气、低丰度油气资源及三次采油的陆上油气田企业，根据以前年度符合减税规定的原油、天然气销售额占其原油、天然气总销售额的比例，确定资源税综合减征率和实际征收率，计算资源税应纳税额。计算公式如下：

$$综合减征率=\sum(减税项目销售额×减征幅度×6\%)÷总销售额$$

$$实际征收率=6\%-综合减征率$$

$$应纳税额=总销售额×实际征收率$$

中国石油天然气集团公司和中国石油化工集团公司（以下简称中石油、中石化）陆上油气田企业的综合减征率和实际征收率由财政部和国家税务总局确定，具体适用的减征率和实际征收率按《陆上油气田企业原油、天然气资源税综合减征率和实际征收率表》执行。今后财政部和国家税务总局将根据陆上油气田企业原油、天然气资源状况、产品结构的实际变化等情况对附表内容进行调整。表中未列举的中石油、中石化陆上对外合作油气田及全资和控股陆上油气田企业，比照表中所列同一区域油气田企业的综合减征率和实际征收率执行；其他陆上油气田企业的综合减征率和实际征收率，暂比照表中邻近油气田企业的综合减征率和实际征收率执行。

【例 11-1】某煤矿为增值税一般纳税人，2014 年 12 月份发生如下经济业务：

（1）购进采煤设备 1 台，取得增值税专用发票，支付价款、税款合计 351 000 元；委托某运输企业负责运输，取得运输发票，支付运输费用 70 000 元。

（2）购进生产用零部件 1 批，取得增值税专用发票，支付价款 100 000 元、税款 17 000 元。

（3）生产原煤 10 000 吨，对外销售 8 000 吨，开具增值税专用发票，收取不含税销售额 1 800 000 元，货已发出。

（4）职工食堂领用同品质原煤 800 吨，按成本价 96 000 元转账结算。

（5）销售洗煤 1 400 吨，开具增值税专用发票，取得不含税销售额 420 000 元。

（6）以同品质洗煤 700 吨支付发电厂电费（生产经营用电），开具增值税专用发票，发票上列明的不含税销售额 210 000 元；取得电厂开具的增值税专用发票，支付价款 202 820.51 元、增值税 34 479.49 元。

（7）上期未抵扣完的进项税额 65 520.51 元。

其他资料：原煤资源税税率为 5%，洗煤折算率为 60%；取得的合法凭证已在当月经过主管税务机关认证。

根据上述资料，要求计算：

（1）该煤矿 12 月份应缴纳的增值税。

（2）该煤矿 12 月份应缴纳的资源税。

解：

（1）煤矿应缴纳的增值税。

销项税额=1 800 000×17%+800×（1 800 000÷8 000）×17%+420 000×17%

+210 000×17%=443 700（元）

进项税额=17 000+34 479.49+65 520.51=117 000（元）

应纳税额=443 700-117 000=326 700（元）

（2）该煤矿应缴纳的资源税。

应纳税额=1 800 000×5%+800×（1 800 000÷8 000）×5%+420 000

×60%×5%+210 000×60%×5%=130 500（元）

【例 11-2】某盐场为增值税一般纳税人，主要生产液体盐和固体盐，该盐场适用的液体盐和固体盐资源税定额税率分别为 2 元/吨 和 10 元/吨。2014 年 6 月份该盐场销售固体盐 7.5 万吨，液体盐 5 万吨，计算该盐场本月应纳的资源税税额。

解：

应纳税额=7.5×10+5×2=85（万元）

11.5.2　税款缴纳

1. 纳税义务发生时间

纳税人销售应税产品，纳税义务发生时间为收讫销售款或者取得索取销售款凭据的当天；自产自用应税产品，纳税义务发生时间为移送使用的当天。具体规定如下。

（1）纳税人销售应税产品，其纳税义务发生时间如下：

① 纳税人采取分期收款结算方式的，其纳税义务发生时间，为销售合同规定的收款日期的当天。

② 纳税人采取预收货款结算方式的，其纳税义务发生时间，为发出应税产品的当天。

③ 纳税人采取其他结算方式的，其纳税义务发生时间，为收讫销售款或者取得索取销售款凭据的当天。

（2）纳税人自产自用应税产品的纳税义务发生时间，为移送使用应税产品的当天。

（3）扣缴义务人代扣代缴税款的纳税发生时间，为支付首笔货款或者开具应支付货款凭据的当天。

2．纳税期限

纳税人的纳税期限为 1 日、3 日、5 日、10 日、15 日或者 1 个月，由主管税务机关根据实际情况具体核定。不能按固定期限计算纳税的，可以按次计算纳税。

纳税人以 1 个月为一期纳税的，自期满之日起 10 日内申报纳税；以 1 日、3 日、5 日、10 日或者 15 日为一期纳税的，自期满之日起 5 日内预缴税款，于次月 1 日起 10 日内申报纳税并结清上月税款。

扣缴义务人的解缴税款期限，比照前两款的规定执行。

3．纳税地点

纳税人应纳的资源税，应当向应税产品的开采或者生产所在地主管税务机关缴纳。纳税人在本省、自治区、直辖市范围内开采或者生产应税产品，其纳税地点需要调整的，由省、自治区、直辖市税务机关决定。

跨省、自治区、直辖市开采资源税应税产品的单位，其下属生产单位与核算单位不在同一省、自治区、直辖市的，对其开采的矿产品，一律在开采地纳税，其应纳税款由独立核算、自负盈亏的单位，按照开采地的实际销售量（或者自用量）及适用的单位税额计算划拨。

扣缴义务人代扣代缴的资源税，应当向收购地主管税务机关缴纳。

本章小结

▶　资源税是以单位和个人开采与使用的资源为征税对象征收的一种税。对从事资源开发与利用的单位及个人，由政府征收一定的租金，是国家自然资源所有权的经济体现。此外，对不同等级的资源规定不同的税额，可以调节不同等级自然资源开发者或利用者的利润水平，平衡不同等级自然资源开发者或利用者之间的税收负担。

➡ 在中华人民共和国境内开采规定的矿产品或者生产盐的单位和个人，为资源税的纳税义务人，应当缴纳资源税。

➡ 资源税区别不同应税资源产品分别采用从价定率和从量定额计税办法。

综合练习

1. 现行资源税的税目有哪些？
2. 现行资源税的纳税人和扣缴义务人是如何规定的？
3. 从价定率和从量定额计税办法分别适用于哪些应税资源产品？
4. 现行资源税的纳税地点是如何规定的？

推荐阅读材料

1. 中国注册会计师协会．税法．北京：经济科学出版社，2014
2. 马国强．中国税收．大连：东北财经大学出版社，2014
3. 杨斌．税收学．北京：科学出版社，2011
4. 刘佐．中国税制概览．北京：经济科学出版社，2010
5. 胡怡建．税收学．上海：上海财经大学出版社，2009
6. 刘颖，孟芳娥．中国税制．北京：电子工业出版社，2008

网上资源

1. 财政部，http://www.mof.gov.cn/mof/
2. 国家税务总局，http://www.chinatax.gov.cn/n8136506/index.html
3. 中国税务网，http://www.ctax.org.cn/

第12章　土地增值税

学习目标

- ▸ 了解土地增值税的概念
- ▸ 掌握土地增值税的基本制度
- ▸ 掌握土地增值税应纳税额的计算

12.1　税种概述

土地增值税，是指在土地所有权或使用权转移时，以转移该土地的价值增加额为课税对象征收的一种税。土地是一种稀缺资源，其价格会随着社会经济的发展而增值。这种因地价上涨而实现的土地增值理应归社会所有，不应由土地拥有者或使用者独占。作为政府参与土地的增值收益分配的一种主要手段，征收土地增值税既可以保证社会公共利益不受损害，又给予了土地经营者或使用者适当的利益。此外，开征土地增值税还有利于规范土地转让行为，合理配置土地资源，抑制地价上涨，保持经济稳定。

19 世纪末 20 世纪初，德国最早创立了地方与中央的土地增值税。英国和日本分别在 1910 年和 1923 年开征土地了增值税。在中国，1930 年民国政府曾在其颁布的《土地法》中详细规定了土地增值税制度。中华人民共和国成立后，曾于 20 世纪 80 年代后期，尝试土地制度的改革。1990 年 5 月，国务院发布了《中华人民共和国城镇土地使用权的出让和转让暂行条例》，为土地使用权成为生产要素进入市场提供了法律保障。

中国现行土地增值税的法律依据，主要是国务院于 1993 年 12 月 13 日颁布的《中华人民共和国土地增值税暂行条例》（以下简称《土地增值税条例》）和 1995 年 1 月 27 日由财政部发布的《中华人民共和国土地增值税暂行条例实施细则》（以下简称《土地增值税实施细则》）。

12.2 征税范围和纳税义务人

12.2.1 征税范围

土地增值税的征税范围包括转让国有土地使用权、地上的建筑物及其附着物（简称转让房地产）并取得收入的行为。

所谓的转让国有土地使用权、地上的建筑物及其附着物并取得收入，是指以出售或者其他方式有偿转让房地产的行为，包括房地产开发企业将开发产品用于职工福利、奖励、对外投资、分配给股东或投资人、抵偿债务、换取其他单位和个人的非货币性资产等方面的经济行为，不包括以继承、赠与方式无偿转让房地产的行为。所谓国有土地，是指按国家法律规定属于国家所有的土地。所谓地上的建筑物，是指建于土地上的一切建筑物，包括地上地下的各种附属设施。所谓附着物，是指附着于土地上的不能移动，一经移动即遭损坏的物品。

12.2.2 纳税人

转让国有土地使用权、地上的建筑物及其附着物并取得收入的单位和个人，为土地增值税的纳税义务人，应当缴纳土地增值税。

单位，是指各类企业单位、事业单位、国家机关和社会团体及其他组织。个人，包括个体工商户和其他个人。

12.3 税基与税率

12.3.1 税基的确定

土地增值税的税基为纳税人转让房地产所取得的增值额，即纳税人转让房地产所取得的收入减除法定扣除项目金额后的余额。

1. 转让收入的确定

（1）基本规定。

纳税人转让房地产所取得的收入，是指国有土地使用权拥有者、地上的建筑物及附着物的产权所有者将使用权、产权转移给他人所取得的全部价款，包括货币收入、实物收入和其他形式的收入。

（2）依规定办法进行核定。

① 房地产开发企业将开发产品用于职工福利、奖励、对外投资、分配给股东或投资人、抵偿债务、换取其他单位和个人的非货币性资产等，发生所有权转移时应视同销售房地产，其收入按下列方法和顺序确认：

- 按本企业在同一地区、同一年度销售的同类房地产的平均价格确定。
- 由主管税务机关参照当地当年、同类房地产的市场价格或评估价值确定。

② 纳税人有下列情形之一的，按照房地产评估价格计算征收。所谓房地产评估价格，是指由政府批准设立的房地产评估机构根据相同地段、同类房地产进行综合评定的价格。评估价格需经当地税务机关确认。

一是隐瞒、虚报房地产成交价格。所谓隐瞒、虚报房地产成交价格，是指纳税人不报或有意低报转让土地使用权、地上建筑物及其附着物价款的行为。

隐瞒、虚报房地产成交价格，应由评估机构参照同类房地产的市场交易价格进行评估。税务机关根据评估价格确定转让房地产的收入。

二是提供扣除项目金额不实。所谓提供扣除项目金额不实，是指纳税人在纳税申报时不据实提供扣除项目金额的行为。

提供扣除项目金额不实的，应由评估机构按照房屋重置成本价乘以成新度折扣率计算的房屋成本价和取得土地使用权时的基准地价进行评估。税务机关根据评估价格确定扣除项目金额。

三是转让房地产的成交价格低于房地产评估价格，又无正当理由。所谓转让房地产的成交价格低于房地产评估价格，又无正当理由，是指纳税人申报的转让房地产的实际成交价低于房地产评估机构评定的交易价，纳税人又不能提供凭据或无正当理由的行为。

转让房地产的成交价格低于房地产评估价格，又无正当理由的，由税务机关参照房地产评估价格确定转让房地产的收入。

2. 法定扣除项目的确定

（1）取得土地使用权所支付的金额。取得土地使用权所支付的金额，是指纳税人为取得土地使用权所支付的地价款和按国家统一规定缴纳的有关费用。但对取得土地使用权时未支付地价款或不能提供已支付的地价款凭据的，不允许扣除取得土地使用权所支付的金额。

纳税人成片受让土地使用权后，分期分批开发、转让房地产的，其扣除项目金额的确定，可按转让土地使用权的面积占总面积的比例计算分摊，或按建筑面积计算分摊，也可按税务机关确认的其他方式计算分摊。

（2）房地产开发成本。房地产开发成本，是指房地产开发项目实际发生的成本，即纳税人开发土地和新建房及配套设施的成本，包括土地征用及拆迁补偿费、前期工程费、建筑安装工程费、基础设施费、公共配套设施费、开发间接费用。

土地征用及拆迁补偿费，包括土地征用费、耕地占用税、劳动力安置费及有关地上、地下附着物拆迁补偿的净支出、安置动迁用房支出等。

前期工程费，包括规划、设计、项目可行性研究和水文、地质、勘察、测绘、"三通一平"等支出。

建筑安装工程费，是指以出包方式支付给承包单位的建筑安装工程费，以自营方式发生的建筑安装工程费。

基础设施费，包括开发小区内道路、供水、供电、供气、排污、排洪、通信、照明、环卫、绿化等工程发生的支出。

公共配套设施费，包括不能有偿转让的开发小区内公共配套设施发生的支出。

开发间接费用，是指直接组织、管理开发项目发生的费用，包括工资、职工福利费、折旧费、修理费、办公费、水电费、劳动保护费、周转房摊销等。

（3）房地产开发费用。地产开发费用，是指开发土地和新建房及配套设施的费用，即与房地产开发项目有关的销售费用、管理费用、财务费用。在计算土地增值税时，作为扣除项目的房地产开发费用，不按纳税人房地产开发项目实际发生的费用进行扣除，而按以下办法确定扣除。

① 能够按转让房地产项目计算分摊利息支出且能够提供金融机构证明的，其利息支出允许据实扣除；其他房地产开发费用，按取得土地使用权所支付的金额和房地产开发成本两项金额之和的5%以内计算扣除。计算扣除的具体比例，由各省、自治区、直辖市人民政府规定。

房地产开发费用=分摊的利息支出+(取得土地使用权所支付的金额
+房地产开发成本)×5%（以内）

② 不能按转让房地产项目计算分摊利息支出或不能提供金融机构贷款证明的，其房地产开发费用，按取得土地使用权所支付的金额和房地产开发成本两项金额之和的10%以内计算扣除。计算扣除的具体比例，由各省、自治区、直辖市人民政府规定。

房地产开发费用=(取得土地使用权所支付的金额+房地产开发成本)×10%（以内）

（4）与转让房地产有关的税金。与转让房地产有关的税金，是指在转让房地产时缴纳的营业税、城市维护建设税、印花税。因转让房地产缴纳的教育费附加，也可视同税金予以扣除。

房地产开发企业在转让房地产时缴纳的印花税，应按管理费用核算，已包含在按规定扣除的房地产开发费用中，因此其印花税不在税金项下扣除。

（5）旧房及建筑物的评估价格。旧房及建筑物的评估价格，是指在转让已使用的房屋及建筑物时，由政府批准设立的房地产评估机构评定的重置成本价乘以成新度折扣率后的价格。评估价格须经当地税务机关确认。

$$评估价格=重置成本价×成新度折扣率$$

纳税人转让旧房及建筑物，凡不能取得评估价格，但能提供购房发票的，经当地税务部门确认，"取得土地使用权所支付的金额"和"旧房及建筑物的评估价格"的金额，可按发票所载金额并从购买年度起至转让年度止每年加计 5%计算。对纳税人购房时缴纳的契税，凡能提供契税完税凭证的，准予作为"与转让房地产有关的税金"予以扣除，但不作为加计 5%的基数。对于转让旧房及建筑物，既没有评估价格，又不能提供购房发票的，地方税务机关可以根据征管法规定实行核定征收。

（6）财政部规定的其他扣除项目。对从事房地产开发的纳税人，可按取得土地使用权所支付的金额和房地产开发成本两项金额之和，加计 20%的比例扣除。

$$其他扣除项目金额=(取得土地使用权所支付的金额+房地产开发成本)×20\%$$

上述加计扣除项目，只适用于专门从事房地产开发的纳税人，其他纳税人不适用；对取得土地或房地产使用权后，未进行开发即转让的，不得减除加计扣除项目。

12.3.2　适用税率

土地增值税实行四级超率累进税率：增值额未超过扣除项目金额 50%的部分，税率为30%；增值额超过扣除项目金额 50%、未超过扣除项目金额 100%的部分，税率为 40%；增值额超过扣除项目金额 100%、未超过扣除项目金额 200%的部分，税率为 50%；增值额超过扣除项目金额 200%的部分，税率为 60%。超率累进税率如表 12-1 所示。

表 12-1　土地增值税税率表

级　数	增值额与扣除项目金额的比率	税率（%）	速算扣除系数（%）
1	不超过 50%的部分	30	0
2	超过 50%至 100%的部分	40	5
3	超过 100%至 200%的部分	50	15
4	超过 200%的部分	60	35

注：表中所列四级超率累进税率，每级"增值额未超过扣除项目金额"的比例，均包括本比例数。

12.4　税 收 减 免

12.4.1　建造普通标准住宅的减免税

纳税人建造普通标准住宅出售，增值额未超过扣除项目金额 20%的，免征土地增值税。

普通标准住宅，是指按所在地一般民用住宅标准建造的居住用住宅。高级公寓、别墅、度假村等不属于普通标准住宅。普通标准住宅与其他住宅的具体划分界限由各省、自治区、直辖市人民政府规定。

纳税人建造普通标准住宅出售，增值额未超过扣除项目金额之和20%的，免征土地增值税；增值额超过扣除项目金额之和20%的，应就其全部增值额按规定计税。

12.4.2　对转让旧房的减免税

对企事业单位、社会团体以及其他组织转让旧房作为廉租住房、经济适用住房以及改造安置住房房源且增值额未超过扣除项目金额20%的，免征土地增值税。

12.4.3　对国家征用、收回房地产的减免税

因国家建设需要依法征用、收回的房地产，免征土地增值税。

所谓因国家建设需要依法征用、收回的房地产，是指因城市实施规划、国家建设的需要而被政府批准征用的房产或收回的土地使用权。

因城市实施规划、国家建设的需要而搬迁，由纳税人自行转让原房地产的，比照本规定免征土地增值税。

符合上述免税规定的单位和个人，需向房地产所在地税务机关提出免税申请，经税务机关审核后，免予征收土地增值税。

12.4.4　个人转让房地产的减免税

个人因工作调动或改善居住条件而转让原自用住房，经向税务机关申报核准，凡居住满五年或五年以上的，免予征收土地增值税；居住满三年未满五年的，减半征收土地增值税；居住未满三年的，按规定计征土地增值税。

12.5　税额计算与缴纳

12.5.1　税额计算

土地增值税按照纳税人转让房地产所取得的增值额和规定的税率计算征收。

计算土地增值税税额，可按增值额乘以适用的税率减去扣除项目金额乘以速算扣除系数的简便方法计算。

（1）增值额未超过扣除项目金额 50%，其计算公式如下：

$$应纳税额=增值额×30\%$$

（2）增值额超过扣除项目金额 50%，未超过 100% 的，其计算公式如下：

$$土地增值税税额=增值额×40\%-扣除项目金额×5\%$$

（3）增值额超过扣除项目金额 100%，未超过 200% 的，其计算公式如下：

$$土地增值税税额=增值额×50\%-扣除项目金额×15\%$$

（4）增值额超过扣除项目金额 200% 的，其计算公式如下：

$$土地增值税税额=增值额×60\%-扣除项目金额×35\%$$

上述公式中的 5%、15%、35% 为速算扣除系数。

【例 12-1】A 市某房地产公司出售一栋写字楼，收入总额为 10 000 万元。开发该写字楼的有关支出如下：支付地价款和各种费用 1 000 万元；房地产开发成本 3 000 万元；财务费用中列明的利息支出为 505 万元，该项支出可按转让项目计算分摊并提供金融机构提供的相关证明，但其中包括 50 万元罚息；转让环节缴纳的相关税费为 550 万元；该公司所在地政府规定的其他房地产开发费用计算扣除比例为 5%。计算该公司应纳的土地增值税。

解：

（1）允许扣除的项目金额：(1 000+3 000)×(1+5%+20%)+(505-50)+550=6 005（万元）

（2）计算增值额：10 000-6 005=3 995（万元）

（3）确定增值额与扣除项目金额的比率：3 995÷6 005=66.53%

（4）计算应纳土地增值税：3 995×40%-6 005×5%=1 297.75（万元）

【例 12-2】某市工业企业转让 1 幢使用了两年的办公楼，取得转让收入 3 000 万元，并按税法规定缴纳了与转让房地产有关的各项税费。该办公楼建造时的造价为 1 300 万元，经房地产评估机构评定的重置成本为 2 000 万元，成新度折扣率为 8 成；地价款及相关费用 200 万元，能够提供单独支付地价款的凭据。

要求：计算该厂应缴纳的土地增值税额。

解：

（1）转让收入 3 000 万元。

（2）计算扣除项目金额。

① 房屋及建筑物的评估价格=2 000×80%=1 600（万元）。

② 地价款及相关费用 200 万元。

③ 与转让房地产有关的税金。

$$应纳营业税=3 000×5\%=150（万元）$$

$$应纳城市维护建设税=150×7\%=10.50（万元）$$

$$应纳教育费附加=150×3\%=4.50（万元）$$

应纳印花税=3 000×0.5‰=1.50（万元）

说明：纳税人缴纳的印花税按照产权转移书据所载金额的0.5‰贴花。

税金合计：150+10.50+4.50+1.50=166.50（万元）

扣除项目金额合计：1 600+200+166.50=1 966.50（万元）

（3）计算增值额：3 000-1 966.50=1 033.50（万元）。

（4）确定增值额与扣除项目金额的比率为1 033.50÷1 966.50×100%≈53%，故适用税率为40%，速算扣除系数为5%。

（5）计算应纳土地增值税：1 033.50×40%-1 966.50×5%=315.08（万元）。

12.5.2　税款缴纳

1．纳税期限

纳税人应当自转让房地产合同签订之日起7日内向房地产所在地主管税务机关办理纳税申报，并在税务机关核定的期限内缴纳土地增值税。

纳税人应按照下列程序办理纳税手续。

（1）纳税人应在转让房地产合同签订后的7日内，到房地产所在地主管税务机关办理纳税申报，并向税务机关提交房屋及建筑物产权、土地使用权证书，土地转让、房产买卖合同，房地产评估报告及其他与转让房地产有关的资料。

（2）纳税人因经常发生房地产转让而难以在每次转让后申报的，经税务机关审核同意后，可以定期进行纳税申报，具体期限由税务机关根据情况确定。纳税人按照税务机关核定的税额及规定的期限缴纳土地增值税。

（3）纳税人在项目全部竣工结算前转让房地产取得的收入，由于涉及成本确定或其他原因，而无法据以计算土地增值税的，可以预征土地增值税，待该项目全部竣工、办理结算后再进行清算，多退少补。具体办法由各省、自治区、直辖市地方税务局根据当地情况制定。

2．纳税地点

纳税人应当向房地产所在地主管税务机关办理纳税申报，并在税务机关核定的期限内缴纳土地增值税。

房地产所在地，是指房地产的坐落地。纳税人转让房地产坐落在两个或两个以上地区的，应按房地产所在地分别申报纳税。

土地增值税由税务机关征收。土地管理部门、房产管理部门应当向税务机关提供有关资料，并协助税务机关依法征收土地增值税。

所谓土地管理部门、房产管理部门应当向税务机关提供有关资料，是指向房地产所在地主管税务机关提供有关房屋及建筑物产权、土地使用权、土地出让金数额、土地基准地价、房地产市场交易价格及权属变更等方面的资料。

在实际工作中，纳税地点的确定又可以分为以下两种情况。

（1）纳税人是法人的。当转让的房地产坐落地与其机构所在地或经营所在地一致时，在办理税务登记的原管辖税务机关申报纳税；如果转让的房地产坐落地与其机构所在地或经营所在地不一致时，在房地产坐落地所管辖的税务机关申报纳税。

（2）纳税人是自然人的。当转让的房地产坐落地与其居住所在地一致时，在住所所在地税务机关申报纳税；当转让的房地产坐落地与其居住所在地不一致时，在办理过户手续所在地的税务机关申报纳税。

本章小结

- 土地增值税，是指在土地所有权或使用权转移时，以转移该土地的价值增加额为课税对象征收的一种税。作为政府参与土地的增值收益分配的一种主要手段，征收土地增值税既可以保证社会公共利益不受损害，又给予了土地经营者或使用者适当的利益。此外，开征土地增值税还有利于规范土地转让行为，合理配置土地资源，抑制地价上涨，保持经济稳定。
- 转让国有土地使用权、地上的建筑物及其附着物并取得收入的单位和个人，为土地增值税的纳税义务人，应当缴纳土地增值税。
- 土地增值税的税基为纳税人转让房地产所取得的增值额，即纳税人转让房地产所取得的收入减除规定扣除项目金额后的余额，实行四级超率累进税率。

综合练习

1．现行土地增值税的征税范围和纳税人是如何规定的？
2．现行土地增值税的税基和税率是如何规定的？
3．现行土地增值税有哪些优惠？

推荐阅读材料

1．中国注册会计师协会．税法．北京：经济科学出版社，2014
2．马国强．中国税收．大连：东北财经大学出版社，2014

3．胡怡建．税收学．上海：上海财经大学出版社，2009

4．刘颖，孟芳娥．中国税制．北京：电子工业出版社，2008

 网上资源

1．财政部，http://www.mof.gov.cn/mof/

2．国家税务总局，http://www.chinatax.gov.cn/n8136506/index.html

3．中国税务网，http://www.ctax.org.cn/

第13章　城镇土地使用税

学习目标

▶▶ 了解城镇土地使用税的概念
▶▶ 掌握城镇土地使用税的基本制度
▶▶ 掌握城镇土地使用税应纳税额的计算

13.1　税 种 概 述

城镇土地使用税是以国有土地为征税对象，对拥有土地使用权的单位和个人征收的一种税。开征城镇土地使用税的政策目标在于合理利用城镇土地，调节土地级差收入，提高土地使用效益，加强土地管理。

中国现行城镇土地使用税的法律依据，主要是国务院于 2006 年 12 月 31 日重新颁布的《中华人民共和国城镇土地使用税暂行条例》（简称《城镇土地使用税条例》）。

13.2　征税范围和纳税人

13.2.1　征税范围

城镇土地使用税的征税范围包括在城市、县城、建制镇、工矿区范围内使用的土地。

城市、县城、建制镇、工矿区范围内土地，是指在这些区域范围内属于国家所有和集体所有的土地。城市，是指经国务院批准设立的市；县城，是指县人民政府所在地；建制镇，是指经省、自治区、直辖市人民政府批准设立的建制镇；工矿区，是指工商业比较发达、人口比较集中，符合国务院规定的建制镇标准，但尚未设立镇建制的大中型工矿企业所在地；工矿区须经省、自治区、直辖市人民政府批准。

城市的征税范围为市区和郊区；县城的征税范围为县人民政府所在的城镇；建制镇的

征税范围为镇人民政府所在地；城市、县城、建制镇、工矿区的具体征税范围，由各省、自治区、直辖市人民政府划定。

13.2.2　纳税人

在城市、县城、建制镇、工矿区范围内使用土地的单位和个人，为城镇土地使用税（简称土地使用税）的纳税人，应当依照规定缴纳土地使用税。

所谓单位，包括国有企业、集体企业、私营企业、股份制企业、外商投资企业、外国企业以及其他企业和事业单位、社会团体、国家机关、军队以及其他单位；所谓个人，包括个体工商户以及其他个人。

城镇土地使用税的纳税人通常是指土地使用权拥有者；拥有土地使用权的纳税人不在土地所在地的，由代管人或实际使用人纳税；土地使用权未确定或权属纠纷未解决的，由实际使用人纳税；土地使用权共有的，由共有各方分别纳税。

13.3　税基与税率

13.3.1　税基

土地使用税的税基为纳税人实际占用的土地面积。

纳税人实际占用的土地面积，是指由省、自治区、直辖市人民政府确定的单位组织测定的土地面积。尚未组织测量，但纳税人持有政府部门核发的土地使用证书的，以证书确认的土地面积为准；尚未核发土地使用证书的，应由纳税人据实申报土地面积。

对在城镇土地使用税征税范围内单独建造的地下建筑用地，按规定征收城镇土地使用税。其中，已取得地下土地使用权证的，按土地使用权证确认的土地面积计算应征税款；未取得地下土地使用权证或地下土地使用权证上未标明土地面积的，按地下建筑垂直投影面积计算应征税款。对上述地下建筑用地暂按应征税款的 50%征收城镇土地使用税。

土地使用权共有的各方，应按其实际使用的土地面积占总面积的比例，分别计算缴纳土地使用税。

13.3.2　税率

土地使用税采用定额税率，每平方米年税额如下：大城市 1.5 元至 30 元；中等城市 1.2 元至 24 元；小城市 0.9 元至 18 元；县城、建制镇、工矿区 0.6 元至 12 元。

大、中、小城市以公安部门登记在册的非农业正式户口人数为依据，按照国务院颁布的《城市规划条例》中规定的标准划分。现行的划分标准是，市区及郊区非农业人口总计在 50 万以上的，为大城市；市区及郊区非农业人口总计在 20 万至 50 万的，为中等城市；市区及郊区非农业人口总计在 20 万以下的，为小城市。

省、自治区、直辖市人民政府，应当在规定的税额幅度内，根据市政建设状况、经济繁荣程度等条件，确定所辖地区的适用税额幅度。市、县人民政府应当根据实际情况，将本地区土地划分为若干等级，在省、自治区、直辖市人民政府确定的税额幅度内，制定相应的适用税额标准，报省、自治区、直辖市人民政府批准执行。

经省、自治区、直辖市人民政府批准，经济落后地区土地使用税的适用税额标准可以适当降低，但降低额不得超过规定最低税额的 30%。经济发达地区土地使用税的适用税额标准可以适当提高，但须报经财政部批准。

13.4 税收减免

13.4.1 基本规定

《城镇土地使用税条例》规定，下列土地免缴土地使用税。

（1）国家机关、人民团体、军队自用的土地。人民团体，是指经国务院授权的政府部门批准设立或登记备案并由国家拨付行政事业费的各种社会团体。

国家机关、人民团体、军队自用的土地，是指这些单位本身的办公用地和公务用地。

（2）由国家财政部门拨付事业经费的单位自用的土地。由国家财政部门拨付事业经费的单位，是指由国家财政部门拨付经费、实行全额预算管理或差额预算管理的事业单位。不包括实行自收自支、自负盈亏的事业单位。

事业单位自用的土地，是指这些单位本身的业务用地。

企业办的学校、医院、托儿所、幼儿园，其用地能与企业其他用地明确区分的，可以比照由国家财政部门拨付事业经费的单位自用的土地，免征土地使用税。

（3）宗教寺庙、公园、名胜古迹自用的土地。

宗教寺庙自用的土地，是指举行宗教仪式等的用地和寺庙内的宗教人员生活用地。

公园、名胜古迹自用的土地，是指供公共参观游览的用地及其管理单位的办公用地。

以上单位的生产、营业用地和其他用地，不属于免税范围，应按规定缴纳土地使用税。

公园、名胜古迹中附设的营业单位，如影剧院、饮食部、茶社、照相馆等使用的土地，应征收土地使用税。

（4）市政街道、广场、绿化地带等公共用地。

（5）直接用于农、林、牧、渔业的生产用地。

直接用于农、林、牧、渔业的生产用地，是指直接从事于种植、养殖、饲养的专业用地，不包括农副产品加工场地和生活、办公用地。

（6）经批准开山填海整治的土地和改造的废弃土地，从使用的月份起免缴土地使用税 5～10 年。

开山填海整治的土地和改造的废弃土地，以土地管理机关出具的证明文件为依据确定；具体免税期限由各省、自治区、直辖市税务局在土地使用税暂行条例规定的期限内自行确定。

（7）由财政部另行规定免税的能源、交通、水利设施用地和其他用地。

13.4.2　其他规定

（1）对免税单位无偿使用纳税单位的土地（如公安、海关等单位使用铁路，民航等单位的土地），免征土地使用税；对纳税单位无偿使用免税单位的土地，纳税单位应照章缴纳土地使用税。

（2）纳税单位与免税单位共同使用共有使用权土地上的多层建筑，对纳税单位可按其占用的建筑面积占建筑总面积的比例计征土地使用税。

（3）凡在开征范围内的土地，除直接用于农、林、牧、渔业的按规定免予征税以外，不论是否缴纳农业税，均应照章征收土地使用税。

（4）对基建项目在建期间使用的土地，原则上应照章征收土地使用税。但对有些基建项目，特别是国家产业政策扶持发展的大型基建项目占地面积大，建设周期长，在建期间又没有经营收入，为照顾其实际情况，对纳税人纳税确有困难的，可由各省、自治区、直辖市税务局根据具体情况予以免征或减征土地使用税；对已经完工或已经使用的建设项目，其用地应照章征收土地使用税。

（5）城镇内的集贸市场（农贸市场）用地，按规定应征收土地使用税。为了促进集贸市场的发展及照顾各地的不同情况，各省、自治区、直辖市税务局可根据具体情况自行确定对集贸市场用地征收或者免征土地使用税。

（6）房地产开发公司建造商品房的用地，原则上应按规定计征土地使用税。但在商品房出售之前纳税确有困难的，其用地是否给予缓征或减征、免征照顾，可由各省、自治区、直辖市税务局根据从严的原则结合具体情况确定。

（7）原房管部门代管的私房，落实政策后，有些私房产权已归还给房主，但由于各种原因，房屋仍由原住户居住，并且住户仍是按照房管部门在房租调整改革之前确定的租金标准向房主交纳租金。对这类房屋用地，房主缴纳土地使用税确有困难的，可由各省、自治区、直辖市税务局根据实际情况，给予定期减征或免征土地使用税的照顾。

（8）对于各类危险品仓库、厂房所需的防火、防爆、防毒等安全防范用地，可由各省、自治区、直辖市税务局确定，暂免征收土地使用税；对仓库库区、厂房本身用地，应照章征收土地使用税。

（9）企业关闭、撤销后，其占地未作他用的，经各省、自治区、直辖市税务局批准，可暂免征收土地使用税；如土地转让给其他单位使用或企业重新用于生产经营的，应依照规定征收土地使用税。

（10）企业搬迁后，其原有场地和新场地都使用的，均应照章征收土地使用税；原有场地不使用的，经各省、自治区、直辖市税务局审批，可暂免征收土地使用税。

（11）对企业的铁路专用线、公路等用地，除另有规定者外，在企业厂区（包括生产、办公及生活区）以内的，应照章征收土地使用税；在厂区以外、与社会公用地段未加隔离的，暂免征收土地使用税。

（12）对企业范围内的荒山、林地、湖泊等占地，尚未利用的，经各省、自治区、直辖市税务局审批，可暂免征收土地使用税。

（13）对企业厂区（包括生产、办公及生活区）以内的绿化用地，应照章征收土地使用税；厂区以外的公共绿化用地和向社会开放的公园用地，暂免征收土地使用税。

（14）下列土地的征免税，由省、自治区、直辖市税务局确定。

① 个人所有的居住房屋及院落用地。
② 房产管理部门在房租调整改革前经租的居民住房用地。
③ 免税单位职工家属的宿舍用地。
④ 民政部门举办的安置残疾人占一定比例的福利工厂用地。
⑤ 集体和个人办的各类学校、医院、托儿所、幼儿园用地。

13.5　税额计算与缴纳

13.5.1　税额计算

土地使用税以纳税人实际占用的土地面积为计税依据，依照适用的定额税率计算征收。计算公式如下：

$$应纳税额=实际使用的应税土地面积（平方米）×适用税额$$

【例 13-1】设在 A 城市的某家企业，其使用的土地面积为 30 000 平方米。经税务机关核定，该土地为应税土地，每平方米年税额为 8 元。计算该企业全年应纳的城镇土地使用税额。

解：

$$应纳税额=30\,000×8=240\,000（元）$$

13.5.2　税款缴纳

1．纳税义务发生时间

（1）新征用的土地，依照下列规定缴纳土地使用税。

① 征用的耕地，自批准征用之日起满1年时开始缴纳土地使用税。

② 征用的非耕地，自批准征用次月起缴纳土地使用税。

（2）购置、出租、出借房屋用地，纳税义务发生时间如下。

① 购置新建商品房，自房屋交付使用之次月起计征城镇土地使用税。

② 购置存量房，自办理房屋权属转移、变更登记手续，房地产权属登记机关签发房屋权属证书之次月起计征城镇土地使用税。

③ 出租、出借房产，自交付出租、出借房产之次月起计征城镇土地使用税。

（3）以出让或转让方式有偿取得土地使用权的，包括通过招标、拍卖、挂牌方式取得的不属于新征用耕地的建设用地，应由受让方从合同约定交付土地时间的次月起缴纳城镇土地使用税；合同未约定交付土地时间的，由受让方从合同签订的次月起缴纳城镇土地使用税。

纳税人因土地的实物或权利状态发生变化而依法终止城镇土地使用税纳税义务的，其应纳税款的计算应截止到土地的实物或权利状态发生变化的当月末。

2．纳税期限

土地使用税按年计算、分期缴纳。缴纳期限由省、自治区、直辖市人民政府确定。

3．纳税地点

土地使用税由土地所在地的税务机关征收。土地管理机关应当向土地所在地的税务机关提供土地使用权属资料。

 本章小结

▸ 城镇土地使用税是以国有土地为征税对象，对拥有土地使用权的单位和个人征收的一种税。开征城镇土地使用税的政策目标在于合理利用城镇土地，调节土地级差收入，提高土地使用效益，加强土地管理。

▸ 在城市、县城、建制镇、工矿区范围内使用土地的单位和个人，为城镇土地使用税（简称土地使用税）的纳税人，应当依照规定缴纳土地使用税。

▸ 城镇土地使用税的税基为纳税人实际占用的土地面积，采用定额税率。

 **综合练习**

1. 现行城镇土地使用税的征税范围和纳税人是如何规定的？
2. 现行城镇土地使用税的税基和税率是如何规定的？
3. 现行城镇土地使用税有哪些优惠？

 推荐阅读材料

1. 中国注册会计师协会. 税法. 北京：经济科学出版社，2014
2. 马国强. 中国税收. 大连：东北财经大学出版社，2014
3. 胡怡建. 税收学. 上海：上海财经大学出版社，2009
4. 刘颖，孟芳娥. 中国税制. 北京：电子工业出版社，2008

 **网上资源**

1. 财政部，http://www.mof.gov.cn/mof/
2. 国家税务总局，http://www.chinatax.gov.cn/n8136506/index.html
3. 中国税务网，http://www.ctax.org.cn/

第14章 耕地占用税

 学习目标

▶▶ 了解耕地占用税的概念
▶▶ 掌握耕地占用税的基本制度
▶▶ 掌握耕地占用税应纳税额的计算

14.1 税 种 概 述

耕地占用税是对占用耕地建房或从事其他非农业建设的行为征收的一种税。1987 年，依据国务院颁布的《中华人民共和国耕地占用税暂行条例》，耕地占用税正式设立。征收耕地占用税的政策目标在于促进土地资源的合理利用，加强土地管理和保护耕地。

中国现行耕地占用税的法律依据，主要是国务院于 2007 年 12 月 1 日重新发布的《中华人民共和国耕地占用税暂行条例》（以下简称《耕地占用税条例》）和 2008 年 2 月 20 日财政部、国家税务总局公布的《中华人民共和国耕地占用税暂行条例实施细则》（以下简称《耕地占用税实施细则》）。

14.2 征税范围与纳税人

14.2.1 征税范围

耕地占用税的征税范围包括用于建房或者从事非农业建设而占用的耕地。所谓耕地，是指用于种植农作物的土地。所谓建房，包括建设建筑物和构筑物。

占用园地建房或者从事非农业建设的，视同占用耕地征收耕地占用税。

占用林地、牧草地、农田水利用地、养殖水面以及渔业水域滩涂等其他农用地建房或者从事非农业建设的，比照《耕地占用税条例》的规定征收耕地占用税。所谓林地，包括

有林地、灌木林地、疏林地、未成林地、迹地、苗圃等，不包括居民点内部的绿化林木用地，铁路、公路征地范围内的林木用地，以及河流、沟渠的护堤林用地。所谓牧草地，包括天然牧草地、人工牧草地。所谓农田水利用地，包括农田排灌沟渠及相应附属设施用地。所谓养殖水面，包括人工开挖或者天然形成的用于水产养殖的河流水面、湖泊水面、水库水面、坑塘水面及相应附属设施用地。所谓渔业水域滩涂，包括专门用于种植或者养殖水生动植物的海水潮浸地带和滩地。占用林地、牧草地、农田水利用地、养殖水面以及渔业水域滩涂等其他农用地建房或者从事非农业建设的，适用税额可以适当低于当地占用耕地的适用税额，具体适用税额按照各省、自治区、直辖市人民政府的规定执行。

纳税人临时占用耕地，应当依照《耕地占用税条例》的规定缴纳耕地占用税。所谓临时占用耕地，是指纳税人因建设项目施工、地质勘查等需要，在一般不超过 2 年内临时使用耕地并且没有修建永久性建筑物的行为。纳税人在批准临时占用耕地的期限内恢复所占用耕地原状的，全额退还已经缴纳的耕地占用税。

因污染、取土、采矿塌陷等损毁耕地的，比照临时占用耕地的情况，由造成损毁的单位或者个人缴纳耕地占用税。超过 2 年未恢复耕地原状的，已征税款不予退还。

建设直接为农业生产服务的生产设施占用农用地的，不征收耕地占用税。所谓直接为农业生产服务的生产设施，是指直接为农业生产服务而建设的建筑物和构筑物。具体包括储存农用机具和种子、苗木、木材等农业产品的仓储设施；培育、生产种子、种苗的设施；畜禽养殖设施；木材集材道、运材道；农业科研、试验、示范基地；野生动植物保护、护林、森林病虫害防治、森林防火、木材检疫的设施；专为农业生产服务的灌溉排水、供水、供电、供热、供气、通信基础设施；农业生产者从事农业生产必需的食宿和管理设施；其他直接为农业生产服务的生产设施。

农田水利占用耕地的，不征收耕地占用税。

14.2.2　纳税人

占用耕地建房或者从事非农业建设的单位或者个人，为耕地占用税的纳税人，应当依照规定缴纳耕地占用税。

所谓单位，包括国有企业、集体企业、私营企业、股份制企业、外商投资企业、外国企业以及其他企业和事业单位、社会团体、国家机关、部队以及其他单位；所称个人，包括个体工商户以及其他个人。

具体地说，经申请批准占用耕地的，纳税人为农用地转用审批文件中标明的建设用地人；农用地转用审批文件中未标明建设用地人的，纳税人为用地申请人。未经批准占用耕地的，纳税人为实际用地人。

14.3 税基与税率

14.3.1 税基的确定

耕地占用税的税基为纳税人实际占用的耕地面积。

所谓实际占用的耕地面积，包括经批准占用的耕地面积和未经批准占用的耕地面积。

14.3.2 适用税率

耕地占用税采用定额税率。

由于不同地区之间人口和耕地资源的分布极不平衡，各地区经济发展水平也存在很大差异，因此耕地占用税采用以县为单位、以人均耕地面积为依据的地区差别幅度定额税率，具体规定如下。

（1）人均耕地不超过 1 亩的地区（以县级行政区域为单位，下同），每平方米为 10 元~50 元。

（2）人均耕地超过 1 亩但不超过 2 亩的地区，每平方米为 8~40 元。

（3）人均耕地超过 2 亩但不超过 3 亩的地区，每平方米为 6~30 元。

（4）人均耕地超过 3 亩的地区，每平方米为 5~25 元。

（5）经济特区、经济技术开发区和经济发达且人均耕地特别少的地区，适用税额可以适当提高，但是提高的部分最高不得超过上述第 3 项规定的当地适用税额的 50%。

（6）占用基本农田的，适用税额应当在上述第 3 项、第 5 项规定的当地适用税额的基础上提高 50%。所谓基本农田，是指依据《基本农田保护条例》划定的基本农田保护区范围内的耕地。

各省、自治区、直辖市耕地占用税的平均税额，按照《各省、自治区、直辖市耕地占用税平均税额表》执行，如表 14-1 所示。县级行政区域的适用税额，按照《耕地占用税条例》《耕地占用税实施细则》和各省、自治区、直辖市人民政府的规定执行。

表 14-1 各省、自治区、直辖市耕地占用税平均税额表

地　区	每平方米平均税额（元）
上海	45
北京	40
天津	35
江苏、浙江、福建、广东	30

续表

地　　区	每平方米平均税额（元）
辽宁、湖北、湖南	25
河北、安徽、江西、山东、河南、重庆、四川	22.5
上海	45
北京	40

14.4　税　收　减　免

14.4.1　免征耕地占用税

1．军事设施占用耕地

规定免税的军事设施，具体范围包括以下内容。

（1）地上、地下的军事指挥、作战工程。

（2）军用机场、港口、码头。

（3）营区、训练场、试验场。

（4）用洞库、仓库。

（5）军用通信、侦察、导航、观测台站和测量、导航、助航标志。

（6）军用公路、铁路专用线，军用通信、输电线路，军用输油、输水管道。

（7）其他直接用于军事用途的设施。

2．学校、幼儿园、养老院、医院占用耕地

（1）免税的学校，具体范围包括县级以上人民政府教育行政部门批准成立的大学、中学、小学、学历性职业教育学校以及特殊教育学校。学校内经营性场所和教职工住房占用耕地的，按照当地适用税额缴纳耕地占用税。

（2）免税的幼儿园，具体范围限于县级人民政府教育行政部门登记注册或者备案的幼儿园内专门用于幼儿保育、教育的场所。

（3）免税的养老院，具体范围限于经批准设立的养老院内专门为老年人提供生活照顾的场所。

（4）免税的医院，具体范围限于县级以上人民政府卫生行政部门批准设立的医院内专门用于提供医护服务的场所及其配套设施。医院内职工住房占用耕地的，按照当地适用税额缴纳耕地占用税。

14.4.2　减征耕地占用税

铁路线路、公路线路、飞机场跑道、停机坪、港口、航道占用耕地，减按每平方米 2 元的税额征收耕地占用税。规定减税的铁路线路，具体范围限于铁路路基、桥梁、涵洞、隧道及其按照规定两侧留地。专用铁路和铁路专用线占用耕地的，按照当地适用税额缴纳耕地占用税。规定减税的公路线路，具体范围限于经批准建设的国道、省道、县道、乡道和属于农村公路的村道的主体工程以及两侧边沟或者截水沟。专用公路和城区内机动车道占用耕地的，按照当地适用税额缴纳耕地占用税。规定减税的飞机场跑道、停机坪，具体范围限于经批准建设的民用机场专门用于民用航空器起降、滑行、停放的场所。规定减税的港口，具体范围限于经批准建设的港口内供船舶进出、停靠以及旅客上下、货物装卸的场所。减税的航道，具体范围限于在江、河、湖泊、港湾等水域内供船舶安全航行的通道。

农村居民占用耕地新建住宅，按照当地适用税额减半征收耕地占用税。规定减税的农村居民占用耕地新建住宅，是指农村居民经批准在户口所在地按照规定标准占用耕地建设自用住宅。农村居民经批准搬迁，原宅基地恢复耕种，凡新建住宅占用耕地不超过原宅基地面积的，不征收耕地占用税；超过原宅基地面积的，对超过部分按照当地适用税额减半征收耕地占用税。

农村烈士家属、残疾军人、鳏寡孤独以及革命老根据地、少数民族聚居区和边远贫困山区生活困难的农村居民，在规定用地标准以内新建住宅缴纳耕地占用税确有困难的，经所在地乡（镇）人民政府审核，报经县级人民政府批准后，可以免征或者减征耕地占用税。所谓农村烈士家属，包括农村烈士的父母、配偶和子女。所称革命老根据地、少数民族聚居地区和边远贫困山区生活困难的农村居民，其标准按照各省、自治区、直辖市人民政府有关规定执行。

依照上述规定免征或者减征耕地占用税后，纳税人改变原占地用途，不再属于免征或者减征耕地占用税情形的，应当按照当地适用税额补缴耕地占用税。纳税人改变占地用途，不再属于免税或减税情形的，应自改变用途之日起 30 日内按改变用途的实际占用耕地面积和当地适用税额补缴税款。

14.5　税额计算与缴纳

14.5.1　税额计算

耕地占用税以纳税人实际占用的耕地面积为计税依据，按照规定的适用税额一次性征收。计算公式如下：

$$应纳税额=实际占用的耕地面积×适用税额$$

【例 14-1】某地区农村一居民新建住宅，经批准耕地 500 平方米。该地区耕地占用税税额为 10 元/平方米。计算该农村居民应缴纳的耕地占用税。

解：

$$应纳税额=500×10×50\%=2\ 500（元）$$

14.5.2　税款缴纳

经批准占用耕地的，耕地占用税纳税义务发生时间为纳税人收到土地管理部门办理占用农用地手续通知的当天。未经批准占用耕地的，耕地占用税纳税义务发生时间为纳税人实际占用耕地的当天。

耕地占用税由地方税务机关负责征收。纳税人占用耕地或其他农用地，应当在耕地或其他农用地所在地申报纳税。

土地管理部门在通知单位或者个人办理占用耕地手续时，应当同时通知耕地所在地同级地方税务机关。获准占用耕地的单位或者个人应当在收到土地管理部门的通知之日起 30日内缴纳耕地占用税。土地管理部门凭耕地占用税完税凭证或者免税凭证和其他有关文件发放建设用地批准书。

本章小结

> ➡ 耕地占用税是对占用耕地建房或从事其他非农业建设的行为征收的一种税。征收耕地占用税的政策目的在于促进土地资源的合理利用，加强土地管理和保护耕地。

> ➡ 占用耕地建房或者从事非农业建设的单位或者个人，为耕地占用税的纳税人，应当依照规定缴纳耕地占用税。

> ➡ 耕地占用税的税基为纳税人实际占用的耕地面积。由于不同地区之间人口和耕地资源的分布极不平衡，各地区经济发展水平也存在很大差异，因此耕地占用税采用以县为单位、以人均耕地面积为依据的地区差别幅度定额税率。

综合练习

1．现行耕地占用税的征税范围和纳税人是如何规定的？
2．现行耕地占用税的税基和税率是如何规定的？

3．现行耕地占用税有哪些优惠？

推荐阅读材料

1．中国注册会计师协会．税法．北京：经济科学出版社，2014
2．马国强．中国税收．大连：东北财经大学出版社，2014
3．胡怡建．税收学．上海：上海财经大学出版社，2009
4．刘颖，孟芳娥．中国税制．北京：电子工业出版社，2008

网上资源

1．财政部，http://www.mof.gov.cn/mof/
2．国家税务总局，http://www.chinatax.gov.cn/n8136506/index.html
3．中国税务网，http://www.ctax.org.cn/

第15章 房 产 税

学习目标

▶▶ 了解房产税的概念
▶▶ 掌握房产税的基本制度
▶▶ 掌握房产税应纳税额的计算

15.1 税 种 概 述

房产税是以房产为课税对象征收的一种税。历史上,世界各国均征收过房产税。中国对房产征税始于周代。新中国成立后,中央人民政府政务院 1950 年 1 月颁布的《全国税政实施要则》中曾将房产税列为一个独立的税种在全国范围内开征。同年 6 月调整税收时,将房产税和地产税合并为城市房地产税。1951 年 8 月 8 日,政务院颁布了《城市房地产税暂行条例》,从此形成了对内资纳税人征收房产税,对外资纳税人和外国人的房产征收城市房地产税的局面。1973 年简化税制时,将对内资企业征收的城市房地产税并入工商税,对房地产管理部门和个人以及外商投资企业继续征收房产税。1984 年 10 月第二步利改税和全面改革工商税制时,确定对企业恢复征收城市房地产税。同时鉴于中国城市的土地属于国家所有,使用者没有土地产权的实际情况,将城市房地产税分为房产税和土地使用税,对内资企业和个人征收。2008 年 12 月 31 日发布的中华人民共和国国务院令[第 546 号]废止了 1951 年政务院公布的《城市房地产税暂行条例》,规定自 2009 年 1 月 1 日起,外商投资企业、外国企业和组织以及外籍个人,依照《中华人民共和国房产税暂行条例》缴纳房产税。

中国现行房产税的法律依据,主要是国务院于 1986 年 9 月 15 日颁布的《中华人民共和国房产税暂行条例》(以下简称《房产税暂行条例》)。

15.2 征税范围和纳税义务人

15.2.1 征税范围

房产税的征税范围包括在城市、县城、建制镇和工矿区的房产。

　　"房产"是以房屋形态表现的财产。房屋，是指有屋面和围护结构（有墙或两边有柱），能够遮风避雨，可供人们在其中生产、工作、学习、娱乐、居住或储藏物资的场所。

　　独立于房屋之外的建筑物，如围墙、烟囱、水塔、变电塔、油池油柜、酒窖菜窖、酒精池、糖蜜池、室外游泳池、玻璃暖房、砖瓦石灰窑以及各种油气罐等，不属于房产。

　　城市，是指经国务院批准设立的市。城市的征税范围为市区、郊区和市辖县县城，不包括农村。县城，是指未设立建制镇的县人民政府所在地。建制镇，是指经省、自治区、直辖市人民政府批准设立的建制镇。建制镇的征税范围为镇人民政府所在地，不包括所辖的行政村。工矿区是指工商业比较发达，人口比较集中，符合国务院规定的建制镇标准，但尚未设立镇建制的大中型工矿企业所在地。开征房产税的工矿区须经省、自治区、直辖市人民政府批准。

15.2.2　纳税义务人

　　房产税由产权所有人缴纳。产权属于全民所有的，由经营管理的单位缴纳。产权出典的，由承典人缴纳。产权所有人、承典人不在房产所在地的，或者产权未确定及租典纠纷未解决的，由房产代管人或者使用人缴纳。产权所有人、经营管理单位、承典人、房产代管人或者使用人，统称为纳税义务人（简称纳税人）。

15.3　税基与税率

15.3.1　税基的确定

　　对应税单位和个人自用的房产（应税单位和个人无租使用的其他单位房产、投资入股的房产、融资租赁租入的房产和承典的房产可视为自用的房产），以房产的余值为税基；对纳税人出租的房产，以租金收入为税基。

1. 房产余值的确定

　　房产余值是房产原值一次减除10%～30%后的剩余价值。扣除比例由当地省、自治区、直辖市人民政府确定。

　　房产原值，是指纳税人按照会计制度规定，在账簿"固定资产"科目中记载的房屋原价。对纳税人未按会计制度规定记载的，在计征房产税时，应按规定调整房产原值，对房产原值不合理的，应重新予以评估。无论会计上如何核算，房产原值均应包含地价，包括为取得土地使用权支付的价款、开发土地发生的成本费用等。宗地容积率低于0.5的，按房产建筑面积的2倍计算土地面积并据此确定计入房产原值的地价。

　　房产原值应包括与房屋不可分割的各种附属设备或一般不单独计算价值的配套设施。主要有暖气、卫生、通风、照明、煤气等设备；各种管线，如蒸气、压缩空气、石油、给水排水等管道及电力、电讯、电缆导线；电梯、升降机、过道、晒台等。属于房屋附属设备的水管、下水道、暖气管、煤气管等从最近的探视井或三通管算起。电灯网、照明线从进线盒联接管算起。对于更换房屋附属设备和配套设施的，在将其价值计入房产原值时，可扣减原来相应设备和设施的价值；对附属设备和配套设施中易损坏、需要经常更换的零配件，更新后不再计入房产原值。

　　纳税人对原有房屋进行改建、扩建的，要相应增加房屋的原值。

　　对在房产税征收范围内的具备房屋功能的地下建筑，包括与地上房屋相连的地下建筑以及完全建在地面以下的建筑、地下人防设施等，其应税房产原值按以下方式进行折算：工业用途房产，以房屋原价的 50%～60%作为应税房产原值；商业和其他用途房产，以房屋原价的 70%～80%作为应税房产原值。房屋原价折算为应税房产原值的具体比例，由各省、自治区、直辖市和计划单列市财政和地方税务部门在上述幅度内自行确定。

　　2．房产租金收入的确定

　　房产的租金收入是房屋产权所有人出租房产使用权所得的报酬，包括货币收入、实物收入和其他经济利益。对以劳务或者其他形式为报酬抵付房租收入的，应根据当地同类房产的租金水平，确定房产的出租收入。

　　对纳税人不申报或者不如实申报租金收入的，应按照《中华人民共和国税收征收管理法》及其实施细则的有关规定实行核定征收。

　　对投资联营的房产，在计征房产税时应予以区别对待。对于以房产投资联营，投资者参与投资利润分红，共担风险的，按房产余值作为计税依据，计征房产税；对以房产投资，收取固定收入，不承担联营风险的，实际上是以联营名义取得房产租金，应由出租方按租金收入计缴房产税。

15.3.2　适用税率

　　房产税采用比例税率。纳税人自用的房产，税率为房产余值的 1.2%。纳税人出租的房产，税率为房产租金收入的 12%。对个人出租住房，不区分用途，减按 4%的税率征收房产税；对企事业单位、社会团体以及其他组织按市场价格向个人出租用于居住的住房，减按 4%的税率征收房产税。

15.4　税 收 减 免

　　国家机关、人民团体、军队自用的房产免纳房产税。国家机关、人民团体、军队自用的房产，是指这些单位本身的办公用房和公务用房。"人民团体"是指经国务院授权的政府部门批准设立或登记备案并由国家拨付行政事业费的各种社会团体。

由国家财政部门拨付事业经费的单位自用的房产免纳房产税。事业单位自用的房产，是指这些单位本身的业务用房。实行差额预算管理的事业单位，虽然有一定的收入，但收入不够本身经费开支的部分，还要由国家财政部门拨付经费补助。因此，对实行差额预算管理的事业单位，也属于是由国家财政部门拨付事业经费的单位，对其本身自用的房产免征房产税。由国家财政部门拨付事业经费的单位，其经费来源实行自收自支后，应征收房产税。但为了鼓励事业单位经济自立，由国家财政部门拨付事业经费的单位，其经费来源实行自收自支后，从事业单位经费实行自收自支的年度起，免征房产税3年。

宗教寺庙、公园、名胜古迹自用的房产免纳房产税。宗教寺庙自用的房产，是指举行宗教仪式等的房屋和宗教人员使用的生活用房屋。公园、名胜古迹自用的房产，是指供公共参观游览的房屋及其管理单位的办公用房屋。

个人所有非营业用的房产免纳房产税。对个人所有的居住用房，不分面积多少，均免征房产税。

经财政部批准免税的其他房产免纳房产税。

除上述规定外，纳税人纳税确有困难的，可由省、自治区、直辖市人民政府确定，定期减征或者免征房产税。

上述免税单位出租的房产以及非本身业务用的生产、营业用房产不属于免税范围，应征收房产税。

企业办的各类学校、医院、托儿所、幼儿园自用的房产，可以比照由国家财政部门拨付事业经费的单位自用的房产，免征房产税。

为鼓励利用地下人防设施，作营业用的地下人防设施，暂不征收房产税。

房产税属于财产税性质的税，对微利企业和亏损企业的房产，依照规定应征收房产税，以促进企业改善经营管理，提高经济效益。但为了照顾企业的实际负担能力，可由地方根据实际情况在一定期限内暂免征收房产税。

15.5 税额计算与缴纳

15.5.1 税额计算

（1）以房产余值为税基的，房产税税额计算公式如下：

$$应纳税额＝应税房产余值×税率$$

（2）以租金收入为税基的，房产税税额计算公式如下：

$$应纳税额=应税房产租金收入×税率$$

【**例 15-1**】甲公司系生产企业，坐落在市郊，厂房、办公用房原值为 8 000 万元，其中：出租给某经贸公司使用的房屋原值 1 000 万元，年租金 100 万元。在郊区外的农村建有一个仓库，原值为 200 万元。当地规定的计算房产余值的扣除比例为 30%。计算该公司全年应缴纳的房产税额。

解：

全年应纳房产税额=(8 000-1 000)×(1-30%)×1.2%+100×12%=70.8（万元）

15.5.2　税款缴纳

1．纳税义务发生时间

（1）纳税人自建的房屋，自建成之次月起征收房产税。

（2）纳税人委托施工企业建设的房屋，从办理验收手续之次月起征收房产税。

（3）纳税人在办理验收手续前已使用或出租、出借的新建设房屋，应按规定征收房产税。

（4）购置新建商品房，自房屋交付使用的次月起计征房产税。

（5）出租、出借房产，自交付出租、出借房产的次月起计征房产税。

（6）房地产开发企业自用、出租、出借本企业建造的商品房，自房屋使用或交付的次月起计征房产税。

纳税人因房产的实物或权利状态发生变化而依法终止房产税纳税义务的，其应纳税款的计算应截止到房产的实物或权利状态发生变化的当月末。

2．纳税期限

房产税按年征收、分期缴纳。纳税期限由省、自治区、直辖市人民政府规定。

3．纳税地点

房产税由房产所在地的税务机关征收。房产不在同一地方的纳税人，按房产的坐落地点，分别向房产所在地的税务机关申报纳税。

本章小结

▸ 房产税是以房产为课税对象征收的一种税。中国现行房产税的征税范围包括在城市、县城、建制镇和工矿区的房产。

▸ 房产税由产权所有人缴纳。自 2009 年 1 月 1 日起，外商投资企业、外国企业和组织以及外籍个人，不再适用《城市房地产税暂行条例》，依照《中华人民共和国房产税暂行条例》缴纳房产税。

➡ 纳税人自用的房产，税基为房产的余值，税率为房产余值的 1.2%；纳税人出租的房产，税基为房产租金收入，税率为房产租金收入的 12%。

 综合练习

1．现行房产税的征税范围和纳税人是如何规定的？
2．现行房产税的税基和税率是如何规定的？
3．现行房产税有哪些优惠？

 推荐阅读材料

1．中国注册会计师协会．税法．北京：经济科学出版社，2014
2．马国强．中国税收．大连：东北财经大学出版社，2014
3．胡怡建．税收学．上海：上海财经大学出版社，2009
4．刘颖，孟芳娥．中国税制．北京：电子工业出版社，2008

 网上资源

1．财政部，http://www.mof.gov.cn/mof/
2．国家税务总局，http://www.chinatax.gov.cn/n8136506/index.html
3．中国税务网，http://www.ctax.org.cn/

第16章 契　税

学习目标

▶▶　了解契税的概念
▶▶　掌握契税的基本制度
▶▶　掌握契税应纳税额的计算

16.1　税 种 概 述

契税是以所有权发生转移的不动产为征税对象，向产权承受人征收的一种税。作为一种不动产转移税，契税的政策目标一方面是取得财政收入；另一方面，契税也可以作为不动产权属变化契约法律效力的一种证明，证明不动产所有人取得的产权具有合法性。

世界上很多国家征收契税，如德国、日本等，并称之为不动产取得税。契税在中国始见于东晋的"估税"，至今已有 1 600 多年的历史。

新中国成立后，政务院 1950 年 4 月颁布了《契税暂行条例》，在全国城市和已经完成土地改革的乡村征收契税。1954 年 6 月，财政部对《契税暂行条例》进行了修改，此后各地都是依据修改后的条例规定征收契税。1978 年新宪法公布后，房产政策得以落实，城乡房屋买卖活动逐步增加。为此，财政部于 1981 年和 1990 年分别发出了《关于改进和加强契税征收管理工作的通知》和《关于加强契税工作的通知》，对契税政策进行了一些补充和调整。

现行契税的法律依据，主要是国务院于 1997 年 7 月 7 日重新颁布的《中华人民共和国契税暂行条例》（以下简称《契税暂行条例》）和同年 10 月 28 日由财政部发布的《中华人民共和国契税暂行条例细则》（以下简称《契税细则》）。

16.2　征税范围和纳税人

16.2.1　征税范围

契税的征税范围是在中华人民共和国境内权属发生转移的土地和房屋。所谓土地、房屋权属，是指土地使用权、房屋所有权。土地、房屋权属发生转移的行为主要包括国有土地使用权出让、土地使用权转让、房屋买卖、房屋赠与、房屋交换等。

1. 国有土地使用权出让

国有土地使用权出让，是指土地使用者向国家交付土地使用权出让费用，国家将国有土地使用权在一定年限内让予土地使用者的行为。

以划拨方式取得土地使用权的，经批准转让房地产时，应由房地产转让者补缴契税。

2. 土地使用权转让

土地使用权转让，是指土地使用者以出售、赠与、交换或者其他方式将土地使用权转移给其他单位和个人的行为。土地使用权转让，不包括农村集体土地承包经营权的转移。

土地使用权出售，是指土地使用者以土地使用权作为交易条件，取得货币、实物、无形资产或者其他经济利益的行为。

土地使用权赠与，是指土地使用者将其土地使用权无偿转让给受赠者的行为。

土地使用权交换，是指土地使用者之间相互交换土地使用权的行为。

3. 房屋买卖

房屋买卖，是指房屋所有者将其房屋出售，由承受者交付货币、实物、无形资产或者其他经济利益的行为。

4. 房屋赠与

房屋赠与，是指房屋所有者将其房屋无偿转让给受赠者的行为。

5. 房屋交换

房屋交换，是指房屋所有者之间相互交换房屋的行为。

6. 视同土地使用权转让、房屋买卖或者房屋赠与

土地、房屋权属以下列方式转移的，视同土地使用权转让、房屋买卖或者房屋赠与征税。

（1）以土地、房屋权属作价投资、入股。

（2）以土地、房屋权属抵债。

（3）以获奖方式承受土地、房屋权属。

（4）以预购方式或者预付集资建房款方式承受土地、房屋权属。

16.2.2 纳税人

在中华人民共和国境内转移土地、房屋权属，承受的单位和个人为契税的纳税人，应当依照规定缴纳契税。

所谓承受，是指以受让、购买、受赠、交换等方式取得土地、房屋权属的行为。所谓单位，是指企业单位、事业单位、国家机关、军事单位和社会团体以及其他组织。所谓个人，是指个体经营者及其他个人。

16.3　税基与税率

16.3.1　税基的确定

契税的税基为土地、房屋的价格。由于土地、房屋权属转移方式不同，定价方法根据情况而定。

1．一般规定

（1）国有土地使用权出让、土地使用权出售、房屋买卖，税基为成交价格。所谓成交价格，是指土地、房屋权属转移合同确定的价格。包括承受者应交付的货币、实物、无形资产或者其他经济利益。

以划拨方式取得土地使用权的，经批准转让房地产时，应由房地产转让者补缴契税。其计税依据为补缴的土地使用权出让费用或者土地收益。

（2）土地使用权交换、房屋交换，税基为所交换的土地使用权、房屋的价格的差额。土地使用权交换、房屋交换，交换价格不相等的，由多交付货币、实物、无形资产或者其他经济利益的一方缴纳税款。交换价格相等的，免征契税。

土地使用权与房屋所有权之间相互交换，比照上述规定征税。

2．税基的核定

（1）土地使用权赠与、房屋赠与，由征收机关参照土地使用权出售、房屋买卖的市场价格核定。

（2）成交价格明显低于市场价格并且无正当理由的，或者所交换土地使用权、房屋的价格的差额明显不合理并且无正当理由的，由征收机关参照市场价格核定。

16.3.2　适用税率

契税税率为 3%～5%。契税的适用税率，由省、自治区、直辖市人民政府在规定的幅度内按照本地区的实际情况确定，并报财政部和国家税务总局备案。

纳税人承受的房屋附属设施权属如为单独计价的，按照当地确定的适用税率征收契税；如与房屋统一计价的，适用与房屋相同的契税税率。

16.4　税　收　减　免

1．一般规定

有下列情形之一的，减征或者免征契税。

（1）国家机关、事业单位、社会团体、军事单位承受土地、房屋用于办公、教学、医疗、科研和军事设施的，免征契税。

所谓用于办公的，是指办公室（楼）以及其他直接用于办公的土地、房屋。

所谓用于教学的，是指教室（教学楼）以及其他直接用于教学的土地、房屋。

所谓用于医疗的，是指门诊部以及其他直接用于医疗的土地、房屋。

所谓用于科研的，是指科学试验的场所以及其他直接用于科研的土地、房屋。

所谓用于军事设施的，是指地上和地下的军事指挥作战工程；军用的机场、港口、码头；军用的库房、营区、训练场、试验场；军用的通信、导航、观测台站；其他直接用于军事设施的土地、房屋。

所谓其他直接用于办公、教学、医疗、科研的以及其他直接用于军事设施的土地、房屋的具体范围，由省、自治区、直辖市人民政府确定。

（2）城镇职工按规定第一次购买公有住房的，免征契税。

所谓城镇职工按规定第一次购买公有住房的，是指经县以上人民政府批准，在国家规定标准面积以内购买的公有住房。城镇职工享受免征契税，仅限于第一次购买的公有住房。超过国家规定标准面积的部分，仍应按照规定缴纳契税。

（3）因不可抗力灭失住房而重新购买住房的，酌情准予减征或者免征契税。

所谓不可抗力，是指自然灾害、战争等不能预见、不能避免并不能克服的客观情况。

（4）财政部规定的其他减征、免征契税的项目。

2．其他规定

下列项目减征、免征契税。

（1）土地、房屋被县级以上人民政府征用、占用后，重新承受土地、房屋权属的，是否减征或者免征契税，由省、自治区、直辖市人民政府确定。

（2）纳税人承受荒山、荒沟、荒丘、荒滩土地使用权，用于农、林、牧、渔业生产的，免征契税。

（3）依照中国有关法律规定以及中国缔结或参加的双边和多边条约或协定的规定应当予以免税的外国驻华使馆、领事馆、联合国驻华机构及其外交代表、领事官员和其他外交人员承受土地、房屋权属的，经外交部确认，可以免征契税。

经批准减征、免征契税的纳税人改变有关土地、房屋的用途，不再属于减征、免征契税范围的，应当补缴已经减征、免征的税款。

16.5 税额计算与缴纳

16.5.1 税额计算

契税应纳税额依照税基和适用税率计算，公式如下：

$$应纳税额=税基×税率$$

应纳税额以人民币计算。转移土地、房屋权属以外币结算的，按照纳税义务发生之日中国人民银行公布的人民币市场汇率中间价，折合成人民币计算。

【例 16-1】A 厂与 B 厂互换房屋（产权）。A 厂房屋价格为 1 000 万元，B 厂房屋价格为 1 080 万元，A 厂支付 B 厂 80 万元的房屋差价款。该地区的契税税率为 5%。计算纳税人应缴纳的契税税额。

解：

A 厂作为纳税人应缴纳的契税税额：80×5%=4（万元）

16.5.2　税款缴纳

1．纳税义务发生时间

契税的纳税义务发生时间，为纳税人签订土地、房屋权属转移合同的当天，或者纳税人取得其他具有土地、房屋权属转移合同性质凭证的当天。

所谓其他具有土地、房屋权属转移合同性质凭证，是指具有合同效力的契约、协议、合约、单据、确认书以及由省、自治区、直辖市人民政府确定的其他凭证。

纳税人因改变土地、房屋用途应当补缴已经减征、免征契税的，其纳税义务发生时间为改变有关土地、房屋用途的当天。

2．纳税期限

纳税人应当自纳税义务发生之日起 10 日内，向土地、房屋所在地的契税征收机关办理纳税申报，并在契税征收机关核定的期限内缴纳税款。

3．纳税地点

契税征收机关为土地、房屋所在地的财政机关或者地方税务机关。具体征收机关由省、自治区、直辖市人民政府确定。土地管理部门、房产管理部门应当向契税征收机关提供有关资料，并协助契税征收机关依法征收契税。所谓有关资料，是指土地管理部门、房产管理部门办理土地、房屋权属变更登记手续的有关土地、房屋权属、土地出让费用、成交价格以及其他权属变更方面的资料。

征收机关可以根据征收管理的需要，委托有关单位代征契税，具体代征单位由省、自治区、直辖市人民政府确定。代征手续费的支付比例，由财政部另行规定。

纳税人办理纳税事宜后，契税征收机关应当向纳税人开具契税完税凭证。纳税人应当持契税完税凭证和其他规定的文件材料，依法向土地管理部门、房产管理部门办理有关土地、房屋的权属变更登记手续。纳税人未出具契税完税凭证的，土地管理部门、房产管理部门不予办理有关土地、房屋的权属变更登记手续。

本章小结

▶▶ 契税是以所有权发生转移的不动产为征税对象，向产权承受人征收的一种税。作为一种不动产转移税，契税的政策目标一方面是取得财政收入；另一方面，契税也可以作为不动产权属变化契约法律效力的一种证明，证明不动产所有人取得的产权具有合法性。

▶▶ 在中华人民共和国境内转移土地、房屋权属，承受的单位和个人为契税的纳税人，应当依照规定缴纳契税。

▶▶ 契税的税基为土地、房屋的价格。契税税率为3%～5%，由省、自治区、直辖市人民政府在规定的幅度内按照本地区的实际情况确定，并报财政部和国家税务总局备案。

 综合练习

1. 现行契税的征税范围和纳税人是如何规定的？
2. 现行契税的税基和税率是如何规定的？
3. 现行契税有哪些优惠？

 推荐阅读材料

1. 中国注册会计师协会. 税法. 北京：经济科学出版社，2014
2. 马国强. 中国税收. 大连：东北财经大学出版社，2014
3. 刘颖，孟芳娥. 中国税制. 北京：电子工业出版社，2008

 网上资源

1. 财政部，http://www.mof.gov.cn/mof/
2. 国家税务总局，http://www.chinatax.gov.cn/n8136506/index.html
3. 中国税务网，http://www.ctax.org.cn/

第 17 章 车船税和船舶吨税

学习目标

▶ 了解车船税和船舶吨税的概念
▶ 掌握车船税和船舶吨税的基本制度
▶ 掌握车船税和船舶吨税应纳税额的计算

17.1 车 船 税

17.1.1 税种概述

车船税是以车船为征税对象，向车船的拥有者征收的一种税。作为一种财产税，车船税的主要目的是为政府取得财政收入。

中国对车船课税的历史悠久。早在公元前 129 年（汉武帝元光六年）就开征了车船税，当时叫"算商车"，仅征商贾之车，不涉及一般的车船。新中国成立后，中央人民政府政务院于 1951 年 9 月颁布了《车船使用牌照税暂行条例》，在全国部分地区开征。1973 年工商税制改革时，将对内资企业征收的车船使用牌照税并入工商税，对个人、外侨以及外资企业、中外合资、合营企业的车船，继续征收车船使用牌照税。1984 年 10 月，国务院决定恢复对车船征税，因原税名"车船使用牌照税"在实际工作中往往被误认为是对牌照征税，因此改名为"车船使用税"。1986 年 9 月，国务院颁布了《中华人民共和国车船使用税暂行条例》，并于同年 10 月 1 日起施行，适用于除外商投资企业和外国企业以外的，在中国境内拥有并且使用车船的单位和个人。2006 年 12 月，国务院废止了仅适用于外商投资企业和外国企业的《车船使用牌照税暂行条例》和适用于其他单位和个人的《车船使用税暂行条例》，制定并颁布实施了统一适用的《中华人民共和国车船税暂行条例》（以下简称《车船税暂行条例》）。在此基础上，全国人大常委会于 2011 年 2 月颁布了《中华人民共和国车船税法》，并于 2012 年 1 月 1 日开始实施。中国现行车船税的法律依据，主要是由中华人民共和国第十一届全国人民代表大会常务委员会第十九次会议于 2011 年 2 月

25 日通过的《中华人民共和国车船税法》和国务院于 2011 年 11 月 23 日通过的《中华人民共和国车船税法实施条例》。

17.1.2　征税范围与纳税义务人

1．征税范围

车船税的征税范围，是指单位和个人在中华人民共和国境内拥有或管理的车辆和船舶（简称车船）。

所谓车辆、船舶，是指依法应当在车船登记管理部门登记的机动车辆和船舶；依法不需要在车船登记管理部门登记的在单位内部场所行驶或者作业的机动车辆和船舶。

（1）车辆，主要包括以下几种。

① 乘用车。乘用车，是指在设计和技术特性上主要用于载运乘客及随身行李，核定载客人数包括驾驶员在内不超过 9 人的汽车。

② 商用车。商用车，是指除乘用车外，在设计和技术特性上用于载运乘客、货物的汽车，划分为客车和货车。

货车包括半挂牵引车、三轮汽车和低速载货汽车。半挂牵引车，是指装备有特殊装置用于牵引半挂车的商用车。三轮汽车，是指最高设计车速不超过每小时 50 千米，具有三个车轮的货车。低速载货汽车，是指以柴油机为动力，最高设计车速不超过每小时 70 千米，具有四个车轮的货车。

③ 挂车。挂车，是指就其设计和技术特性需由汽车或者拖拉机牵引，才能正常使用的一种无动力的道路车辆。

④ 摩托车。摩托车，是指无论采用何种驱动方式，最高设计车速大于每小时 50 千米，或者使用内燃机，其排量大于 50 毫升的两轮或者三轮车辆。

⑤ 其他车辆。其他车辆包括专项作业车和轮式专用机械车，不包括拖拉机。

专项作业车，是指在其设计和技术特性上用于特殊工作，并装置有专用设备或器具的汽车，如汽车起重机、消防车、混凝土泵车、清障车、高空作业车、洒水车、扫路车等。以载运人员或货物为主要目的的专用汽车，如救护车，不属于专项作业车。轮式专用机械车，是指有特殊结构和专门功能，装有橡胶车轮可以自行行驶，最高设计车速大于每小时 20 千米的轮式工程机械车。

（2）船舶。

船舶，是指各类机动、非机动船舶以及其他水上移动装置，但是船舶上装备的救生艇筏和长度小于 5 米的艇筏除外。其中，机动船舶，是指用机器推进的船舶；拖船，是指专门用于拖（推）动运输船舶的专业作业船舶；非机动驳船，是指在船舶登记管理部门登记为驳船的非机动船舶；游艇，是指具备内置机械推进动力装置，长度在 90 米以下，主要用于游览观光、休闲娱乐、水上体育运动等活动，并应当具有船舶检验证书和适航证书的船舶。

境内单位和个人租入外国籍船舶的，不征收车船税。境内单位和个人将船舶出租到境外的，应依法征收车船税。临时入境的外国车船和香港特别行政区、澳门特别行政区、台湾地区的车船，不征收车船税。

2. 纳税义务人

在中华人民共和国境内，应税车辆、船舶的所有人或者管理人为车船税的纳税人。车船的所有人或者管理人未缴纳车船税的，使用人应当代为缴纳车船税。所谓管理人，是指对车船具有管理使用权，不具有所有权的单位。

从事机动车第三者责任强制保险业务的保险机构为机动车车船税的代收代缴义务人，应当在收取保险费时依法代收车船税。

对船舶车船税实行委托代征的办法，委托交通运输部门海事管理机构在办理船舶登记手续或受理年度船舶登记信息报告时代征船舶车船税。

17.1.3　税基与税率

1. 税基的确定

（1）应税车辆的税基。应税客车和摩托车以车辆的辆数为税基。应税货车、挂车和其他车辆以车辆的整备质量为税基。

（2）应税船舶的税基。应税机动船舶，以净吨位数为税基；应税游艇以艇身长度为税基。

2. 适用税率

车船税采用分类分级幅度定额税率，如表17-1所示。

表 17-1　车船税税目税额表

税　目		计 税 单 位	年基准税额	备　注
乘用车〔按发动机汽缸容量（排气量）分档〕	1.0 升（含）以下的	每辆	60～360 元	核定载客人数 9 人（含）以下
	1.0 升以上至 1.6 升（含）的		300～540 元	
	1.6 升以上至 2.0 升（含）的		360～660 元	
	2.0 升以上至 2.5 升（含）的		660～1 200 元	
	2.5 升以上至 3.0 升（含）的		1 200～2 400 元	
	3.0 升以上至 4.0 升（含）的		2 400～3 600 元	
	4.0 升以上的		3 600～5 400 元	
商用车	客车	每辆	480～1 440 元	核定载客人数 9 人以上，包括电车
	货车	整备质量每吨	16～120 元	包括半挂牵引车、三轮汽车和低速载货汽车等

税 目		计税单位	年基准税额	备 注
挂车		整备质量每吨	按照货车税额的50%计算	
其他车辆	专项作业车	整备质量每吨	16～120元	不包括拖拉机
	轮式专用机械车		16～120元	
摩托车		每辆	36～180元	
船舶	机动船舶	净吨位每吨	3～6元	拖船、非机动驳船分别按照机动船舶税额的50%计算
	游艇	艇身长度每米	600～2 000元	

注：客货两用车按照货车的计税单位和年基准税额计征车船税。客货两用车，又称多用途货车，是指在设计和结构上主要用于载运货物，但在驾驶员座椅后带有固定或折叠式座椅，可运载3人以上乘客的货车。

根据《车船税税目税额表》规定的税额幅度，车辆、船舶的具体适用年基准税额按下述办法确定，并报国务院备案。

（1）车辆具体适用的年基准税额，由省、自治区、直辖市人民政府，遵循以下原则确定。

① 乘用车依排气量从小到大递增税额。

② 客车按照核定载客人数20人以下和20人（含）以上两档划分，递增税额。

（2）船舶的具体适用年基准税额，包括具体适用的机动船舶年基准税额和游艇年基准税额。

机动船舶具体适用的年基准税额如下。

① 净吨位不超过200吨的，每吨3元。

② 净吨位超过200吨但不超过2 000吨的，每吨4元。

③ 净吨位超过2 000吨但不超过10 000吨的，每吨5元。

④ 净吨位超过10 000吨的，每吨6元。

⑤ 拖船和非机动驳船分别按照机动船舶税额的50%计算缴纳车船税。拖船按照发动机功率每1千瓦折合净吨位0.67吨计算征收车船税。

游艇具体适用的年基准税额如下。

① 艇身长度不超过10米的，每米600元。

② 艇身长度超过10米但不超过18米的，每米900元。

③ 艇身长度超过18米但不超过30米的，每米1 300元。

④ 艇身长度超过30米的，每米2 000元。

⑤ 辅助动力帆艇，每米600元。

上述所涉及的排气量、整备质量、核定载客人数、净吨位、千瓦、艇身长度，以车船登记管理部门核发的车船登记证书或者行驶证所载数据为准。依法不需要办理登记的车船和依法应当登记而未办理登记或者不能提供车船登记证书、行驶证的车船，以车船出厂合格证明或者进口凭证标注的技术参数、数据为准；不能提供车船出厂合格证明或者进口凭证的，由主管税务机关参照国家相关标准核定，没有国家相关标准的参照同类车船核定。

17.1.4 税收减免

1．下列车船免征车船税

（1）捕捞、养殖渔船。捕捞、养殖渔船，是指在渔业船舶登记管理部门登记为捕捞船或者养殖船的船舶。

（2）军队、武装警察部队专用的车船。军队、武装警察部队专用的车船，是指按照规定在军队、武装警察部队车船登记管理部门登记，并领取军队、武警牌照的车船。

（3）警用车船。警用车船，是指公安机关、国家安全机关、监狱、劳动教养管理机关和人民法院、人民检察院领取警用牌照的车辆和执行警务的专用船舶。

（4）依照法律规定应当予以免税的外国驻华使领馆、国际组织驻华代表机构及其有关人员的车船。

2．其他减免税优惠

（1）节约能源、使用新能源的车船可以免征或者减半征收车船税。免征或者减半征收车船税的车船的范围，由国务院财政、税务主管部门商国务院有关部门制定，报国务院批准。

（2）对受地震、洪涝等严重自然灾害影响纳税困难以及其他特殊原因确需减免税的车船，可以在一定期限内减征或者免征车船税。具体减免期限和数额由省、自治区、直辖市人民政府确定，报国务院备案。

（3）省、自治区、直辖市人民政府根据当地实际情况，可以对公共交通车船，农村居民拥有并主要在农村地区使用的摩托车、三轮汽车和低速载货汽车定期减征或者免征车船税。

（4）按照规定缴纳船舶吨税的机动船舶，自车船税法实施之日起 5 年内免征车船税。

（5）依法不需要在车船登记管理部门登记的机场、港口、铁路站场内部行驶或者作业的车船，自车船税法实施之日起 5 年内免征车船税。

17.1.5 税额计算与税款缴纳

1．税额计算

（1）乘用车、客车（包括电车）、摩托车的年应纳税额计算公式如下：

$$年应纳税额＝辆数×年基准税额$$

（2）货车、挂车和其他车辆的年应纳税额计算公式如下：

$$年应纳税额=整备质量吨数×年基准税额$$

（3）船舶的年应纳税额计算公式如下：

$$年应纳税额=计税单位×年基准税额$$

计税单位：机动船舶、非机动驳船和拖船为净吨位每吨；游艇为艇身长度每米。

（4）购置的新车船，购置当年的应纳税额自纳税义务发生的当月起按月计算。应纳税额为年应纳税额除以12，再乘以应纳税月份数，计算公式如下：

$$应纳税额=年应纳税额×应纳税月份数/12$$

$$应纳税月份数=12-纳税义务发生时间（取月份）+1$$

车船税计算中涉及的整备质量、净吨位、艇身长度等计税单位，有尾数的一律按照含尾数的计税单位据实计算车船税应纳税额。计算得出的应纳税额小数点后超过两位的可四舍五入保留两位小数；乘用车以车辆登记管理部门核发的机动车登记证书或者行驶证书所载的排气量毫升数确定税额区间。

【例17-1】某航运公司2014年拥有机动船30艘，其中净吨位为200吨的10艘，2 000吨的15艘，5 000吨的5艘，适用的车船税年基准税额分别为3元/吨、4元/吨、5元/吨。计算该航运公司当年应纳的车船税。

解：

该航运公司当年应纳车船税：200×3×10+2 000×4×15+5 000×5×5=251 000（元）

2．税款的征收缴纳

（1）纳税义务发生时间。车船税纳税义务发生时间为纳税人取得车辆、船舶所有权或管理权的当月。取得车辆、船舶所有权或管理权的当月以购买车、船的发票或者其他证明文件所载日期的当月为准。

（2）征收缴纳办法。车船税由地方税务机关负责征收。实际工作中，为加强车船税征收管理，方便纳税人履行纳税义务，对机动车实行由扣缴义务人代收代缴的办法，对船舶实行委托代征的办法。没有扣缴义务人的，纳税人应当向主管税务机关自行申报缴纳车船税。

① 机动车车船税的代收代缴：从事机动车第三者责任强制保险业务的保险机构为机动车车船税的扣缴义务人，应当在收取保险费时依法代收车船税，并出具代收税款凭证。代收税款凭证是指其上注明已收税款信息的机动车交通事故责任强制保险的保险单以及保费发票。已完税或者依法减免税的车辆，纳税人应当向扣缴义务人提供车船登记地的主管税务机关出具的完税凭证或者减免税证明。纳税人没有按规定期限缴纳车船税的，扣缴义务人在代收代缴税款时，可以一并代收代缴欠缴税款的滞纳金。

保险机构在销售交强险时，要严格按照有关规定代收代缴车船税，并将相关信息据实录入交强险业务系统中。不得擅自多收、少收或不收机动车车船税，不得以任何形式擅自减免、赠送机动车车船税，不得遗漏应录入的信息或录入虚假信息。各保险机构不得将代收代缴的机动车车船税计入交强险保费收入，不得向保险中介机构支付代付车船税的手续费。

②　船舶车船税的委托代征：海事管理机构受税务机关委托，在办理船舶登记手续或受理年度船舶登记信息报告时代征船舶车船税。海事管理机构应根据车船税法律、行政法规和相关政策规定代征车船税，不得违反规定多征或少征。海事管理机构在计算船舶应纳税额时，船舶的相关技术信息以船舶登记证书所载相应数据为准。税务机关出具减免税证明和完税凭证的船舶，海事管理机构对免税和完税船舶不代征车船税，对减税船舶根据减免税证明规定的实际年应纳税额代征车船税。海事管理机构应记录上述凭证的凭证号和出具该凭证的单位名称，并将上述凭证的复印件存档备查。海事管理机构在代征税款时，应向纳税人开具税务机关提供的完税凭证。完税凭证的管理应当遵守税务机关的相关规定。已经缴纳船舶车船税的船舶在同一纳税年度内办理转让过户的，在原登记地不予退税，在新登记地凭完税凭证不再纳税，新登记地海事管理机构应记录上述船舶的完税凭证号和出具该凭证的税务机关或海事管理机构名称，并将完税凭证的复印件存档备查。

海事管理机构应根据委托代征协议约定的方式、期限及时将代征税款解缴入库，并向税务机关提供代征船舶名称、代征金额及税款所属期等情况，不得占压、挪用、截留船舶车船税。

（3）车船税的纳税申报期限。车船税按年申报，分月计算，一次性缴纳。申报纳税期限为 2012 年度 1 月 1 日至 12 月 31 日。具体申报纳税期限由省、自治区、直辖市人民政府规定。

扣缴义务人应当及时解缴代收代缴的税款和滞纳金，并向主管税务机关申报。扣缴义务人向税务机关解缴税款和滞纳金时，应当同时报送明细的税款和滞纳金扣缴报告。扣缴义务人解缴税款和滞纳金的具体期限，由省、自治区、直辖市地方税务机关依照法律、行政法规的规定确定。

（4）纳税地点。车船税的纳税地点为车船的登记地或者车船税扣缴义务人所在地。依法不需要办理登记的车船，车船税的纳税地点为车船的所有人或者管理人所在地。

扣缴义务人已代收代缴车船税的，纳税人不再向车辆登记地的主管税务机关申报缴纳车船税。

（5）税款退还。已经缴纳车船税的车船，因质量原因，车船被退回生产企业或者经销商的，纳税人可以向纳税所在地的主管税务机关申请退还自退货月份起至该纳税年度终了期间的税款。退货月份以退货发票所载日期的当月为准。

在一个纳税年度内，已完税的车船被盗抢、报废、灭失的，纳税人可以凭有关管理机关出具的证明和完税凭证，向纳税所在地的主管税务机关申请退还自被盗抢、报废、灭失月份起至该纳税年度终了期间的税款。已办理退税的被盗抢车船失而复得的，纳税人应当从公安机关出具相关证明的当月起计算缴纳车船税。

已缴纳车船税的车船在同一纳税年度内办理转让过户的，不另纳税，也不退税。

17.2 船 舶 吨 税

17.2.1 税种概述

船舶吨税是以进出中国港口的外国籍船舶征收的一种税，简称吨税。由于外籍船舶使用了本国的港口和助航设备，理应缴纳一定的费用，因此吨税具有受益税的性质。船舶吨税的政策目标在于，一方面可以为本国的港口建设、海上干线公用航标的建设和维护筹集资金，另一方面也有利于对往来于本国港口的国际航行船舶进行严格管理。

船舶吨税是一个古老的税种，在西方也被称为灯塔税。中国元、明、清等时期对商船征收的"水饷""船钞"等实际上就是一种吨税。第二次鸦片战争以后，帝国主义控制了中国海关，对外国进港的船只征"船钞"并改按吨位计算，始称吨税。新中国成立初期，船舶吨税划入财政部税务总局主管的车船使用牌照税范围，对于中国籍船舶，不论是国际航行还是国内航行，一律征收使用牌照税；对外籍及外商租用的中国籍船舶，仍由海关征收船舶吨税。1952 年 9 月，海关总署发布施行了《船舶吨税暂行办法》。一直到 1986 年 9 月，吨税始终由海关负责征收和管理。从 1986 年 10 月开始，船舶吨税划归交通部管理，但仍由海关代征。凡征收了吨税的船舶，不再缴纳车船使用牌照税。经国务院批准，分别于 1987 年、1991 年和 1994 年对船舶吨税的税率作了调整。

中国现行船舶吨税的法律依据，主要是经国务院第 182 次常务会议于 2011 年 11 月 23 日通过，并自 2012 年 1 月 1 日起施行的《中华人民共和国船舶吨税暂行条例》（2011 年 12 月 5 日中华人民共和国国务院令 第 610 号发布）。

17.2.2 征税范围和纳税人

1．征税范围

吨税的征税范围是自中华人民共和国境外港口进入境内港口的船舶（以下称应税船舶）。

2．纳税人

吨税的纳税人为应税船舶的负责人或其代理人。

17.2.3 税基与税率

1．税基

吨税的税基为应税船舶的净吨位。净吨位，是指由船籍国（地区）政府授权签发的船舶吨位证明书上标明的净吨位。

2．税率

吨税采用定额税率，税率如表 17-2 所示。

表 17-2　吨税税目税率表

税目 （按船舶净吨位划分）	税率（元/净吨）						备　注
	普通税率 （按执照期限划分）			优惠税率 （按执照期限划分）			
	1 年	90 日	30 日	1 年	90 日	30 日	
不超过 2 000 净吨	12.6	4.2	2.1	9.0	3.0	1.5	拖船和非机动驳船分别按相同净吨位船舶税率的 50%计征税款
超过 2 000 净吨，但不超过 10 000 净吨	24.0	8.0	4.0	17.4	5.8	2.9	
超过 10 000 净吨，但不超过 50 000 净吨	27.6	9.2	4.6	19.8	6.6	3.3	
超过 50 000 净吨	31.8	10.6	5.3	22.8	7.6	3.8	

注：吨税执照期限，是指按照公历年、日计算的期间。

吨税税率是按照船舶吨位大小，以吨为计税单位采用固定税额形式，船舶吨位越大，每一吨位的吨税税额越高。具体确定的办法是将船舶划分为若干级，对每一级分别规定不同的税率。每一等级又都分为普通税率和优惠税率。

无论是普通税率和优惠税率，又分别按 1 年、90 天期和 30 天期三种执照期限制定吨税税率。应税船舶在吨税执照期限内，属于下列情形的，吨税执照继续有效。

（1）因修理导致净吨位变化的，应税船舶办理出入境手续时，应当提供船舶经过修理的证明文件。

（2）因税目税率调整或者船籍改变而导致适用税率变化的，应税船舶在办理出入境手续时，应当提供船籍改变的证明文件。

适用优惠税率的条件是中华人民共和国国籍的应税船舶和船籍国（地区）与中华人民共和国签订含有相互给予船舶税费最惠国待遇条款的条约或者协定的应税船舶。如果只在进出口货物的关税方面定有互惠条约或约定，而没有指明包括船舶吨税在内的，则不能享受吨税的优惠待遇。

17.2.4　税收减免

1．免征吨税的外籍船舶

（1）应纳税额在人民币 50 元以下的船舶。

（2）自境外以购买、受赠、继承等方式取得船舶所有权的初次进口到港的空载船舶。

（3）吨税执照期满后 24 小时内不上下客货的船舶。

（4）非机动船舶（不包括非机动驳船）。

（5）捕捞、养殖渔船。

（6）避难、防疫隔离、修理、终止运营或者拆解，并不上下客货的船舶。

（7）军队、武装警察部队专用或者征用的船舶。

（8）依照法律规定应当予以免税的外国驻华使领馆、国际组织驻华代表机构及其有关人员的船舶。

（9）国务院规定的其他船舶。

2．延期纳税

在吨税执照期限内，应税船舶发生下列情形之一的，海关按照实际发生的天数批注延长吨税执照期限。

（1）避难、防疫隔离、修理，并不上下客货。

（2）军队、武装警察部队征用。

应税船舶因不可抗力在未设立海关地点停泊的，船舶负责人应当立即向附近海关报告，并在不可抗力原因消除后，依照本条例规定向海关申报纳税。

符合免税规定第 5 项至第 8 项和延期纳税规定的船舶，应当提供海事部门、渔业船舶管理部门或者卫生检疫部门等部门、机构出具的具有法律效力的证明文件或者使用关系证明文件，申明免税或者延长吨税执照期限的依据和理由。

17.2.5　税额计算与缴纳

1．税额的计算公式

$$应纳税额=净吨位数×适用税率$$

2．税款缴纳

（1）纳税义务发生时间。吨税由海关负责征收。海关征收吨税应当制发缴款凭证。应税船舶负责人缴纳吨税或者提供担保后，海关按照其申领的执照期限填发吨税执照。

吨税纳税义务发生时间为应税船舶进入港口的当日。应税船舶在吨税执照期满后尚未离开港口的，应当申领新的吨税执照，自上一次执照期满的次日起续缴纳吨税。

（2）纳税期限。吨税按照船舶净吨位和吨税执照期限征收。应税船舶负责人在每次申报纳税时，可以按照《吨税税目税率表》选择申领一种期限的吨税执照。应税船舶在进入港口办理入境手续时，应当向海关申报纳税领取吨税执照，或者交验吨税执照。应税船舶在离开港口办理出境手续时，应当交验吨税执照。

应税船舶负责人申领吨税执照时，应当向海关提供下列文件：船舶国籍证书或者海事部门签发的船舶国籍证书收存证明；船舶吨位证明。

应税船舶到达港口前，经海关核准先行申报并办结出入境手续的，应税船舶负责人应当向海关提供与其依法履行吨税缴纳义务相适应的担保；应税船舶到达港口后，依照规定向海关申报纳税。下列财产、权利可以用于担保：人民币、可自由兑换货币；汇票、本票、支票、债券、存单；银行、非银行金融机构的保函；海关依法认可的其他财产、权利。

应税船舶负责人应当自海关填发吨税缴款凭证之日起 15 日内向指定银行缴清税款。未按期缴清税款的，自滞纳税款之日起，按日加收滞纳税款 0.5‰的滞纳金。

（3）吨税的补征与退还。海关发现少征或者漏征税款的，应当自应税船舶应当缴纳税款之日起 1 年内，补征税款。但因应税船舶违反规定造成少征或者漏征税款的，海关可以自应当缴纳税款之日起 3 年内追征税款，并自应当缴纳税款之日起按日加征少征或者漏征税款 0.5‰的滞纳金。

吨税执照在期满前毁损或者遗失的，应当向原发照海关书面申请核发吨税执照副本，不再补税。

海关发现多征税款的，应当立即通知应税船舶办理退还手续，并加算银行同期活期存款利息。

应税船舶发现多缴税款的，可以自缴纳税款之日起 1 年内以书面形式要求海关退还多缴的税款并加算银行同期活期存款利息；海关应当自受理退税申请之日起 30 日内查实并通知应税船舶办理退还手续。

应税船舶应当自收到吨税退还通知之日起 3 个月内办理有关退还手续。

（4）违章处罚。应税船舶有下列行为之一的，由海关责令限期改正，处 2 000 元以上 3 万元以下罚款；不缴或者少缴应纳税款的，处不缴或者少缴税款 50%以上 5 倍以下的罚款，但罚款不得低于 2 000 元：未按照规定申报纳税、领取吨税执照的；未按照规定交验吨税执照及其他证明文件的。

吨税税款、滞纳金、罚款以人民币计算。

本章小结

- 车船税是以车船为征税对象，向车船的拥有者征收的一种税。作为一种财产税，车船税的主要目的是为政府取得财政收入。
- 在中华人民共和国境内，车辆、船舶的所有人或者管理人为车船税的纳税人，应当依照规定缴纳车船税。
- 车船税采用从量定额计税办法。应税客车和摩托车以车辆的辆数为税基。应税货车、挂车和其他车辆以车辆的整备质量为税基。应税机动船舶，以净吨位数为税基；应税游艇以艇身长度为税基。

▸ 船舶吨税是以进出中国港口的外国籍船舶征收的一种税，简称吨税。由于外籍船舶使用了本国的港口和助航设备，理应缴纳一定的费用，因此吨税具有受益税的性质。

▸ 吨税的征税范围是自中华人民共和国境外港口进入境内港口的船舶。

▸ 船舶吨税采用从量定额计税办法，吨税的税基为应税船舶的净吨位。

 综合练习

1．现行车船税和船舶吨税的征税范围和纳税人是如何规定的？

2．现行车船税和船舶吨税的税基和税率是如何规定的？

3．现行车船税和船舶吨税有哪些优惠？

 推荐阅读材料

1．中国注册会计师协会．税法．北京：经济科学出版社，2014

2．马国强．中国税收．大连：东北财经大学出版社，2014

 网上资源

1．财政部，http://www.mof.gov.cn/mof/

2．国家税务总局，http://www.chinatax.gov.cn/n8136506/index.html

3．中国税务网，http://www.ctax.org.cn/

第18章 印花税

学习目标

▸ 了解印花税的概念
▸ 掌握印花税的基本制度
▸ 掌握印花税应纳税额的计算

18.1 税 种 概 述

印花税是以经济活动和经济交往中书立、领受的凭证的行为为征税对象而征收的一种税，因其采用在应税凭证上粘贴印花税票而得名。印花税的征收仅以凭证为根据，无须考虑一种权利的创设及转移是否书立凭证、书立何种凭证及是否产生收益，因此征税面较广，可以以积少成多的方式取得数量可观的财政收入。此外，粘贴印花税票可以作为各类凭证设定人事、商事权利的要件，因而在各种凭证上粘贴印花税票，也是完备应税凭证法律手续的重要保障。

印花税最初于1624年产生于荷兰。由于印花税的税源广泛，简便易行，现已成为世界上普遍征收的一个税种。新中国成立后，政务院于1950年1月发布《全国税政实施要则》规定在全国开征印花税。1950年4月，财政部颁发了《印花税暂行条例草案》，开始征收印花税。1958年的工商税制改革中，按照简化税制的要求，印花税被并入工商统一税中，在此后的一段时期内并未单独征收，直到1988年才又在全国范围内开始恢复征收印花税。

现行印花税的法律依据，主要是国务院于1988年8月6日颁布的《中华人民共和国印花税暂行条例》（以下简称《印花税条例》）和同年9月29日由财政部、国家税务总局颁发的《中华人民共和国印花税暂行条例施行细则》（以下简称《印花税施行细则》）。

18.2 征税范围和纳税义务人

18.2.1 征税范围

印花税的征税范围包括在中华人民共和国境内书立、领受的凭证。

在中华人民共和国境内书立、领受的凭证，是指在中国境内具有法律效力，受中国法律保护的凭证。上述凭证无论在中国境内或者境外书立，均应依照条例规定贴花。应税凭证具体范围如下。

1. 合同或者具有合同性质的凭证

所谓合同，是指根据《中华人民共和国经济合同法》《中华人民共和国涉外经济合同法》和其他有关合同法规订立的合同。具有合同性质的凭证，是指具有合同效力的协议、契约、合约、单据、确认书及其他各种名称的凭证。纳税人代替纸质合同使用的电子邮件、电报、传真等形式的订单，是当事人之间建立供需各方责任的常用业务凭证，属于合同性质的凭证。

合同或具有合同性质的凭证主要包括购销合同、加工承揽合同、建设工程承包合同、财产租赁合同、货物运输合同、仓储保管合同、借款合同、财产保险合同、技术合同等。对货物运输、仓储保管、财产保险、银行借款等，办理一项业务既书立合同，又开立单据的，只就合同贴花；凡不书立合同，只开立单据，以单据作为合同使用的，应按照规定贴花。

（1）购销合同。购销合同包括供应、预购、采购、购销结合及协作、调剂、补偿、贸易等合同。

各类出版单位与发行单位之间订立的图书、报纸、期刊以及音像制品的征订凭证（包括订购单、订数单等），按购销合同计税；工业、商业、物资、外贸等部门经销和调拨商品物资使用的调拨单，凡属于明确双方供需关系，据以供货和结算，具有合同性质的凭证，应按规定贴花；供需双方当事人不签订购销合同而以订单、要货单等作为建立供需关系、明确供需双方责任的业务凭证，属于合同性质的凭证，应按规定贴花。外商投资企业与境外的母公司或子公司相互之间开出的订单、要货单、要货生产指令单等，均应按规定贴花；对发电厂与电网之间、电网与电网之间（国家电网公司系统、南方电网公司系统内部各级电网互供电量除外）签订的购售电合同按购销合同征收印花税。电网与用户之间签订的供用电合同不属于印花税列举征税的凭证，不征收印花税。

（2）加工承揽合同。加工承揽合同包括加工、定作、修缮、修理、印刷、广告、测绘、测试等合同。

（3）建设工程承包合同。建设工程承包合同，是指建设工程和勘察设计合同、建筑安装工程承包合同。建设工程承包合同包括总包合同、分包合同和转包合同。

（4）财产租赁合同。财产租赁合同包括租赁房屋、船舶、飞机、机动车辆、机械、器具、设备等合同，还包括企业、个人出租门店、柜台等签订的合同。

（5）货物运输合同。货物运输合同包括民用航空、铁路运输、海上运输、公路运输和联运合同，以及作为合同使用的单据。

（6）仓储保管合同。仓储保管合同包括仓储、保管合同，以及作为合同作用的仓单、栈单等。

（7）借款合同。借款合同，是指银行及其他金融组织与借款人（不包括银行同业拆借）所签订的合同，以及只填开借据并作为合同使用、取得银行借款的借据。借款方以财产作抵押，与贷款方签订的抵押借款合同，属于借款合同。

银行及其金融机构经营的融资租赁业务，是一种以融物方式达到融资目的的业务，实际上是分期偿还的固定资金借款。因此，融资租赁合同也属于借款合同。

（8）财产保险合同。财产保险合同包括财产、责任、保证、信用保险合同，以及作为合同使用的单据。

财产保险合同，分为企业财产保险、机动车辆保险、货物运输保险、家庭财产保险和农牧业保险五类。

目前对农林作物、牧业畜类保险合同暂不征收印花税，对其他几类财产保险合同均应按照规定征税。

"家庭财产两全保险"属于家庭财产保险性质，其合同属于财产保险合同。

（9）技术合同。技术合同包括技术开发、转让、咨询、服务等合同，以及作为合同使用的单据。

按照一般的规定，技术转让包括专利权转让、专利申请权转让、专利实施许可和非专利技术转让等不同的转让内容。这些转让，虽同属于技术转让的范围，但在征收印花税时，是分属不同凭证项目的。专利申请权转让、非专利技术转让所书立的合同，属于技术转让合同，其他两项不适用该项目。

技术咨询合同，是当事人就有关项目的分析、论证、预测和调查订立的技术合同。

技术服务合同是当事人一方委托另一方就解决有关特定技术问题所订立的技术合同，包括技术服务合同、技术培训合同和技术中介合同。

技术培训合同是当事人一方委托另一方对指定的专业技术人员进行特定项目的技术指导和专业训练所订立的技术合同。技术中介合同是当事人一方以知识、信息、技术为另一方与第三方订立技术合同进行联系、介绍、组织工业化开发所订立的技术合同。

2．产权转移书据

产权转移书据是指单位和个人产权的买卖、继承、赠与、交换、分割等所立的书据，包括财产所有权和版权、商标专用权、专利权、专有技术使用权等转移书据。

财产所有权转移书据的征税范围是经政府管理机关登记注册的动产、不动产的所有权转移所立的书据，以及企业股权转让所立的书据。

对土地使用权出让合同、土地使用权转让合同按产权转移书据征收印花税；对商品房销售合同按照产权转移书据征收印花税。

3．营业账簿

营业账簿，是指单位或者个人记载生产经营活动的财务会计核算账簿。

按照反映内容的不同，营业账簿可分为记载资金的账簿和其他账簿。记载资金的账簿，是指反映生产经营单位资本金数额增减变化的账簿，包括实收资本或股本账户和资本公积账户。其他账簿，是指除上述账簿以外的其他记录生产经营活动内容的账簿，包括日记账簿和各明细分类账簿。

4. 权利、许可证照

权利、许可证照包括政府部门发给的房屋产权证、工商营业执照、商标注册证、专利证、土地使用证。

5. 经财政部确定征税的其他凭证

18.2.2　纳税义务人

在中华人民共和国境内书立、领受应税凭证的单位和个人，都是印花税的纳税义务人（简称纳税人），应当按规定缴纳印花税。

所谓单位和个人，是指国内各类企业、事业、机关、团体、部队以及中外合资企业、合作企业、外资企业、外国公司企业和其他经济组织及其在华机构等单位和个人。

根据书立、领受、使用应税凭证的不同，纳税人包括立合同人、立据人、立账簿人、领受人和使用人。

1. 立合同人

各类合同的纳税人是立合同人。立合同人，是指书立各类合同的当事人，即对凭证有直接权利义务关系的单位和个人，但不包括合同的担保人、证人、鉴定人。

2. 立据人

产权转移书据的纳税人是立据人。立据人，是指书立产权转移书据的单位和个人，即土地、房屋权属转移过程中买卖双方的当事人。

3. 立账簿人

营业账簿的纳税人是立账簿人。所谓立账簿人，是指设立并使用营业账簿的单位和个人。

4. 领受人

权利、许可证照的纳税人是领受人。领受人，是指领取或接受并持有该项凭证的单位和个人。

5. 使用人

在国外书立、领受，但在国内使用应税凭证，其纳税人是使用人。

值得注意的是，同一凭证由两方或者两方以上当事人签订并各执一份的，应当由各方就所执的一份各自全额贴花。换言之，当事人各方都是印花税的纳税人。

18.3　税基与税率

18.3.1　税基

印花税采用从价和从量两种计税方法，不同计税方法的税基不同。从价计征的印花税以应税凭证所记载的金额为税基；从量计征的印花税以应税凭证的件数为税基。

1. 应税金额的确定

从价计征的印花税以应税凭证所记载的金额为税基；同一凭证，载有两个或两个以上经济事项的，税基分别为每个事项的金额；合同上未标明金额的，应按数量及国家牌价或者市场价格计算金额；暂时无法确定金额的，可先按 5 元贴花，待结算时按实际金额计算。具体规定如下。

（1）购销合同的税基为合同记载的购销金额。商品购销活动中，采用以货换货方式进行商品交易签订的合同，是反映既购又销双重经济行为的合同。对此，应按合同所载的购、销合计金额计税贴花。合同未列明金额的，应按合同所载购、销数量依照国家牌价或市场价格计算应纳税金额。

（2）加工承揽合同的税基为加工或承揽收入的金额。加工或承揽收入额，是合同中规定的受托方的加工费收入和提供的辅助材料金额之和。

① 由受托方提供原材料的加工、定作合同，凡在合同中分别记载加工费金额与原材料金额的，应分别按"加工承揽合同""购销合同"计税，两项税额相加数，即为合同应贴印花；合同中不划分加工费金额与原材料金额的应按全部金额，依照"加工承揽合同"计税贴花。

② 对于由委托方提供主要材料或原料，受托方只提供辅助材料的加工合同，无论加工费和辅助材料金额是否分开记载，均以辅助材料与加工费的合计数，依照加工承揽合同计税贴花，对委托方提供的主要材料或原料金额不计税贴花。

（3）建设工程勘察设计合同的税基为勘察、设计收取的费用。

（4）建设安装工程承包合同的税基为承包金额。施工单位将自己承包的建设项目分包或转包给其他施工单位所签订的分包合同或转包合同，应以新的分包合同或转包合同所载金额为税基。

（5）财产租赁合同的税基为租赁金额。税额不足 1 元的，按照 1 元贴花。

（6）货物运输合同的税基为运输费金额，不包括装卸费和保险费。国内各种形式的货物联运，凡在起运地统一结算全程运费的，起运地运费结算双方均以全程运费作为税基，分别纳税；凡分程结算运费的，由办理运费结算的各方分别以分程运费作为税基，分别纳税。

国际货运，凡由中国运输企业运输的，不论在中国境内、境外起运或中转分程运输，中国运输企业所持的一份运费结算凭证，均以本程运费为税基；托运方所持的一份运费结算凭证，以全程运费为税基。由外国运输企业运输进出口货物的，外国运输企业所持的一份运费结算凭证免缴印花税，托运方所持的一份运费结算凭证，以运费金额为税基。

（7）仓储保管合同的税基为仓储保管费用。

（8）借款合同的税基为借款金额。根据业务种类不同，具体规定如下。

① 关于以填开借据方式取得银行借款的借据贴花问题。目前，各地银行办理信贷业务的手续不够统一，有的只签订合同，有的只填开借据，也有的既签订合同又填开借据。为此规定：凡一项信贷业务既签订借款合同又一次或分次填开借据的，只就借款合同按所载借款金额计税贴花；凡只填开借据并作为合同使用的，应按照借据所载借款金额计税，在借据上贴花。

② 关于对流动资金周转性借款合同的贴花问题。借贷双方签订的流动资金周转性借款合同，一般按年（期）签订，规定最高限额，借款人在规定的期限和最高限额内随借随还。为此，在签订流动资金周转借款合同时，应按合同规定的最高借款限额计税贴花。以后，只要在限额内随借随还，不再签新合同的，就不另贴印花。

③ 关于对抵押贷款合同的贴花问题。借款方以财产作抵押，与贷款方签订的抵押借款合同，属于资金信贷业务，借贷双方应按"借款合同"计税贴花。因借款方无力偿还借款而将抵押财产转移给贷款方，应就双方书立的产权转移书据，按"产权转移书据"计税贴花。

④ 关于对融资租赁合同的贴花问题。银行及其金融机构经营的融资租赁业务，是一种以融物方式达到融资目的的业务，实际上是分期偿还的固定资金借款。因此，对融资租赁合同，可据合同所载的租金总额暂按"借款合同"计税贴花。

⑤ 关于借款合同中既有应税金额又有免税金额的计税贴花问题。有些借款合同，借款总额中既有应免税的金额，也有应纳税的金额。对这类"混合"借款合同，凡合同中能划分免税金额与应税金额的，只就应税金额计税贴花；不能划分清楚的，应按借款总金额计税贴花。

⑥ 关于对借款方与银团"多头"签订借款合同的贴花问题。在有的信贷业务中，贷方是由若干银行组成的银团，银团各方均承担一定的贷款数额，借款合同由借款方与银团各方共同书立，各执一份合同正本。对这类借款合同，借款方与贷款银团各方应分别在所执合同正本上按各自的借贷金额计税贴花。

⑦ 关于对基建贷款中，先签订分合同、后签订总合同的贴花问题。有些基本建设贷款，先按年度用款计划分年签订借款分合同，在最后一年按总概算签订借款总合同，总合同的借款金额中包括各分合同的借款金额。对这类基建借款合同，应按分合同分别贴花，最后签订的总合同，只就借款总额扣除分合同借款金额后的余额计税贴花。

（9）财产保险合同的税基为保险费收入。

（10）技术合同的税基为合同所载价款、报酬、使用费的金额。

为鼓励技术研究开发，对技术开发合同，只就合同所载的报酬金额计税，研究开发经费不作为税基。但对合同约定按研究开发经费一定比例作为报酬的，应按一定比例的报酬金额计税贴花。

（11）产权转移书据以所载金额为税基。

（12）营业账簿中记载资金的账簿以"实收资本"与"资本公积"两项的合计金额为税基。已贴花的凭证，修改后所载金额增加的，其增加部分应当补贴印花税票。

2．应税凭证的件数

权利、许可证照和营业账簿中记载资金以外的账簿均以应税凭证的件数为税基。

18.3.2　税率

印花税税率包括比例税率和定额税率两种税率形式。具体税率水平如表 18-1 所示。

表 18-1　印花税税目税率表

税　　目	范　　围	税　　率	纳税义务人	说　　明
1．购销合同	包括供应、预购、采购、购销结合及协作、调剂、补偿、易货等合同	按购销金额万分之三贴花	立合同人	
2．加工承揽合同	包括加工、定作、修缮、修理、印刷、广告、测绘、测试等合同	按加工或承揽收入万分之五贴花	立合同人	
3．建设工程勘察设计合同	包括勘察、设计合同	按收取费用万分之五贴花	立合同人	
4．建筑安装工程承包合同	包括建筑、安装工程承包合同	按承包金额万分之三贴花	立合同人	
5．财产租赁合同	包括租赁房屋、船舶、飞机、机动车辆、机械、器具、设备等	按租赁金额千分之一贴花。税额不足一元的按一元贴花	立合同人	
6．货物运输合同	包括民用航空、铁路运输、海上运输、内河运输、公路运输和联运合同	按运输费用万分之五贴花	立合同人	单据作为合同使用的，按合同贴花
7．仓储保管合同	包括仓储、保管合同	按仓储保管费用千分之一贴花	立合同人	仓单或栈单作为合同使用的，按合同贴花

续表

税　目	范　围	税　率	纳税义务人	说　明
8. 借款合同	银行及其他金融组织和借款人（不包括银行同业拆借）所签订的借款合同	按借款金额万分之零点五贴花	立合同人	单据作为合同使用的，按合同贴花
9. 财产保险合同	包括财产、责任、保证、信用等保险合同	按投保金额万分之零点三贴花	立合同人	单据作为合同使用的，按合同贴花
10. 技术合同	包括技术开发、转让、咨询、服务等合同	按所载金额万分之三贴花	立合同人	
11. 产权转移书据	包括财产所有权和版权、商标专用权、专利权、专有技术使用权等转移书据	按所载金额万分之五贴花	立据人	
12. 营业账簿、生产经营用账册	记载资金的账簿	按固定资产原值与自有流动资金总额万分之五贴花。其他账簿按件贴花五元	立账簿人	
13. 权利、许可证照	包括政府部门发给的房屋产权证、工商营业执照、商标注册证、专利证、土地使用证	按件贴花五元	领受人	

18.4　税　收　减　免

　　已缴纳印花税的凭证的副本或者抄本免纳印花税。所谓已缴纳印花税的凭证的副本或者抄本免纳印花税，是指凭证的正式签署本已按规定缴纳了印花税，其副本或者抄本对外不发生权利义务关系，仅备存查的免贴印花。以副本或者抄本视同正本使用的，应另贴印花。纳税人的已缴纳印花税凭证的正本遗失或毁损，而以副本代替的，即为副本视正本使用，应另贴印花。

　　财产所有人将财产赠给政府、社会福利单位、学校所立的书据免纳印花税。所谓社会福利单位，是指抚养孤老伤残的社会福利单位。

　　国家指定的收购部门与村民委员会、农民个人书立的农副产品收购合同免纳印花税。

　　无息、贴息贷款合同免纳印花税。

　　外国政府或者国际金融组织向中国政府及国家金融机构提供优惠贷款所书立的合同免纳印花税。

　　对房地产管理部门与个人订立的用于生活居住的房屋租赁合同，免纳印花税。

农林作物、牧业畜类保险合同,免征印花税。

军事物资运输凭证、抢险救灾物资运输凭证和新建铁路工程临管线运费凭证等特殊货运凭证,免征印花税。

18.5　税额计算与缴纳

18.5.1　税额计算

适用从价计征方法的应税凭证,印花税应纳税额的计算公式如下:

$$应纳税额=应税凭证记载的金额×适用税率$$

适用从量计征方法的凭证,印花税应纳税额的计算公式如下:

$$应纳税额=应税凭证的件数×适用税额$$

同一凭证,因载有两个或者两个以上经济事项而适用不同税目税率,如分别记载金额的,应分别计算应纳税额,相加后按合计税额贴花;如未分别记载金额的,按税率高的计税贴花。

应纳税额不足一角的,免纳印花税。应纳税额在一角以上的,其税额尾数不满五分的不计,满五分的按一角计算缴纳。

按金额比例贴花的应税凭证,未标明金额的,应按照凭证所载数量及国家牌价计算金额;没有国家牌价的,按市场价格计算金额,然后按规定税率计算应纳税额。

应纳税凭证所载金额为外国货币的,纳税人应按照凭证书立当日的中华人民共和国国家外汇管理局公布的外汇牌价折合人民币,计算应纳税额。

【例 18-1】某企业 2014 年 1 月开业,当年发生有关业务事项如下:

(1)领受房屋产权证、工商营业执照、土地使用证各一件。

(2)与其他企业订立转移专用技术使用权书据一份,所载金额 200 万元。

(3)订立产品购销合同 1 份,所载金额 300 万元。

(4)订立借款合同 1 份,所载金额 400 万元。

(5)企业记载资金的账簿,“实收资本”“资本公积”为 800 万元。

(6)其他营业账簿 8 本。计算该企业当年应缴纳的印花税税额。

解:

(1)领受权利、许可证照应纳税额为 3×5=15(元)。

(2)订立产权转移书据应纳税额为 2 000 000×5‰=1 000(元)。

(3)订立购销合同应纳税额为 3 000 000×3‰=900(元)。

(4)订立借款合同应纳税额为 4 000 000×0.5‰=200(元)。

（5）记载资金的账簿应纳税额为 8 000 000×5‰=4 000（元）。

（6）其他营业账簿应纳税额为 8×5=40（元）。

该企业当年应缴纳的印花税税额为 15+1 000+900+200+4 000+40=6 155（元）。

18.5.2 税款缴纳

1. 纳税办法

根据税额大小、贴花次数以及税收征收管理的需要，印花税采用以下三种纳税办法。

（1）自行贴花办法。这种办法适用于应税凭证较少或者贴花次数较少的纳税人。纳税人书立、领受或者使用印花税法列举的应税凭证的同时，纳税义务即已产生，应当根据应纳税凭证的性质和适用的税目税率，自行计算应纳税额，自行购买印花税票，自行一次贴足印花税票并加以注销或划销，纳税义务才算全部履行完毕。值得注意的是，纳税人购买了印花税票。支付了税款，国家就取得了财政收入。但就印花税来说，纳税人支付了税款并不等于已履行了纳税义务。纳税人必须自行贴花并注销或划销，这样才算完整地完成了纳税义务。这也就是通常所说的"三自"纳税办法。

对已贴花的凭证，修改后所载金额增加的，其增加部分应当补贴印花税票。凡多贴印花税票者，不得申请退税或者抵用。

（2）汇贴或汇缴办法。这种办法通常适用于应纳税额较大或者贴花次数频繁的纳税人。

一份凭证应纳税额超过 500 元的，应向当地税务机关申请填写缴款书或者完税证。将其中一联粘贴在凭证上或者由税务机关在凭证上加注完税标记代替贴花。这就是通常所说的"汇贴"办法。

同一种类应纳税凭证，需频繁贴花的，纳税人可以根据实际情况自行决定是否采用按期汇总缴纳印花税的方式，汇总缴纳的期限为一个月。采用按期汇总缴纳方式的纳税人应事先告知主管税务机关。缴纳方式一经选定，一年内不得改变。主管税务机关接到纳税人要求按期汇总缴纳印花税的告知后，应及时登记，制定相应的管理办法，防止出现管理漏洞。对采用按期汇总缴纳方式缴纳印花税的纳税人，应加强日常监督、检查。

实行印花税按期汇总缴纳的单位，对征税凭证和免税凭证汇总时，凡分别汇总的，按本期征税凭证的汇总金额计算缴纳印花税；凡确属不能分别汇总的，应按本期全部凭证的实际汇总金额计算缴纳印花税。

凡汇总缴纳印花税的凭证，应加注税务机关指定的汇缴戳记、编号并装订成册后，将已贴印花或者缴款书的一联粘附册后，盖章注销，保存备查。

经税务机关核准，持有代售许可证的代售户，代售印花税票取得的税款须专户存储，并按照规定的期限，向当地税务机关结报，或者填开专用缴款书直接向银行缴纳。不得逾期不缴或者挪作他用。代售户领存的印花税票及所售印花税票的税款，如有损失，应负责赔偿。

（3）委托代征办法。这种办法主要是通过税务机关的委托，经由发放或者办理应纳税凭证的单位代为征收印花税税款。税务机关应与代征单位签订代征委托书。所谓发放或者办理应纳税凭证的单位，是指发放权利、许可证照的单位和办理凭证的鉴证、公证及其他有关事项的单位。如按照印花税法规定，工商行政管理机关核发各类营业执照和商标注册证的同时，负责代售印花税票，征收印花税税款，并监督领受单位或个人负责贴花。税务机关委托工商行政管理机关代售印花税票，按代售金额 5%的比例支付代售手续费。

印花税法规定，发放或者办理应纳税凭证的单位，负有监督纳税人依法纳税的义务，具体是指对以下纳税事项监督。

① 应纳税凭证是否已粘贴印花。

② 粘贴的印花是否足额。

③ 粘贴的印花是否按规定注销。

对未完成以上纳税手续的，应督促纳税人当场完成。

2. 纳税环节

应纳税凭证应当于书立或者领受时贴花，即在合同的签订、书据的立据、账簿的启用和证照的领受时贴花。如果合同在国外签订的，应在国内使用时贴花。

3. 纳税地点

印花税纳税地点为纳税人的所在地。在全国性商品物资订货会（包括展销会、交易会等）上所签合同应纳的印花税，由纳税人回其所在地纳税。对地方主办，不涉及省际关系的订货会、展销会上所签合同的印花税纳税地点，由各省、自治区、直辖市税务局自行确定。

4. 违章处罚

印花税纳税人有下列行为之一的，由税务机关根据情节轻重予以处罚。

（1）在应纳税凭证上未贴或者少贴印花税票的，或者已粘贴在应税凭证上的印花税票未注销或者未画销的，由税务机关追缴其不缴或者少缴的税款、滞纳金，并处不缴或者少缴的税款 50%以上 5 倍以下的罚款。

（2）已贴用的印花税票揭下重用造成未缴或少缴印花税的，由税务机关追缴其不缴或者少缴的税款、滞纳金，并处不缴或者少缴的税款 50%以上 5 倍以下的罚款；构成犯罪的，依法追究刑事责任。

（3）伪造印花税票的，由税务机关责令改正，处 2 000 元以上 1 万元以下的罚款；情节严重的，处 1 万元以上 5 万元以下的罚款；构成犯罪的，依法追究刑事责任。

（4）按期汇总缴纳印花税的纳税人，超过税务机关核定的纳税期限，未缴或少缴印花税款的，由税务机关追缴其不缴或者少缴的税款、滞纳金，并处不缴或者少缴的税款 50%以上 5 倍以下的罚款；情节严重的，同时撤销其汇缴许可证；构成犯罪的，依法追究刑事责任。

（5）纳税人发生下列行为之一的，由税务机关责令限期改正，可以处 2 000 元以下的罚款；情节严重的，处 2 000 元以上 1 万元以下的罚款。

① 对汇总缴纳印花税的凭证，未加注税务机关指定的汇缴戳记、编号并装订成册，未将已贴印花或者缴款书的一联粘附册后、盖章注销和保存备查的。

② 未按规定期限保存纳税凭证的。

本章小结

▶ 印花税是以经济活动和经济交往中书立、领受的凭证的行为为征税对象而征收的一种税。印花税的征收仅以凭证为根据，无须考虑一种权利的创设及转移是否书立凭证、书立何种凭证及是否产生收益，因此征税面较广，可以以积少成多的方式取得数量可观的财政收入。此外，粘贴印花税票可以作为各类凭证设定人事、商事权利的要件，因而在各种凭证上粘贴印花税票，也是完备应税凭证法律手续的重要保障。

▶ 在中华人民共和国境内书立、领受应税凭证的单位和个人，都是印花税的纳税义务人，应当按规定缴纳印花税。

▶ 印花税采用从价和从量两种计税方法，不同计税方法的税基不同。从价计征的印花税以应税凭证所记载的金额为税基。从量计征的印花税以应税凭证的件数为税基。

▶ 印花税的税率形式有两种。实行从价计税方法的，税率为比例税率；实行从量计税方法的，税率为定额税率。

综合练习

1. 现行印花税的征税范围和纳税人是如何规定的？
2. 现行印花税的税基和税率是如何规定的？
3. 现行印花税有哪些优惠？

推荐阅读材料

1. 中国注册会计师协会. 税法. 北京：经济科学出版社，2014

2．马国强．中国税收．大连：东北财经大学出版社，2014

3．胡怡建．税收学．上海：上海财经大学出版社，2009

4．刘颖，孟芳娥．中国税制．北京：电子工业出版社，2008

 网上资源

1．财政部，http://www.mof.gov.cn/mof/

2．国家税务总局，http://www.chinatax.gov.cn/n8136506/index.html

3．中国税务网，http://www.ctax.org.cn/

参 考 文 献

1. 马国强. 中国税收. 大连：东北财经大学出版社，2014
2. 杨斌. 税收学. 北京：科学出版社，2011
3. 胡怡建. 税收学. 上海：上海财经大学出版社，2009
4. 林江，温海滢. 税收学. 大连：东北财经大学出版社，2009
5. 袁振宇等. 税收经济学. 北京：中国人民大学出版社，1995
6. 蒋洪. 公共经济学（财政学）. 上海：上海财经大学出版社，2006
7. 邓力平. 中国税制. 北京：经济科学出版社，2005
8. （美）哈维·S.罗森. 财政学. 平新乔等译. 北京：中国人民大学出版社，2000
9. （美）鲍德威，威迪逊. 公共部门经济学. 邓力平译. 北京：中国人民大学出版社，2000
10. （英）安东尼·B.阿特金森，（美）约瑟夫·E.斯蒂格里茨. 公共经济学. 蔡江南等译. 上海：上海三联书店，上海人民出版社，1995
11. 中国注册会计师协会. 税法. 北京：经济科学出版社，2014
12. 刘颖，孟芳娥. 中国税制. 北京：电子工业出版社，2008
13. 刘佐. 中国税制概览. 北京：经济科学出版社，2008
14. 杜莉，徐晔. 中国税制. 上海：复旦大学出版社，2006
15. 谷成. 财政分权与中国税制改革. 北京：北京师范大学出版社，2012
16. 谷成. 关税的效应分析与中国关税政策选择. 大连：东北财经大学出版社，2007
17. 谷成. 税收那些事儿. 南京：江苏人民出版社，2014
18. 张炜，金哲. 纳税会计. 北京：中国人民大学出版社，2012
19. 《中华人民共和国增值税暂行条例》，中华人民共和国国务院令第 538 号，2008 年 11 月 10 日
20. 《中华人民共和国增值税暂行条例实施细则》，财政部、国家税务总局第 50 号令，2008 年 12 月 15 日
21. 《营业税改征增值税试点实施办法》，财税〔2013〕106 号，2013 年 12 月 19 日
22. 《中华人民共和国消费税暂行条例》，中华人民共和国国务院令第 539 号，2008 年 11 月 10 日
23. 《中华人民共和国消费税暂行条例实施细则》，财政部、国家税务总局第 51 号令，2008 年 12 月 15 日

24．《中华人民共和国营业税暂行条例》，中华人民共和国国务院令第 540 号，2008 年 11 月 10 日

25．《中华人民共和国海关法》，1987 年 1 月 22 日第六届全国人民代表大会常务委员会第十九次会议通过，根据 2000 年 7 月 8 日第九届全国人民代表大会常务委员会第十六次会议《关于修改〈中华人民共和国海关法〉的决定》修正

26．《中华人民共和国进出口关税条例》，中华人民共和国国务院令〔2003〕392 号，2003 年 11 月 23 日

27．《中华人民共和国城市维护建设税暂行条例》，国发〔1985〕19 号，1985 年 2 月 8 日

28．《中华人民共和国车辆购置税暂行条例》，中华人民共和国国务院令第 294 号，2000 年 10 月 22 日

29．《中华人民共和国烟叶税暂行条例》，中华人民共和国国务院令第 464 号，2006 年 4 月 28 日

30．《中华人民共和国企业所得税法》，中华人民共和国主席令第 63 号，2007 年 3 月 16 日

31．《中华人民共和国企业所得税法实施条例》，中华人民共和国国务院令第 512 号，2007 年 12 月 6 日

32．《中华人民共和国个人所得税法》（第六次修正），中华人民共和国主席令第 48 号，2011 年 6 月 30 日

33．《国务院关于修改〈中华人民共和国个人所得税法实施条例〉的决定》，中华人民共和国国务院令第 600 号，2011 年 7 月 19 日

34．《中华人民共和国资源税暂行条例》，国务院令〔2011〕第 605 号，2011 年 9 月 30 日

35．《中华人民共和国资源税暂行条例实施细则》，财政部、国家税务总局令第 66 号，2011 年 10 月 28 日

36．《中华人民共和国土地增值税暂行条例》，中华人民共和国国务院令第 138 号，1993 年 12 月 13 日

37．《中华人民共和国土地增值税暂行条例实施细则》，财法字〔1995〕6 号，1995 年 1 月 27 日

38．《国务院关于修改〈中华人民共和国城镇土地使用税暂行条例〉的决定》，中华人民共和国国务院令第 483 号，2006 年 12 月 31 日

39．《中华人民共和国耕地占用税暂行条例》，中华人民共和国国务院令第 511 号，2007 年 12 月 1 日

40．《中华人民共和国耕地占用税暂行条例实施细则》，中华人民共和国财政部、国家税务总局令第 49 号，2008 年 2 月 26 日

41．《中华人民共和国房产税暂行条例》，国发〔1986〕90 号，1986 年 9 月 15 日

42．《中华人民共和国契税暂行条例》，国务院令第 224 号，1997 年 7 月 7 日

43．《中华人民共和国契税暂行条例细则》，财法字〔1997〕第 52 号，1997 年 10 月 28 日

44．《中华人民共和国车船税法》，中华人民共和国国家主席令第 43 号，2011 年 2 月 25 日

45．《中华人民共和国车船税暂行条例实施细则》，中华人民共和国国务院令第 611 号，2011 年 12 月 5 日

46．《中华人民共和国印花税暂行条例》，国务院令〔1988〕第 11 号，1988 年 8 月 6 日

47．《中华人民共和国印花税暂行条例施行细则》，[88]财税 255 号，1988 年 9 月 29 日

48．《中华人民共和国船舶吨税暂行条例》，中华人民共和国国务院令第 610 号，2011 年 12 月 5 日